中国上市银行系统性风险非对称性及其监管研究

王　琳◎著

RESEARCH ON THE ASYMMETRY OF
SYSTEMIC RISK AND ITS REGULATION FOR
THE LISTED BANKS OF CHINA

经济管理出版社

ECONOMY & MANAGEMENT PUBLISHING HOUSE

图书在版编目（CIP）数据

中国上市银行系统性风险非对称性及其监管研究/王琳著．—北京：经济管理出版社，2017.7

ISBN 978-7-5096-5030-1

Ⅰ．①中…　Ⅱ．①王…　Ⅲ．①商业银行—上市公司—风险管理—研究—中国　②商业银行—上市公司—银行监管—研究—中国　Ⅳ．①F832.33

中国版本图书馆 CIP 数据核字（2017）第 060708 号

组稿编辑：郑　亮
责任编辑：郑　亮
责任印制：黄章平
责任校对：雨　千

出版发行：经济管理出版社
　　　　　（北京市海淀区北蜂窝 8 号中雅大厦 A 座 11 层　100038）
网　　址：www.E-mp.com.cn
电　　话：（010）51915602
印　　刷：北京玺诚印务有限公司
经　　销：新华书店
开　　本：720mm×1000mm/16
印　　张：19.75
字　　数：344 千字
版　　次：2017 年 7 月第 1 版　　2017 年 7 月第 1 次印刷
书　　号：ISBN 978-7-5096-5030-1
定　　价：68.00 元

前　言

　　银行系统是否健康稳定地发展，直接关系到金融市场甚至是整个经济体系的正常运行。无论是 1929 年美国经济萧条，还是 2008 年以雷曼兄弟破产为导火索的美国次贷危机，以及近几十年爆发的大大小小的金融危机或是财务困境，都是银行体系风险不断积累、集中爆发、快速传染的结果。2008 年次贷危机后，关于金融风险的研究很多都集中在美国金融市场，特别关注影子银行体系。但是在中国，商业银行体系在金融市场中还是占据着核心地位。目前，中国银行业正处于加快转型发展的关键时期，金融创新不断深化，银行系统也呈现交易复杂化、交易对手多样化、产品业务同质化、信贷业务表外化及关联性高度化等特征，这些变化使银行系统性风险不断积累、加深和扩大。只有对银行系统性风险深入研究，全面评价银行系统性风险，才能找到应对之策进行有效监管。

　　金融资产的风险通常是由资产价格的波动性引起的，现代金融理论的核心内容之一就是金融市场波动性的研究。另外，随着金融市场的快速发展，金融资产间的相关性也越来越复杂，资产收益率序列也呈现出不规则的分布，研究金融资产的相关性对于准确进行风险管理也有着很重要的意义。本书重点研究银行系统性风险的非对称性特征，提出差异化监管的要求。研究内容涉及以下几个核心问题：波动的非对称性、时变的动态相关性及不同市场状态下的银行系统性风险等。首先，在对银行进行分类的基础上，本书使用 GARCH 类模型及其拓展模型对银行收益率序列的波动、银行间波动溢出状况及银行间相关性进行了详细刻画。其次，对非对称性的研究主要集中在序列的波动幅度是否存在对市场上利好、利空消息冲击的不一致，银行间波动溢出及相关性是否存在非对称现象，市场状态发生变化时银行间相关系数的变化等内容上。最后，本书将主要的非对称因素考虑在内构建了风险预警指标，并基于我国银行系统性风险相关特征的实证结果，围绕差异化监管内容进行了论证。

本书的工作主要涵盖了：在定量分析的基础上，综合考虑了上市银行多方面特征，将银行分为两类，对我国14家上市银行进行聚类并以此为基础分析银行收益率的波动特征。

对我国上市银行的波动特征进行了全面系统的研究，包括对单家银行的收益率波动情况进行研究，使用GARCH类模型对银行波动的非对称性进行检验，判断非对称波动的方向和程度，从而描述了波动的具体特征；运用BEKK-GARCH模型对银行间波动溢出特征进行研究，同样将非对称性考虑在内，找到两类银行间波动溢出的方向、大小等特征。对银行波动性的研究能帮助我们识别上市银行的波动特征以及对其他银行的影响程度，为银行的风险监管提供系统性的定量方法支撑。

运用非对称的DCC-GARCH模型对银行间的动态相关关系进行非对称性检验，基于银行间的相关关系建立了银行系统实时的风险预警因子。本书发现，基于上市银行的动态条件相关系数，能够精确捕捉市场上可能出现的危机，对保障我国金融系统健康运行具有重要意义。对两类银行的波动情况进行整体相关性分析，定量研究两类银行间的整体风险联动程度，为我们从整体把握银行间的风险关系提供了一个全新的视角。

引入了Markov区制转换模型对我国股市周期性的转变和风险状态的阶段性变迁进行识别和分析，确定我国市场行情持续的时间和转变可能性。对银行间时变相关性进行了描述性统计，发掘不同市场状态下银行间风险联动程度的差异，同时也从银行类别的角度分析了银行间相关性的差异。

实证结果显示，无论是单家银行的波动，还是银行间的波动溢出情况均存在显著的非对称特征，即市场上利好与利空消息对银行收益率波动的影响是不一致的；基于银行收益波动特征，测度两类银行的时变动态相关系数，发现在同涨同跌的状态下及不同市场状态下的银行间的相关关系均存在显著的非对称性。综合实证模型得到的结论，本书对我国商业银行发展现状及目前的监管情况进行概括总结，对我国当前商业银行的差异化监管路径与规则进行评价，给出合理化的建议与参考，为金融体系的稳定运行提供学术支持。

本书的创新之处体现在：突破了以往的研究视角，有效地捕捉了系统性风险的非对称现象。通过非对称性的视角研究我国上市银行系统性风险的状况，将研究过程中所有可能存在的非对称现象考虑在内，有助于更准确地构建风险预警指标、提供更精准化的监管要求；构建了更为及时、有效的风险预警指标。基于以往对银行波动性与相关性的静态研究，本书使用时变的条件相关系数构建了风险预警指标因子，与现有的静态指标具有较强的互补性；现有文献中，波动性和相关性的研究方法，大都用于对两个或三个市场间的相关关系的研究，本书将这种方法拓展到了银行系统中 14 个上市银行，大量数据的实证结果能更充分地反映我国银行的风险结构状况，研究结论相较以往的研究更显客观性；综合考虑了上市银行的多方面特征和市场数据，对银行进行了分类，进一步挖掘了银行间的差异性，基于实证结果设计了我国商业银行差异化监管框架，这为我国银行业实施差异化监管提供了更为翔实可靠的理论依据。本书的研究结论对完善商业银行监管体系具有很强的现实作用。

本书是在笔者博士论文的基础上略加修改完善形成的。感谢我求学路上给予我知识、鞭策我成长、提点我进步的每一位师长。感谢我亲爱的家人们，写作过程中爸爸、妈妈无微不至的关怀，丈夫悉心的照顾，可爱女儿的谅解都是我前行的动力源泉。特别感谢沈沛龙教授对我的谆谆教诲和悉心关怀。导师的言传身教对学生的专业学习起到极为重要的作用。在此书完成之际，谨向沈老师致以最衷心的感谢和诚挚的祝福！

本书在写作过程中得到导师主持的国家自然科学基金项目"基于新监管标准的我国商业银行资本和流动性监管研究"（编号：71173140）及 2014 山西高等学校哲学社会科学研究项目"基于宏观审慎的危机传染问题研究"的资助，在此深表感谢！本书还受到山西财经大学教改项目"网络环境下学生自主学习能力的培养及评估体系研究"的支持，项目在课程教学中得以实践。

目　录

图表索引

第一章　绪　论

第一节　研究背景和研究意义

一、研究背景

随着金融市场化、自由化的加快，金融活动突破了原有的机构和国界的限制，金融创新不断加强，这种变化不仅冲击了传统的经济、金融思想，还给世界经济及金融系统造成了巨大的冲击。1982年发生的拉美国家债务危机，1994年的墨西哥比索危机，1997年的东南亚金融危机，1999年、2002年的拉美金融危机及2008年美国次贷危机，每次金融危机中都有众多金融机构倒闭，这无疑对政府和经济都施加了显著的负外部性。这种背景下，越来越多的人意识到控制系统性风险是极其重要的。保障复杂的金融系统健康稳定运行，防止大幅波动对国民经济造成的不利影响需要加强对金融风险机理的精准描述和深入探索，全面探索金融波动运行规律。实际上，过去几十年的时间里，防止金融动荡、加强金融稳定就已经成为学术界和监管机构普遍关注的焦点。

系统性风险通常可以理解为不能分散的风险。一般而言，我们对系统性风险的判断都是以经验断定的，系统性风险研究是金融稳定问题中最重要的前沿课题之一。银行是大多数国家金融体系的主导者，银行系统性风险也是金融危机研究的核心内容。银行体系的稳定与否关系到金融市场甚至是整个经济体系的健康运行。一旦银行体系陷入危机，大规模的金融危机就会随之爆发，实体经济也会受到很大牵连。无论是 1929 年美国经济大危机，还是 2008 年以雷曼兄弟破产为导火索的美国次贷危机，以及这期间数百次的金融危机或是困境，都伴随着银行体系风险的不断积累、快速传染、集中爆发。由此可见，银行体系的稳定对于整个经济金融体系的平稳运行具有重要的意义。

反思过去，金融监管体系的严重滞后性往往是危机产生和蔓延的关键因素。从历史来看，每次金融危机的爆发都隐藏着金融监管的缺失，每次金融危机爆发后也会迎来金融监管体系的一次新的变革。美国次贷危机后，各国政府陆续开展了大规模的金融监管体系改革，以提升金融系统抗风险能力。

近年来，我国商业银行业进行了一系列的改革。大型商业银行的公司治理、风险管控制度逐渐完善；中小商业银行积极实施差异化、特色化发展战略，推进管理和服务的创新；民营银行也渐渐进入市场，成为商业银行体系的新秀。作为巴塞尔委员会成员，2004 年以来我国就逐步推进巴塞尔协议，在 2008 年的金融危机中所受的影响虽然相对较小，但是 2008 年政府为了应对金融危机实施了大规模的刺激政策，导致地方政府融资过度膨胀、房地产信贷风险积累、银行不良贷款也出现上升势头，我国潜在的系统性风险问题也是不容忽视的。我国的金融业起步较晚，与发达国家相比监管手段也比较单一。随着金融创新速度日益加快、国际化程度不断加深，我国金融体系中的系统性风险隐患也是不容忽视的。《中共中央关于制定国民经济和社会发展第十三个五年规划的建议》①中也提出完善金融监管协调机制的改革任务，指出频繁显露的局部风险特别是资本市场的剧烈波动说明现行的监管框架还是存在着许多不适应我国金融业发展的体制性矛盾，必须通过改革保障金融安全，有效防范系统性风险。要求加快建立符合现代金融特点、统筹协调监管、有力有效的现代金融监管框架，严守系统性风险的底线。

2008 年次贷危机后，对于系统性风险的研究很多都集中在美国金融市场，特别关注所谓的影子银行体系，但是在中国，商业银行体系在金融市场中还是占据着核心地位。当前，我国的银行业处在加快转型发展的关键时期，利率市场化也在加快，金融创新和业务创新不断深化，这些都催生银行体系深化发展以及结构性变革。与此同时，银行体系也呈现出了金融交易复杂化、交易对手多样化、产品业务同质化、信贷业务表外化及关联性高度化等特征，这些变化都使得银行系统性风险不断加强。只有对银行系统性风险进行深入研究，全面

---

① 2015 年 10 月 29 日中国共产党第十八届中央委员会第五次全体会议通过。

度量银行系统性风险才能找到应对策略，并对风险进行有效监管。

在这样的现实背景下，加强商业银行的风险管理就成了一个较为重要的研究问题。风险指的是未来收益的不确定性，波动就意味着风险。金融资产的风险通常是由资产价格的波动性引起的，风险测量的核心内容就是收益波动的估计。另外，随着金融市场的快速发展，金融资产间的相关性也越来越复杂，资产收益率序列也呈现不规则的分布。研究金融资产间的相关性对于准确进行风险管理也有着很重要的意义。传统的相关性分析中，线性相关系数只能刻画变量间的线性关系，格兰杰因果检验只能给出定性的结论，不能满足金融资产非线性、非对称的特性。因此，构建适合中国银行系统性风险的度量体系，定量地分析商业银行的风险演变，对银行进行资本约束和有效监管，进一步完善监管框架是极其必要的。

二、研究意义

1. 理论意义

一直以来，金融危机和社会经济的发展就是如影随形的，早期的金融危机往往是由经济危机引发的，主要是因为生产和流通领域的崩溃，如商品过剩或是失业剧增等引发的。20世纪70年代后随着金融业的迅速发展，经济危机开始以金融危机的形式表现出来。2008年后关于金融危机的研究文献非常丰富，危机研究的理论体系也日渐完善，但关于系统性风险的研究仍然没有形成体系，关于系统性风险的防范也主要是针对一些发达国家，对于我国这类型的新兴市场国家，系统性风险的积累、传染、防范都具有自身特点，但是现有文献并没有形成体系，本书的研究有助于丰富和完善研究体系。

金融市场是由许多因素共同构成的复杂动态系统。系统内部各个因素相互作用，外部因素的多重影响使得金融市场的运行规律往往难以深入刻画和理解。现代金融学的两大基本要素就是时间和不确定性，不确定性往往会导致金融市场上的资产价格波动具有随机性。如何在波动的随机性中探索可能存在的规律性，无论是对于金融理论研究还是金融实践都具有很重要的意义。金融资产价格波动是金融资产的本质，金融资产价格的波动过程也是金融风险不断积累的过程，对金融资产收益率的波动性进行正确的描述可以有效地进行风险管理。金融风险度量的关键问题在于找到有效拟合金融资产收益率序列的概率分布和波动性模型。经典的金融经济学中往往采用波动率来描述风险，波动率在金融风险管理的研究中也是最为基础的一个变量和工具。学术界对于波动性的研究主要涉及波动的长记忆性、集聚性，近几年也开始关注波动的非对称性和时变性特征。对于这种现象的深入研究有助于我们加深对波动性的认识，更好地完善现有的金融经济学理论。

现代金融理论中，资产之间的相关性研究也是风险管理和资产定价研究中的关键变量。准确描述金融资产间的相关性在资产定价和风险管理中同样具有十分重要的地位。相关性的研究在金融的许多领域中，如资产定价、投资组合分析及风险管理中都得到了广泛的应用。不同的市场或是不同的资产之间往往存在波动的相关关系。正确描述收益率波动状况的相关性直接影响到投资组合的选择、风险管理的有效性等问题。因此研究金融市场中不同资产间的相关性也是十分有必要的。过去经典金融学的文献中总是假定资产收益间的相关系数为常数，而近几年的研究表明，相关性是时变的甚至是随机的，其本身就是风险之源。

长期以来，金融风险测度基本都是基于 EMH 基础，假定金融资产收益服从正态分布，进而根据金融收益分布的特征测度金融市场风险价值。大量实证研究表明，实际金融市场中存在许多无法用 EMH 解释的典型事实特征，其中之一就是金融时间序列表现出来的非对称性。非对称性是经济社会普遍存在的一种现象，非对称性不仅体现在经济周期、货币政策等宏观经济层面，也经常体现在商品市场、股票市场等微观层面。随着经济学的不断发展特别是计量经济学的快速推广应用，人们对经济中的非对称性有了更深入的了解。近年来，基于非对称性的金融市场特征的研究已经成为一个非常活跃的话题。非对称性已经作为一种典型化事实被人们所接受。非对称的出现使得金融市场非对称假设下的风险管理变得尤为重要，也使得传统的风险度量方法面临着非常严峻的挑战。在新的背景下，风险管理的一个很重要的目标就是准确有效地捕捉金融收益的非对称分布特征。不仅金融收益分布会表现出非对称性，收益的条件波动率也会表现出非对称性。只有将这些非对称性的典型事实也同时纳入风险测度体系中才能保证金融风险管理的有效性。对波动和波动相关性的非对称性现象进行研究能够加深对投资者非理性行为的认识，使得金融经济学的研究更加贴近实际。

本书的非对称性研究主要关注股票市场的非对称性反应。通过观察上市银行的股票价格的非对称性反应，进一步研究我国银行业系统性风险，针对我国银行业系统性风险非对称性问题的研究能够进一步促进我国金融经济学的发展。这一选题对于我国银行业风险管理及风险规避都具有重大意义。从理论层面看，本书从非对称的视角研究了波动性、相关性等问题，并推进了方法的理解和应用。在实证方法上从单变量波动建模发展到多变量波动建模的程序，也是一个非常自然的扩展。

2. 实践意义

对我国银行系统性风险的研究，有助于从源头抑制银行系统性风险的积累。我国虽然没有爆发过真正意义上的金融危机，但是现阶段系统性风险的不断积累已经是不争的事实。历次金融危机表明，金融机构可能出现的风险会引发大范围的系统性风险。危机的不断发生使得各国对商业银行的风险管理也日益重视。2008 年的次贷危机，由于我国衍生品市场还没有充分发展，资本市场也没有完全开发，所受的冲击也比较小。但是，随着市场化程度的不断加深，金融的不断发展，银行系统性风险也会逐步显现。如何衡量市场波动对于商业银行系统性风险的冲击并进行有效规避成为银行管理的重要任务。为了加强风险管理，准确分析不同类型的银行在整个银行系统的风险状况就显得尤为重要。收益率波动性的研究可以帮助我们加强对市场的理解，有助我们及时发觉金融市场的异常，为我们在市场混乱期更快速地采取及时有效的应对措施提供依据。本书从理论和事实出发，运用上市银行股票收益率的数据研究上市银行系统性风险状况，对这些因素的监控有助于我们从源头把握系统性风险的累积，对于实施宏观审慎监管和系统性风险管理都是极其重要的。

对我国银行系统性风险特征的研究，有助于我们在一定程度上控制系统性风险的传染和扩散。通过金融资产相关性的研究，从银行系统性风险传染和扩散的强度、方向进行重点把握，强化对传染源的监管，对提升整个银行业的抗风险能力，控制风险扩散有积极的意义。

对我国银行系统性风险的研究，有助于进一步完善政策监管框架，更好地发挥监管政策实施的效果，及时全面地监测系统性风险的积累，并及时采取有效的防范措施化解系统性风险。商业银行的差异化监管主要是在监管过程中针对不同类别的银行实施有差别的政策，从而实现对整个银行系统性风险的有效控制。差异化监管不论是对银行监管体系的完整，还是对银行业的发展都是至关重要的。我国差异化监管制度建设匮乏，迟迟不能实施，主要是因为过去的分析过程过于简单，主要停留在文字推理阶段，缺乏严格的数学化和逻辑分析过程，缺乏严格的依靠逻辑推理分析差异化分类监管的步骤。差异化监管需要根据经济变化和商业银行的发展实施动态监管，定时定期地对分类标准进行调整。当前银行的资本充足率都已经达到了最低的监管标准，继续依照过去简单分类监管的有效性是值得质疑的，调整分类监管的标准势在必行，加强对银行系统性风险的分析和银行分类监管对提高银行业的整体风险管理能力，促进银行监管向着联动监管、差别化监管发展都是极其重要的。

概括来说，本书从理论与实践的角度探讨了当前我国银行系统性风险和监管问题。波动反映了金融市场的风险，对上市银行股价波动性及波动相关性特征的研究，有助于深入了解隐藏在股价背后的银行业可能存在的危机；收益率的波动具有溢出效应，一家银行的风险将发生牵连与传染，对银行间时变的相关关系进行详细研究，构建指标预警因子并实时监测将有助于我们找到风险发生根源，及时对影响金融稳健运行的因素进行遏制，避免大范围的风险的爆发。另外，对波动和波动相关的研究，在研究过程中将非对称性考虑在内，更具精确性。此外，无论是从理论角度还是从金融监管的实践中，对金融资产收益的非对称性测度都是极具重要意义的课题。这不仅是因为非对称性是投资组合选择中的一个重要因子，更是因为非对称性的研究对金融风险的识别和测度的准确性具有较大的影响。非对称性的研究对精准把握银行间的时变相关性特征有助于我们加深对波动性的认识，更好地完善现有的金融经济学理论，有助于丰富和完善对银行系统性风险的研究体系。

第二节　核心概念界定

一、系统性风险和银行系统性风险

1. 系统性风险的概念界定

系统性风险（Systemic Risk）来源于传染病学领域，强调对系统中的其他机构具有传染效应的风险。研究系统性风险时更为关键的问题是风险到底是通过哪些渠道进行传播，面临共同风险暴露时究竟是溢出效应还是传染效应。奈特（Knight，1985）对"不确定性"和"风险"进行了概念界定："不确定性"表示根本无法预知的将来事件，"风险"则表示可以了解不确定性的概率分布的情况。马科维茨（Markowitz，1952）首次从数理角度给出了风险和收益的定义，提出了在不确定条件下如何进行资产组合选择的理论。在这种框架下，金融风险被划分为系统性风险和非系统性风险。在马科维茨提出投资组合选择后，Sharpe（1964）把系统性风险定义为由于共同的、普遍的因素而造成的资产波动性。Lintner（1965）和 Mossin（1966）的一般均衡理论及 Ross（1976）的套利定价理论使得人们对系统性风险的认识获得了进一步提高。Minsky（1992）认为，系统性风险是由于受到不能预知的突发因素的干扰，使金融市场无法实现资金的有效配置。Kaufman（1995）把系统性风险定义为某个事件的发生使整个金融市场普遍遭受损失的可能性。Hermosillo（1996）认为，系统性风险是一种外部性的存在，这种外部性使得与之不相关的经济体遭受了经济损失，这种外部性通常表现为风险的溢出性和传染性。Rochet 和 Tirole（1996）将系统性风险概括为某个机构的倒闭通过交易渠道扩散到相关的其他机构的一系列过程。Schoenmaker（1996）将系统性风险定义为传染性风险，由于一个或几个银行陷入困境而导致的溢出效应使得其他多数银行乃至整个金融体系都产生了财务困难。G10（2001）认为，系统性风险是指市场参与者对金融体系的关键组成部分信心减弱，致使价值受损，并进一步影响到实体经济的风险。[①] 2007~2009 年的金融危机使得市场参与者、学者和监管机构对系统性风险的研究投入了更多的精力。Whelan（2009）认为，在整个金融体系中金融机构紧密相连，系统性风险就是会传染到几乎所有机构、致使金融系统瘫痪的风险。Hart 和 Zingales（2009）则认为，系统性风险是指在金融系统中关联机构相继破产，并给实体经济带来负面影响的风险。Daniel（2009）是这样描述系统性风险的：金融系统中居于重要地位的机构陷入困境，对金融市场和整体经济产生的重大影响和不良后果。Acharya（2010）认为，系统性风险就是金融部门的倒闭严重影响到市场中信贷的供给，进而影响到实体经济的发展。从金融监管机构的角度而言，IMF、FSB 和 BIS（2009）将系统性风险定义为金融系统的整体或部分减值而产生的可能对实体经济造成潜在的负面影响的风险。欧盟中央银行行长 Trichet（2010）在 2010 年达沃斯世界经济论坛的演讲中将系统性风险定义为金融市场存在不稳定性，系统内大范围的危机，会波及整体经济的增长，致使福利大幅受损。国际货币基金组织（IMF）、金融稳定理事会（FSB）和国际清算银行（BIS）（2011）重申了系统性风险的

---

① G10（Group of Ten）. Report on Consolidation in the Financial Sector［EB/OL］. http：//www. imf. org /external/np/g10/2001/01/Eng/pdf/file. pdf, 2001.

重要性，明确指出系统性风险会殃及几乎整个金融系统，使金融服务规模性瘫痪，并给实体经济带来极为不利的影响。

通过分析，本书认为对于系统性风险的定义有比较典型的三类代表：一是以 Kaufman 为代表，认为系统性风险是众多金融机构或金融市场中产生一系列损失事件带来的累计损失的概率的观点。二是以 Kupiec 等为代表，将系统性风险定义为一个适度的冲击引发的资产价格大幅度波动、流动性显著减少、潜在的破产发生和可能出现的效率损失。三是美国商品期货交易委员会给出的定义，即由于金融市场连锁性质的存在，一个市场参与者的违约对其他市场的影响。可以发现，关于系统性风险定义都考虑了风险的溢出效应，即风险对实体经济造成的影响，差异在于触发系统性风险的原因和其带来的后果的不同，而且不同的定义中突出点也不尽相同，有的定义中认为系统性风险是由于某家银行风险的传染和蔓延，有些定义则认为风险来自某一冲击，更多的定义忽略了风险的来源，只对风险造成的影响进行描述。还有些研究专注于系统性风险的运作机制。这种变化可能源于关联机构的倒闭或是体系内部的失衡。系统性风险定义的不统一从另一个角度间接地说明了系统性风险的复杂多样性。虽然关于系统性风险没有普遍接受的定义，更不用说有一种公认的衡量方法来量化这一风险，但学术界达成的共识是一致的，都认为系统性风险是由一个触发事件而引发的一系列坏的经济结果。系统性风险可能从较小的、较少的直接相关的银行共同的危险因素发展为广泛的灾难性风险。对于系统性风险研究关注的对象是金融体系全部或重要部分，而不是关注单个机构。同时，应对系统性风险进行有效监管、建立适当的监督框架。

总结前人的观点，我们将本书讨论的系统性风险定义为：由某个触发因素引起的，导致不稳定性在整个金融体系内蔓延，甚至对实体经济造成严重危害的不确定性，其在时间上具有连续性，在空间上具有广泛性。与单个金融机构面临的风险不同，系统性风险具有宏观性和系统性、更大的负外部性、风险和收益不对称性和广泛的传染性等特征。系统性风险对金融机构、金融市场和实体经济都会产生非常严重的影响。另外，从宏观上讲，系统性风险指的是由于银行或是金融体系受到宏观经济的冲击或是由于不可抗力事件的发生导致的金融系统的彻底瘫痪，可以理解为一个宏观冲击，对整个至少是大部分的经济体系造成了严重的损害。在微观层面，关于系统性风险的定义更加强调金融体系中的个体机构的负外部性对整个系统的影响，侧重于冲击的传导及机构间的溢出效应。从这个角度看，系统性风险本质的特征就是溢出效应和传染效应。系统性风险强调风险的关联性和复合性，包括强调政府和企业债务负担、银行不良资产、影子银行风险、高房价等资产价格泡沫、行业产能过剩、汇率波动和热钱进出等风险的相互影响、相互传导和相互累加。

2. 银行系统性风险的概念界定

对银行系统性风险的定义基本都侧重于银行系统性风险的外部性、风险的溢出效应和传染效应、流动性问题引发的"多米诺骨牌效应"等。最早研究银行系统性风险的是 Thornton（1802），他的研究表明单个银行出现危机时会对其他银行产生溢出效应，最终使得整个银行业出现系统性风险。银行系统性风险具有两个明显的特征，就是流动性的严重缺失和"多米诺骨牌效应"。Loretan（1996）从银行挤兑问题着眼，指出银行系统性风险是由于未预料挤兑的发生使得整个银行系统所持有的流动性不能满足市场需求的可能性。Schoenmaker（1996）认为，银行系统性风险实质上是由银行间的传染效应引发的，他将银行系统性风险定义为由于单个银行或几个银行陷入困境时而产生的溢出效应，这种溢出效应表现成为风险的传染性，最终引发了流动性短缺。他将银行业的传染风险等同于银行系统性风险，认为银行系统性风险就是一家或是几家银行陷入了困境时出现的溢出效应，从而使得更多银行乃至于整个金融体系都面临困难。Crockett（1997）认为，银行系统性风险是银行金融资产价格的异常波动。Nenovsky 和 Hristov（1997）将银行系统性风险定义为银行系统性危机发生的可能性，认为银行系统性风险是银行爆发系统性危机的可能性，一旦银行发生了危机，这种破坏具有传染效应和溢出效应，整个金融体系都会遭受严重的破坏。翟金林（2001）在分析银行系统性风险的时候更强调了外生冲击的重要性，他认为银行业遭受了大规模的外生冲击会出现系统性危机。Kaufman 和 Scot（2003）在对银行系统性风险研究时则更注重风险的传染效应，他们认为银行系统性风险表现为银行业的高度相关性和聚合作用，银行系统性风险最为显著的地方就在于银行间的相关性，正是由于银行业存在着高度相关性和聚合作用，才会使得当一个或几个银行出现风险的时候会在比较短的时间导致整个国家甚至是国际范围出现银行业系统性危机。包永全（2005）从广义、狭义两个层次分析了银行系统性风险，他认为广义的银行系统性风险指的是整个金融体系丧失有效运转的可能性；狭义的银行系统性风险指的是单个或是多个机构出现困难，对其他相关机构造成的不利后果。Billio 等（2010）认为，银行系统性风险是短期内出现的一系列金融机构的困难，从而引发整个金融系统发生流动性短缺或是信心的大幅下降的可能性。

关于银行系统性风险的定义基本上涉及风险的负外部性、强传染性及高破坏性等典型的特征，有些定义也涉及银行系统性风险的形成和传导路径及银行系统性风险的机理等。但整体来看，对于银行系统性风险的研究还不够全面，这从侧面反映了银行系统性风险的复杂性，也说明相关研究值得进一步深入。

二、波动性和波动相关性

1. 波动性

波动性是一种存在于自然界和社会生活的普遍现象。物理学把波动定义为在空间传播过程中的振动，它是能量传递的一种形式。Madhavan（1992）将波动性定义为价格的变化。Glen（1994）认为，波动性是价格变化的频率和幅度。《辞海》中是这样描述波动性的：某种事物或是现象呈现出的起伏不定的变化及不稳定性。金融资产的波动性指的是资产回报与其预期回报偏离的程度。波动性与市场的不确定性以及风险直接相关，收益与风险间的均衡又是资产定价和资本配置的核心内容。自从 1952 年马科维茨提出了使用方差结构度量风险以来，股票收益率波动性已经成为金融风险防范以及风险管理的一个重要工具。金融时间序列的波动性是资产风险的决定因素。作为隐含变量，金融资产收益的波动率虽然不能被直接观测到，但是通过对收益率序列的分析我们是可以捕捉到波动性的一些特征的。

2. 波动相关性

1952 年马科维茨提出资产选择的均值—方差模型后，金融时间序列间的相关系数的研究就被广大学者所关注。相关系数的研究在现代金融学的许多领域都起到了至关重要的作用，如最优风险组合、构建对冲策略、风险管理及资产组合定价等。相关性研究在本书中是指资产间的相关性，主要是资产收益率间的相关性。对于两个资产的收益率间的相关性可以表示为式（1-1）：

$$r = \frac{\sum_{i=1}^{n}(x_i - \bar{x})(y_i - \bar{y})}{\sqrt{(x_i - \bar{x})^2(y_i - \bar{y})^2}} \tag{1-1}$$

从相关性的数学表达方式可以看出相关性其实是协方差的标准化形式。因此对于相关性的研究可以归为对多元变量的方差协方差矩阵的估计。我们之所以倾向于用相关系数来衡量相关性风险，而非协方差，是因为协方差反映了相关性和波动性的综合，相关系数反映了两个随机变量变动趋势的相同或相反程度。许多文献都致力于研究资产的动态协方差，但主要重点是单变量的波动性而不是相关性。由于不同金融市场之间存在显著的相关性，也就是说一个市场的价格或收益率波动变化会引起另一个市场相关变量的波动变化，相关关系是金融市场风险传递的重要根源。金融市场间相关性的增加可以在一定程度上反映出金融市场的有效性。Krishnan 等（2009）把相关系数越接近+1，称为资产间收益率的相关性越高；相关系数越接近-1，称为资产间收益率的相关性越低。在研究相关性风险溢价时，这种表述比较方便，因为某资产和其他资产的相关系数值越小，持有这种资产的多头头寸就比较容易对冲其他资产的风险。Dilip（2013）认为，银行股票收益率相关性增加时系统性风险就会增加；反之相关性很低时，即使出现了单个风险事件也不可能引发整个体系陷入困境。市场收益率的相关性一般而言包括两个层面的意思：一是条件均值相关性，也就是一个市场或一种资产收益率的变化对另一个市场或资产是否会产生影响，也可以称为价格溢出效应；二是条件方差的相关性，就是两个市场或两个资产的波动是否受到共同因素的影响，一个市场或资产收益率的波动是否会对另一个市场或是资产产生波动溢出效应。本书研究的重点就是条件方差的相关性。

相关性的理论研究主要包括两种：第一种是以 Adler（1983）为代表的经济基础假说，这种假说是基于投资者完全理性的传统金融理论，它认为股票收益率的相关性的根源在于经济基本面的联系。第二种就是市场传染假说，该假说主要是以投资人的行为及市场行为作为研究对象，认为股票收益率相关性不仅是由宏观经济联系所影响，更为重要的是市场的传染效应，如 King（1990）等学者的研究都是从这个角度进行的。许多文献调查了市场间的相关性，当经济中存在异质冲击时，这种相关性成为一种传染的渠道。King 和 Wadhwani（1990）发现当市场波动性增加时相关性也提升了。

三、非对称性研究

自然科学向社会科学的发展是一个从无机物质世界到有机生命世界的过程，是一个从无序迈向有序，从对称性到非对称性的研究过程。对称性（Symmetry）和非对称性（Asymmetry）是客观世界一种非常普遍的现象。许多学科都从各种侧面对这种现象进行了深入的研究。自然界的物质形式很明显地分为两种类型：对称性的形式和非对称性的形式。对称性和非对称性原理支配着世间万物的排列方式，不管是原子间的作用方式还是宇宙间最大物质的形态都是如此。另外，从事物的进化过程也可以看出一种从简单到复杂的分化过程，进化树模式是自然界发展的一种普遍形式。这种分化性就会存在非对称性。从自然科学的天体演化、物质构成乃至生命进化到社会学的经济发展，都可以说是一个对称性逐渐丧失、非对称性逐渐形成的过程，也是从混沌状态到有序状态，从低序到高序的过程。

1. 对称性和非对称性概念的各种诠释

对称性是人们在客观世界基础上对于事物的外在特征的不断认识过程中形成的。从古希腊的整数比例关系的对称到毕达格拉斯的数字的对称[①]，再到柏拉图的中心对称，对称性的思想在人类认识史中发挥着重要的作用。对称性最初来源于生活，日常生活中最容易发现的就是各样的空间对称。时间维度也存在着明显的动态规律对称性，如时间周期的对称。对称性的思想是现代物理学最基本的思想之一，对称性这一概念最早是由德国数学家魏尔（1959）[②] 提出的，他认为对称性指的是，如果一个操作或是变换使得系统从一个状态到另一个状态的过程中保持不变，就认为系统对于这一操作是对称的，或是称这个系统具有该操作的对称性。数学上从直观的空间形式的对称着眼，将其作为几何学的研究视野。汉语词典中对于对称性和非对称性的解释是：这两个概念是反映客观事物在结构、功能和时空上的特殊联系。对称性指的是事物以一定的中介进行变化时所表现出来的不变性，非对称性指的是事物以一定中介进行变化时表出的可变性。对称具有空间对称、时间对称以及概念对称等。

对称性的原理源于因果关系，也就是一定的条件会导致一定的现象。条件就是原因，现象就是结果。等价的原因产生等价的结果，等价性就是不变性，不变性就是对称性。Pierre（1984）最早提出了对称性原理：原因中的对称性一定会反映在结果中，结果中的非对称性也必然在原因中有所反映。对称性是一个普遍存在的原理，既存在于自然界万物之中，也是万物起源的内在信息。所有自然界的基本定律都具有某些对称性的特征。20 世纪大量理论进展和经验事实的发现使对称性思想彰显出了无限的魅力，爱因斯坦曾运用对称性原理展示了时空扭曲的本性，杨振宁的重大发现也体现了对称性的思想。[③]

有趣的是，对称性的形式往往不知不觉地吸引了我们的注意，人脑天生就

---

① 张法. 以比例为核心的古希腊形式美 [J]. 西北大学学报（哲学社会科学版），2013，43（5）.

② 卡尔·特奥多尔·威廉·魏尔施特拉斯（Karl Theodor Wilhelm Weierstraß，1815 年 10 月 31 日~1897 年 2 月 19 日），德国数学家，被誉为"现代分析之父"。

③ 江才健. 杨振宁传——规范与对称之美 [J]. 中国台湾：天下文化书坊，2002（322）.

可以识别这类重复出现的对称性图案。非对称性也被称为对称性破坏（Symmetry Breaking），它是事物或运动以一定中介变换时出现的变化性。非对称性往往被定义为缺乏对称性，被认为是随意的、杂乱无章的，而事实上非对称性反映的是事物通过中介变化时出现的差异性。从辩证法观点来看，现象层次的非对称性是更为深层次的内在规律的更高对称性的表现形式，也就是对称性往往是通过非对称性表现出来的。从方法论角度看，对称性破坏是一个吸收新能量、新物质或新信息的过程，在一个确定的对称性的存在现象中，通过不确定的对称性的破坏打破平衡从而实现新的对称性。

2. 自然科学对于对称性和非对称性的认识

数学中，狭义上的对称分为轴对称和中心对称，描述的是图形上的一种对称关系，主要是从形的角度，借助于图形的对称性来研究某些数学问题，比如求二次函数的值域；广义上的对称，是自然界中无处不在的和谐之美，在数学中主要表现为 3 个方面：公式上的对称性、图形的对称性、对称式和轮换式的对称性。公式上的对称性表现为：$f(a,b)=f(b,a)$，即 a 与 b 可以互换，互换后的公式仍然成立，那么该公式就是对称的；反之就是非对称的。图形的对称性包括轴对称与中心对称。平面内一个图形沿一条直线折叠，直线两边的部分能够全部重合，这样的图形就是轴对称图形。中心对称图形则表示在平面内，把一个图形绕着某个点旋转 180 度，旋转后的图形与原图形能够完全重合那么该图形是中心对称图形。对称式和轮换式的对称性分别表现为：如果把代数中任意两个字母对换后，代数保持不变，则为对称代数式。以二元函数为例，函数 $f(x,y)$，如果 x 与 y 可以互换，函数不变，那么该函数就是对称的；相反，如果 x 与 y 互换后新函数与原函数不等，那么该函数就是非对称的。在一个代数式中，如果把含字母项顺序轮换后代数式保持不变，则为轮换对称式。数理的对称表现为不变性、规律性，而非对称性则更表现为变动性、灵活性。

对称性在物理学中指的是变换中的不变性，非对称性指的是变换中的差异性和变更性。物理学中的内特尔定理[①]指出，如果在某一种变换下，运动规律具有不变性，则必然存在一种守恒定律。后来，随着研究的深入发现，某些物理定律的对称性会出现对称性破缺，成为非对称性的存在，其主要原因在于诱导破缺，也就是由于外部原因引发的对称性的改变或是内发破缺，即由于内部

---

① 德国女数学家内特尔（Amalie Emmy Noether）指出：如果运动规律在某一不明显依赖于时间的变换下具有不变性，必对应存在一个守恒定律。

原因造成的非对称性。物理学中的对称性和非对称性也是从事物的内部反映了统一性和多样性。

化学主要是从微观层面对事物进行研究，在化学中对称和非对称是普遍存在的。化学分子结构中具有各种对称和非对称的形式。从化学认识的角度我们可以从物体更深层次认识，非对称性不仅存在于宏观中更容易作用在微观中。对称中的非对称形式是物质存在的基本方式，有序而不散乱。从宏观到微观，对称中广泛存在着非对称形式，因此选择适当的层次和范围对考察对象进行研究是十分必要的。

3. 经济学对于对称性和非对称性的认识

经济学研究中对于对称性和非对称性的认识主要集中在信息的非对称性、货币政策的非对称性、股票市场波动的非对称性等方面。

信息非对称是由美国经济学家约瑟夫·斯蒂格利茨、乔治·阿克洛夫、迈克尔·斯宾塞在 1970 年提出的。这三位经济学家因对这一理论的杰出贡献而荣获 2001 年度经济学诺贝尔奖。[①] 信息非对称是指在市场经济条件下，市场的买卖主体不可能完全占有对方的信息，这种信息的不对称性必定导致信息拥有方为谋取自身更大的利益而使另一方的利益受到损害。信息非对称是指市场参与者相互间的信息分布是非对称的，一方不能完全了解另一方所拥有的知识及所处的环境。信息非对称有两种表现形式：外部非对称和内部非对称。外部非对称表现为市场交易中交易双方对于交易对象具有不对等的消息；内部非对称则表现为市场参与者在进行决策时不拥有做出最优决策所具有的全部信息。对信息非对称性的研究包括非对称性发生的时间和非对称信息的内容。从非对称性发生的时间来看，非对称性可以分为事前非对称和事后非对称。事前非对称信息的研究模型就是逆向选择模型，事后非对称信息的模型是道德风险模型。非对称信息在金融市场上的研究主要包括对股市价格影响的分析、对市场违规行为的分析、对上市公司委托—代理关系的分析以及对投资者的影响分析。非对称信息对股票市场价格的影响分析中，张卫东（2002）认为形成股市泡沫的原因中最主要的原因就是信息的不对称性，信息不对称引发股市不稳定投机，导致了道德风险及逆向选择的产生。田存志等（2015）基于隐性交易成本和信息非对称程度的视角研究了中国证券市场报价制度的运行绩效，结果表明，中

---

① 阿克洛夫提出了市场上的非对称信息会导致逆向选择，斯宾塞提出了信号传递模型以解决逆向选择问题。斯蒂格利茨则提出了信息甄别模型以解决逆向选择问题。信号传递与信息甄别的区别仅在于博弈的顺序不同，在信号传递中，代理人先行动；在信息甄别中，委托人先行动。

国证券市场的运行绩效不理想，信息非对称依然严重，隐性交易成本是投资者不可忽略的成本。在实证研究的基础上，他提出中国证券市场应该建立混合报价制度，并引入做市商制度作为竞价制度的补充。还有学者使用信息非对称对市场违规行为进行分析，认为防范违规行为的一条有效途径就是加强对交易的监控，进行必要的信息公开，以提高对违规事件调查的概率。对上市公司委托—代理关系的分析能够通过非对称信息的博弈均衡，使用契约理论、逆向选择和信号传递指导完善股市的委托—代理关系。另外，还有些研究更关注非对称信息对投资者的影响，认为我国股票市场上机构大户与散户间存在显著的信息非对称，也有学者使用非对称信息博弈研究中小投资者效应最大化决策。

Cover（1992）提出了货币政策的非对称效应这一概念，并对美国货币冲击进行非对称性研究。货币政策非对称效应的基本含义为相同幅度的货币扩张和货币收缩在经济周期的不同阶段，对于经济周期的加速和减速作用是非对称的。对货币政策的非对称性的研究主要集中在货币政策效力的非对称性方面，即在政策方向上和经济周期上的非对称性。基于方向上的非对称性显示，量化宽松的货币政策与紧缩的货币政策对产出的影响是不一致的；经济周期上的非对称性主要研究政策对宏观经济所处的周期阶段的依赖性。不同宏观经济形势下，货币政策的效力也具有不一致性。黄先开等（2000）研究发现，我国的货币作用机制与西方市场经济国家的情形具有较大的差别，货币供给 M1 的冲击对产出的影响具有对称性，而货币供给 M2 的冲击对产出的影响具有非对称性，且这种非对称性与西方国家的情形刚好相反，正的货币冲击对经济增长具有明显的促进作用，而负的货币冲击对经济增长有一定的抑制作用。后来学者们对货币政策非对称性的研究得到了极大的扩展，原先对货币政策非对称性的含义被称为纵向的非对称效应，学术界对统一的货币政策对不同的经济主体、不同的产业类型及在不同区域中均存在非对称性的研究，称为货币政策横向的非对称。当前学者们对货币政策纵向非对称性的实证研究包含对通货膨胀、就业、投资和消费、股票和债券的收益率等的影响，大量的实证研究结果验证了纵向货币政策非对称效应的存在性，表明了不同方向的货币政策对主要宏观经济变量具有非对称的影响。基于对实证的研究结论，学者们又对导致货币非对称效应的原因进行了解释。对货币政策的纵向非对称性的形成机制的研究主要从价格和工资黏性、货币政策传导渠道、经济主体的异质性及主观预期等不同的角度进行剖析；对货币政策横向非对称性的形成机制的研究结果显示：货币政策在不同企业间的影响具有非对称性主要是因为金融加速器的非对称性。

Dedola 和 Lippi（2000）使用面板数据研究货币政策非对称的形成机制，认为公司规模、融资能力、财务费用负担等因素是解释利率敏感性的重要原因；对货币政策区域非对称效应形成的原因则主要集中于货币政策传导渠道，主要是政策传导的信贷渠道和利率渠道，还有资产负债表渠道。股票市场波动的非对称性主要是指股票的波动与市场上的利好、利空消息有关，在利好与利空消息的冲击下股票市场波动的幅度存在非对称的现象。股票市场波动的非对称性是本书着重研究的内容。

4. 本书非对称性的研究内容

金融风险非对称性广义上是指由于金融市场中存在非对称因素而形成的金融风险。金融市场存在的非对称因素非常多。金融市场诸多非对称因素可以归纳为三种主要的金融风险非对称性，即金融风险信息非对称性、金融风险管理非对称性和金融风险规则非对称性。这些非对称性基本都集中在研究风险和收益间的非对称性，也就是存在着低风险和高收益共存的状况，也就是当相关资产反方向变动时，其收益和损失的变化幅度明显不同。

本书中涉及的非对称性主要是分析银行间市场各机构对于某种变化而产生的不同反应，以期获得银行系统性风险的相关特征。这些非对称性特征包括有：波动的非对称性、波动相关的非对称性以及市场结构不同状态下银行呈现出的非对称性。

本书对波动的非对称性的研究主要包括单家银行机构收益率波动的非对称性及两家银行之间波动相互影响的非对称性。理论上认为，股票价格的未来走势取决于未来市场上出现的新信息。对于市场价格波动率分析的传统理论几乎都是建立在有效市场假说基础上的，由于信息是决定价格的最主要的因素，在有效市场状态下，资产价格的走势只取决于未来市场上出现的新的信息。好消息使得价格向上波动，坏消息使得价格向下波动，两种消息对金融市场的影响是对称的。也就是好消息和坏消息对股票价格的影响是逻辑一致的。国外学者的许多研究都发现市场上坏消息对股价造成的冲击大于好消息，因此对波动非对称的初始定义未能将好消息的冲击大于坏消息的状况包含在内。国内学者对我国的股票市场进行了研究，发现了市场上存在的好消息对波动的冲击大于坏消息，因此有了正向非对称、负向非对称的定义。本书在对上市银行的收益率波动状况进行研究的过程中，同样将非对称性考虑在内。

早期对股市信息传递的研究是从 1987 年美国股灾开始的，Eun（1989）等使用 GARCH 类模型研究了国际市场股市间的波动溢出效应，实证结果显示，美国股市的波动能够影响世界其他股票市场，而外国市场的波动对美国股市没有产生波动溢出效应。其后，学者们对各国股票市场的波动溢出研究越来越多，一国股市的波动情况可能对其他股市产生单向的波动溢出，也可能两国股市的波动具有双向溢出效应。对银行收益率的波动，本书尝试将上市银行间两两的波动溢出方向进行详细研究，重点考察某个银行正向、负向信息的冲击其他银行收益率波动的影响是否存在非对称性。

根据学者们对股票市场收益率波动的相关性研究，本书考虑银行收益率间相关关系的非对称性。在对上市银行间两两动态相关性分析时，将市场上收益率波动的相关关系所具有的非对称性考虑在内。在不同市场行情下，资产收益率波动的相关性存在非对称特征。一家银行的波动将会对另一家银行收益率的波动产生溢出效应，那么在不同市场行情下，资产收益率间的波动相关性是否存在非对称的特征，也值得我们进行深入研究。本书对银行股价收益率的动态相关性进行研究，然后将我国的股市分成两种状态，分别在两种不同的状态下对银行间相关关系进行比较分析，以便针对不同的市场行情提出不同的预警指标。

四、波动非对称性和波动相关非对称性

1. 波动非对称性的描述

有效市场理论认为在强有效和半强式有效市场中，股票价格反映了所有当期的信息，但实际是股票价格的收益冲击存在明显的不对称性，好消息和坏消息对股票价格的影响程度是不同的。因此，非对称波动理论成为波动率研究中重要的一个内容。非对称波动现象也就是负面冲击后，波动性增加超过相同级别的正面冲击后所带来的波动性的增加。事实上，已经有证据表明：对于某些资产，当其受到正面冲击后，波动性可能不再增加甚至下降，忽略了波动的非对称性对于波动的认识是极为不足的。Hicks（1946）认为收益的非对称性是影响投资决策的重要因素。Samuelson（1970）指出，如果收益率是非对称的，那么进行投资组合选择和风险管理时，应该充分地考虑到预期收益、波动率及非对称性。他强调，如果资产收益是非对称的，在研究中必须考虑到预期收益、波动及偏度。还有许多文献表明，仅靠资产的预计收益和方差是不能刻画资产收益的随机特性的。20 世纪 90 年代以来针对金融资产收益非对称特征的相关研究逐渐兴起，近几年更是得到了越来越多的重视。Rosenberg 和 Schuermann（2006）同样认为资产收益分布存在非对称性时，充分考虑该因素的风

险测度才能提高风险估计的精度。金融资产收益分布的非对称性问题逐渐成为金融计量研究领域中的热点问题,不仅是因为有效的投资组合选择需要对金融资产收益分布的非对称性进行准确的测定,更是因为非对称性直接决定了金融风险识别的充分性和准确性。

许多学者通过实证研究发现,股票收益和波动之间呈现负相关关系,也就是负收益伴随条件方差向上增加,正收益伴随条件方差向下减少。我们通常称这种现象为波动的非对称性。在实证研究中,学者们研究发现金融资产下跌与上升同样的幅度,对下一期的资产价格波动的影响力是不同的,即市场上的涨跌信息对金融资产的波动影响存在非对称的"杠杆效应"。Black(1976)和Christie(1982)实证研究发现,市场上"负向"的股票信息伴随着波动的增大。[①] Engle和Ng(1993)首次提出波动的非对称,尤其当股市大幅下跌时,波动的非对称现象尤其明显。其原因主要是当市场上股票价格大跌时,由此造成市场参与者的心理恐慌,对该股票的买卖频率增大,进而引起市场波动的放大。许多文献中将波动非对称性等同于坏消息比好消息的影响更大,但近期有些学者的实证研究表明存在相反的状况,也就是好消息导致的波动有时也会大于坏消息导致的波动。

2. 波动相关非对称性的描述

金融市场的一个显著特征是不同的金融资产的价格波动之间存在显著的相关性(正相关或负相关),同期资产回报更是高度相关。皮尔森相关系数(Pearson,1895)直接对给定的股票价格变化的相似性提供了证明。许多学者都致力于相关性的研究,以获得潜在的系统结构性特点和金融市场的动态性。大量的研究表明,金融时间序列的相关系数是时变的,高波动时期资产间的相关系数是增加的,而且相关系数对正负冲击的反应往往表现出非对称性特征。金融资产的收益率的联合分布经常呈现出两种明显的现象:一是尖峰厚尾的相关特征;二是相关性的非对称性特征。Cappiello等(2006)考虑到负面冲击会比正面冲击更容易引起相关性的变化。市场波动加剧时资产回报之间的相关性与市场平稳时表现出来的相关性是大不相同的。另外,相关性随着时间的推移而发生变化。动态的相关性可以反映时变波动的金融市场的风险,而不仅是资产回报率之间关系的变化。非对称相关性的研究有着重要的应用价值,许多

---

① In Proceedings of the 1976 meetings of the American Statistical Association, Business and Economics Section.

实证研究结果表明，市场之间的相关系数平均值在危机时期相比危机前的时期有显著的增加。

五、差异化监管

差异是系统存在、发展的动力，也是系统存在、发展的结果。差异化是企业管理中的重要理念之一，它起源于波特的差异化战略。差异化监管尊重个体机构的差异性，强调由于不同机构的实际情况不同，应采取不同的监督和管理措施，达到监管成本最小化、监管目标多元化。差异化监管指对银行的分类监管，也就是按照不同类别银行的风险程度对其从市场准入到市场退出全过程进行不同的监管。这种监管表明监管当局对银行系统性风险非对称性认识的不断深化。不同类别商业银行的差异化发展与监管机构的政策引导是紧密相关的。差异化监管是提高监管效率、推进银行业差异化发展、防范银行系统性风险的关键所在。差异化监管的内涵包括两个层面，一是一般意义的银行监管，二是差异化监管。银行监管也就是对商业银行的监管，检查商业银行是否按照国家法律、法规开展经营活动，通过制定规定、条例引导银行在一定的规则内活动，推动银行业健康发展。差异化监管指的是在不违反金融监管初衷，保证金融监管职能正常履行的前提下，改变集中统一监管的模式，适当下放监管权限，针对不同类别银行的特点实施有差别的政策，最终实现对整个银行体系的有效控制。商业银行差异化监管的内涵就在于针对不同类别的商业银行，根据实际情况实施有差别的监管措施。对商业银行的差异化监管有益于解决风险承担主体和收益主体的一致化问题，让市场主体能够真正为自己的行为负责。

第三节 国内外文献综述

一、系统性风险及银行系统性风险

1. 系统性风险

现有文献对系统性风险研究的内容主要涉及系统性风险的产生和发展、系统性风险的传播渠道及系统性风险的度量等方面的内容。其中，系统性风险的度量是近期的研究重点。

虽然系统性风险的产生原因与发展方式各异，但不难发现，其全面发生并非一步到位，从产生到发展主要经历了风险积聚、冲击和风险放大这三个阶段。关于系统性风险产生的原因有两种不同的观点：特有冲击导致的传染风险及金融机构和金融市场风险的共同暴露产生的连锁风险。引发系统性风险的冲击主要包括对单个机构或资产的特有冲击或是整个经济体遭受了系统性的冲击。强调系统性风险是由于金融机构或是金融市场对于宏观经济风险因素的共同暴露而产生的观点实质上就是将系统性风险归结到了金融系统内在的不稳定性上。

系统性风险的传播渠道通常被认为有几个方面，典型的有共同暴露的风险、羊群效应导致的信息传染及减价销售的反馈效应。Hartmann（2002）认为，引发系统性风险的渠道无外乎堆积的不平衡、传染或是大的冲击。Longstaff（2010）认为，过度关注最大的金融机构其实忽略了一个重要的潜在的系统性风险来源。大型银行或是小型银行都倾向于承担过度的风险，因为它们认为它们并不承担对非金融企业和社会的外部成本。Duchin 等（2010）认为，流动性受约束的银行可能会对实体经济形成冲击，因此形成了系统风险。Shleifer 和 Vishny（2010）认为，系统性风险主要是通过银行投资者情绪波动进行传播。Ivashina 和 Scharfstein（2010）认为，当一些金融机构处于困境时，其他银行倾向于削减他们所有的业务，包括贷款给他们的客户，进而减少投资和人员，从而在宏观经济层面上影响了就业和支出。如果在一个时间点陷入困境的银行数量有限，那么竞争对手银行可能克服这些固有的信息破坏中断银行客户关系，满足陷入困境的银行客户的需求。然而，随着越来越多的银行进入危机，这些溢出效应成为实质性的风险在整个宏观经济中蔓延。这种连锁反应的系统性影响超出个人银行间的网络关系。Bekaert 等（2011）通过研究表明，在 2007~2009 年危机期间风险没有通过直接贸易和金融联系传播，而是通过"警钟"，新的信息的快速传递可能会促使投资者重新评估其他细分市场或国家的脆弱性。事实上，正是因为宏观经济危机蔓延的风险，监管机构和政府才非常关注系统性风险。

系统性风险定量研究的领域包括如何衡量引起系统性风险的因素、收益分布的尾部研究及个体金融机构对系统性风险的贡献等问题；系统性风险的测量也可以从横截面维度和时间维度两个角度展开研究。在度量系统性风险方面，理论界已经做了大量的研究。2008 年前，对系统性风险的度量主要是按照综合指数法和早期预警指标两条技术路线进行的；2008 年后，对系统性风险的度量转到利用市场数据和复杂金融工程模型上来。总体来说，理论界对于系统性风险的测度主要有：综合指数模型、早期预警指标、网络传导模型、基于市场数据的时间序列模型、多市场的系统性风险度量模型等。多种方法的出现反映了学术界对于系统性风险认知的不断深化，也反映了系统性风险评估方法从简单、静态逐渐向动态、复杂的分析过程转化。关于系统性风险度量的文献也有很多，大的方向来看，主要是从监管和研究两个方向着手的。事实上，正是因为宏观经济危机蔓延的风险，监管机构和政府才非常关注系统性风险。但其度量方法存在一系列技术问题，一部分困难在于最初的冲击导致一个或多个金融机构的失败，然后蔓延到整个系统，最初的冲击可以来自各种来源，如在大型支付系统或在银行间拆借市场的交易对手衍生品。另外，如何衡量关联风险的蔓延也是一个重要问题，一旦最初的事件发生，随后的蔓延过程引发的金融机构的风险对金融体系的影响。

系统性风险的测量主要包括三种方法：指标预警法、基于市场数据的模型法和网络分析法。指标预警法利用历史数据分析系统性风险发生前后经济变量的波动特征及其对实体经济的影响程度，从而预测系统性风险。从监管者的层次看，在获得金融机构的信息上具有明显的优势，而从研究者的角度来看，在建立模型和技术运用更为熟练。因此，监管层面通常采用指标法对系统性风险进行测度，通过选择影响系统性风险的各种指标同时运用因子分析、主成分分析或是层次分析法进行汇总。Frankel（1996）运用了 FR 概率模型，通过建立 Logistic 模型预测金融危机可能发生的概率。Sachs（1996）采用 STV 模型，从外汇管理的角度建立模型分析系统性风险。Kaminsky（2000）选取了一系列指标包括银行挤兑、货币政策、经常账户、资本账户等作为引发系统性危机的信号。

基于市场数据的模型法也被称为简式法。这种方法主要是基于公开市场数据建立模型，它将整个金融系统看作是机构的组合。这种方法既可以测度整个系统的系统性风险也可以测度机构之间的风险溢出大小。IMF 在《全球金融稳定报告》（2009）[①] 中概况了几种系统性风险的测量方法，包括有违约强度模

---

① 国际货币基金组织. 全球金融稳定报告 [M]. 同生辉，李汉军，金艳丽，白瑞坤译. 北京：中国金融出版社，2009.

型、Co-Risk 模型、危机依存度模型等。Illing（2003）利用压力指数测量系统性风险的程度，同时构建了加拿大金融系统性风险预警体系。Adrian 和 Brunnermeier（2008）提出了运用 CoVaR 测量系统性风险的方法，这种方法主要是测度单个机构倒闭的时候，其对其他机构的溢出效应，这种方法也可以测度单个机构的系统风险贡献程度。Tarashev 等（2010）运用了博弈理论的方法将系统性风险分配给了个体机构，这种方法非常简单有效，单个机构对系统性风险的边际贡献的加总就等于系统总的风险。Billio 等（2010）认为，单一的系统性风险测度方法反映的信息是不充分的，他提出了基于相关性、自相关、主成分分析、体制转换模型和格兰杰因果关系检验的五种方法，通过资本市场数据进行实证分析。Huang 等（2012）运用了股票价格的联动性和 CDS 构建了银行系统的抵御系统性风险保费这一方法来测量系统性风险。股票价格的联动提供了资产收益的相关性，CDS 测量了可能发生的违约风险，他将这种方法应用到了美国的银行间市场，发现银行系统性风险的大小主要是由它的规模大小决定的。

系统性风险的测量目前主要应用在两个领域：一是如何衡量引起系统性风险的因素。近期的研究集中在测量系统性风险的单个方面，如预测当市场低迷时多少金融机构的股票会出现下降（压力事件）。Adrian 和 Brunnermeier（2008）提出的 CoVaR 方法，是文献中较早提出的一个方法，受到了强烈的关注。Hautsch 等（2010）将系统性风险定义为个体 VaR 对系统 VaR 的贡献。Brownlees 和 Engle（2010）建议针对系统风险的波动性利用非对称的 GARCH 模型，针对系统风险的相关性利用非对称的 DCC 模型的双变量模型。Acharya 等（2012）通过建立包括规模、杠杆和预期股票损失的函数的危机模型来测量系统风险。二是研究专注于对尾部建模。收益分布的尾部研究主要包括 Acharya 等（2010）提出的 Systemic Expected Shortfall（SES）方法，他认为系统性风险的管理应重点考察单个机构的系统期望损失和所有可能发生的系统性事件。监管者在危机发生前就应该评估条件期望损失，这种方法要求选择合适的变量来预测当发生系统性事件时可能的资本损失，同时他还建议管理者评估边际期望损失。De Jonghe（2010）、Brownlees 和 Engle（2010）、Acharya 等（2012）进行了收益分布的尾部研究都很好地预测了美国主要银行在 2007～2008 年的金融危机将受到严重影响，但是这些方法因为经济发展的异质性问题很难在整个世界经济范围内通用。Gray 等（2011）提出运用 Contingent Claims Analysis（CCA）评估资产负债表对外部冲击的灵敏度。CCA 研究主要针对风险债务，风险债务可能会提升违约，这样就会带来系统性风险。Tarashev 等（2010）提出了 Contribution Approach（CA）方法，这种方法运用了博弈理论将系统性风险分配给每个机构，两个或多个违约债务之间强大的非线性传输使得风险的相互关联性提升。风险债务会提升违约的可能性，提升系统性风险。一个机构的风险债务和另一个机构的风险债务相互联系，那么第二个机构的风险债务可以表示为第一个风险债务的函数。风险债务之间天生的互联性可能会引起风险传播的非线性关系。这种方法强调金融机构对系统性风险的贡献的关键驱动因素主要包括：金融机构的相对规模、违约概率及其对于一个共同的危险因素的暴露。他们认为，这种系统风险的测量方法可以解决单个机构对于总体系统性风险的增量贡献，这个方法适用于各种系统性风险测量，可以进行标准化推广。Drehmann 和 Tarashev（2011）在 Tarashev 等（2010）的基础上提出了"广义贡献的方法"（GCA）用以分配系统性风险，研究一个银行是如何传播风险从而冲击整个系统的。这种方法假设损失足够大的时候，顺着"多米诺骨牌链"，交易对手也将陷入困境。Bisias 等（2012）研究了大部分与系统性风险有关的问题，从监管和学术研究的视角，讨论了系统性风险的 31 种定量措施。Andreas A. Jobst（2014）[1] 提出了一种测量系统性风险的新的方法——SRL 模型。这种模型结合期权定价理论、市场信息和资产负债表数据，形成了测量系统性流动性风险的概率方法。他通过研究一个银行与其他银行的期限错配对其融资和稳定性的影响来进行定量监管，这种方法同时也能反映个体风险状况、共同市场条件和市场流动性风险的状况，可以用来量化单个金融机构的流动性不足及对系统性预计损失的贡献。

　　系统性风险的测度也可以从两个维度即横截面维度和时间维度来研究进行考量。其中，横截面维度侧重于解决各个金融机构之间的相互关联性，而时间维度主要是解决系统性风险的顺周期变化现象。金融机构的相互关联性可以从机构的业务关系出发，利用银行间的支付结算、同业拆借等交易数据，通过建立机构间的复杂动态网络来研究银行间相关关联的紧密程度；也可以从相关市场数据出发，以"如果金融市场是有效的，银行间的相互关联就会体现在股票价格的波动性和相关性上"这一假设为基础，运用股票价格和股权收益率等相关数据进行实证研究。目前，常用的横截面维度测量系统性风险的方法主

---

① Jobst A. A. Measuring Systemic Risk-adjusted Liquidity（SRL）—A Model Approach［J］. Journal of Banking & Finance, 2014, 45（8）.

要 CoVaR、夏普利值法、压力测试和系统预期损失法。相比于其他方法，有 CoVaR 的主要缺点是它不具有可加性，也就是说单个金融机构的系统性风险相加的和并不等于整个金融体系的系统性风险。此外，Tarasher 等（2010）对于 CoVaR 提出两点疑虑：一是 CoVaR 运用相关性来度量风险溢出效应，风险溢出效应具有因果关系而相关性并不具有因果关系；二是在不同的时期，如危机期和正常时期风险外溢差别很大。因此 CoVaR 考虑更多的是的一种直接效应，并没有考虑到风险溢出效应的间接影响。夏普利值法的优势是个体金融机构的风险相加之和都会等于整个系统的风险。但是，如果整个金融体系的风险不是用一组固定的事件测量的时候，此种方法就是无效的。[①] 而压力测试法则是通过构建一个新的测量银行体系系统风险的指标体系来衡量个体银行的风险溢价。这种方法更接近实际状况但比较适合运用在成熟市场上。

2. 银行系统性风险

银行系统性风险的研究包括的内容有：银行系统性风险的机理、银行系统性风险的特征、银行系统性风险的传导机制及银行系统性风险的度量等问题。

关于银行系统性风险的机理，不同学派的解释存在较大的差异。金融理论学派提出的金融脆弱论以 Minsky、Kregel[②]、Kaufman 为代表。Minsky（1975，1977）从经济周期、有限理性等角度解释了银行的内在脆弱性，进而得出银行系统性风险是其固有的。Demirgüç-Kunt A（2001）等也从类似的方面进行了分析研究，认为负债的增加、市场的冲击和泡沫的产生都可能会导致银行系统性风险的产生。Fisher（1933）提出经济周期与债务清偿有关。当经济周期上行时，经济主体出于逐利的需求，通常会选择较大的负债；经济下行时，经济主体又无力偿还债务，继而导致货币收缩。金融脆弱性理论实质上就是从时间维度的角度来探究金融体系和实体经济间的相互反馈，从而考量系统性风险的原因。金融体系和实体经济间的相互反馈在时间维度上的变化也就是我们今天广泛讨论的亲周期和逆周期的问题。银行体系本身具有不稳定性和内在脆弱性，伍志文（2002）提出这种脆弱性是由于金融制度和金融机构具有的非均衡性所导致的风险的不断积累，最终使得金融体系丧失其功能的状态。金融脆弱论从银行机构的内在特征和外部经济周期两方面进行研究，认为金融脆弱性是引发系统性风险的根源。

---

① 例如，使用方差或者是投资组合损失分布的高阶矩阵去度量系统性风险。

② Kregel J. A. The Natural Instability of Financial Markets [R]. Levy Economics Institute, 2007.

金融信息学派对银行系统性风险的解释原因是信息不对称以及伴随的道德风险和逆向选择。早期的研究中以 Diamond 和 Dybvig（1983）对银行挤兑危机的研究为代表。在没有建立存款保险制度及最后贷款人制度前，银行体系在面临挤兑时是最为脆弱的。由于存在着信息不对称，存款者对银行风险状况的信心一旦发生改变就会触发挤兑。亚洲金融危机后以信息不对称而导致的个体不理性行为是研究银行系统性风险的一个重要方向。这个时期许多学者建立了新的模型研究系统性风险，如 Morris 和 Shin 的金融不稳定模型（1998，2002）[①]，Kodres 和 Pritsker 的金融危机传染模型（1998）[②]，Chen 的信息传染模型（1999）[③]，以及 Freixas 等的信贷关系传染模型（2000）[④] 都是这个时期典型的代表。基于信息不对称理论的委托—代理理论是从研究代理人的行为选择是否符合委托人的要求并使得公司利益最大化进行分析的。从这个角度出发，风险成因的关键在于如何约束代理行为规避风险。银行作为中介机构，在业务上也存在委托—代理关系。从银行自身看，高风险、高回报的业务活动才能获得超额收益，银行的激励机制和评价体系促使银行经营活动通过主动承担风险增加利益，不合理的激励和奖惩制度会大大提高银行系统性风险发生的概率。

货币主义学派将银行系统性风险的根源归结于货币供应和货币政策的应用不当上。代表人物弗里德曼认为，受到突发事件的冲击，公众会对银行兑现能力产生怀疑从而丧失对银行的信心，引起行业内的普遍恐慌。与此同时，非理性存款人也会提高自身的货币需求，银行面临挤兑，存款减少直接导致存款/通货、存款/准备金比率下降，银行只能增持准备金，减少货币的投放。然而由于货币乘数效应的存在，基础货币减少使得存款货币数倍紧缩，这一系列事件的发生势必会造成大量银行在同一时间内迅速倒闭，引发系统性风险。Brunner 和 Meltzer（1972）论述了货币政策和银行系统性风险的关系，提出了导致系统性风险的货币存量增速理论，指出由于货币当局政策不当，银行在遭

① Morris S., Shin H. S. Unique Equilibrium in a Model of Self-fulfilling Currency Attacks [J]. American Economic Review, 1998, 88（3）: 587-597.

Morris S., Shin H. S. Social Value of Public Information [J]. The American Economic Review, 2002, 92（5）.

② Kaminsky 等在文章中对金融危机传染模型进行了详细解释。参见：Kaminsky G. L., Reinhart C. M. On Crises, Contagion, and Confusion [J]. Journal of International Economics, 2000, 51（1）.

③ Constancio 在文章中对信息传染模型进行了详细解释。参见：Constancio V. Contagion and the European Debt Crisis [J]. Financial Stability Review, 2012（16）.

④ Freixas X., Parigi B. M., Rochet J. C. Systemic Risk, Interbank Relations, and Liquidity Provision by the Central Bank [J]. Journal of Money, Credit and Banking, 2000, 32（3）.

受突发冲击时不得不变卖资产，大量资产的出售造成资产价格持续下跌，利率不跌反升，融资成本进一步增加，银行偿付能力的丧失进一步动摇公众信心，货币供应再次减少，引发系统性风险。Schwartz（2008）在弗里德曼理论的基础上进一步区分了真实金融危机和虚假金融危机，指出避免银行业系统性风险的关键在于货币当局能否让公众相信其货币需求可以被保证。

资产价格波动理论认为金融资产价格波动的速度加快、幅度加大及金融投机行为不断加剧会造成金融资产风险快速上升。金融创新会使得资产价格波动及风险扩散。一个机构的资产价格一旦失去控制会迅速传染到其他机构，风险的快速传导导致银行系统性风险的爆发。

金融自由化理论的核心是减少对金融机构的过度监管，信奉最好的监管就是最少的监管，宏观调控不当往往是系统性风险的导火索。Friedman 和 Schwartz（1963）提出危机的根源可能是政府宏观政策的失误而引发的金融风险的积累，使得小范围的问题变成了金融灾难。金融自由化理论认为政府所实施的政策不能有效解决市场不完全的问题，政府的金融监管会产生决策失灵。对金融机构的严苛管制导致了金融体系效率低下，金融行业发展缓慢。然而，许多经济学家就此理论提出了异议，他们认为金融自由化会加剧市场竞争，降低市场准入门槛，自由化的放松管制会放任银行的恶性竞争导致银行业利润减少，促使银行采取更加激进的冒险投机活动，加剧系统性风险的形成。银行系统性风险的频频发生及金融危机的出现是金融自由化理论盛行的恶果，弱化监管和去监管化的理论会导致金融体系面临突发事件冲击时无力招架。

还有学者从传染与风险溢出理论、自我促成理论等方面研究了银行系统性风险的机理。传染和风险溢出理论认为银行业在经济中占据着非常重要的位置，同时银行业也是一个高风险的行业，银行业与其他行业的风险具有本质的不同，典型特征就是银行系统性风险的传染效应。最初源于单个银行的失败会引起更多银行失败，风险的逐级扩散会形成银行系统性风险。Aharony 和 Swary（1996）认为，人们由于获取信息的程度不一致对银行未来流动性的预期产生担忧进而采取一系列行动导致了银行危机并进一步蔓延。

总的来说，金融脆弱论在一定程度上反映了银行脆弱的现实机制，但该理论没有考虑那些不直接与经济周期联系的独立的银行系统性风险问题，存在一定的局限性。货币主义学派的理论强调货币政策在系统性风险中起到的作用，但是该理论事先排除了非货币因素产生风险的可能，缺乏微观基础。信息不对称理论描述了银行系统产生的道德风险和逆向选择，强调市场信息不对称在系统性风险形成过程中的重要作用，但是把银行系统性风险全都归结于信息不对称又是片面的。金融资产价格波动理论指出风险源于资产价格的内在波动性。

银行系统性风险具备了风险的一般性特征，如客观性和经济性。除此之外，由于银行特殊的结构，银行间的头寸交叉复杂性，银行间的系统性风险更加容易发生。银行系统性风险还具有一些独有的特征：一是广泛性和普遍性。银行系统性风险涉及所有相关参与机构，因此系统性风险是更加宏观层面的风险，所涉及的范围会更广泛。二是区域性和局部放大性。银行系统性风险的传导源于风险传递，风险发生期初有明显的区域特性，并且在传递的过程中风险效应被不断地放大。银行系统性风险的发生比一般银行风险更具有加速性。三是明显的外部性特征。银行系统性风险大都通过风险溢出和传染在银行间传递。传染和风险溢出是银行系统性风险的最为典型的特征。四是风险和收益的非对称性特征。传统的风险和收益的关系通常是对称的，也就是说高收益对应着高风险，但是系统性风险的收益和风险的对称关系往往是不平衡的。

银行系统性风险主要源于两个方面，一方面是主要源自彼此相关的金融机构间互相传染的风险，另一方面是长时间失衡的积累引发的风险。金融危机往往是这两种共同作用的结果。对银行系统性风险的识别和度量主要的方法可以分为：基于资产负债表的网络关联法（Damar et al.，2010[1]），通过建立银行间的网络结构可以度量系统性风险的发生。这种方法是一种集成方法，通常会用到很多方法分析银行的各类风险，然后将风险损失相加从而得到银行的整体风险损失分布，在此基础上进一步度量银行系统性风险。基于资产负债表的网络关联法是国际上研究系统性风险常用的方法，其核心是银行间网络结构和资产负债结构的相互关联在很大程度上会促成系统性风险的传播。一般认为，银行间的结构可以分为三种：完全市场结构、非完全市场结构和中央银行制结构，进行分析时主要是运用矩阵法和网络分析法。

基于市场数据的银行间相关关系研究主要是利用市场数据的时间序列分析来度量传染性，对计量模型和风险识别的技术要求较高。基于市场数据的研究方法或是运用结构化方法如 CCA、期权定价法等衡量银行的时变违约概率、波动性的指标；或是从市场数据中推导银行风险相关性的状况，如动态相关、CoVaR 等。杨有振、王书华（2013）针对我国上市商业银行 2007~2012 年的

---

① Damar H. E., Meh C. A., Terajima Y. Leverage, Balance Sheet Size and Wholesale Funding ［R］. Bank of Canada Working Paper, 2010.

周股票价格波动数据，构建了商业银行系统性风险溢出效应的分位数回归模型，并在分位数估计的基础上，运用 VaR、CoVaR 技术对银行的系统性风险溢出进行了计量，分析结论证实了我国上市商业银行系统性风险溢出效应的存在，也表明商业银行系统性风险溢出效应的大小和方向对于金融系统的稳健运行均有重要影响。白雪梅（2014）基于 CoVaR 方法度量了我国上市的 27 家金融机构 2008~2013 年的系统性风险，同时建立了一个预测系统性风险的模型，研究结果显示我国银行业金融机构对系统性风险的贡献较大。现有的研究结果显示，基于市场数据的方法在测量银行系统性风险方面是较为有效的。首先，市场数据是高频数据，直观且更新及时，如银行股票价格收益相关性上升就能说明系统性风险增加；反之，相关系数没有变化或是降低了则说明系统性风险不变或是变小了。其次，资产价格的变动可以反映市场参与者对未来的预期，因此这种方法具有前瞻性。

二、波动性与波动相关性研究

1. 波动性研究

关于波动性研究的内容主要集中在波动性的特征即收益率分布的特性、波动集聚性、周内效应、杠杆效应及波动溢出效应五方面的问题。

波动性研究中最基础和重要的问题就是收益率分布特性的研究。在中心极限定理出现后，正态分布的研究在统计分析中具有重要的地位，Black-Scholes 公式建立在对数收益率满足正态分布的基础上，资本资产定价模型假定收益是服从时间独立分布的，联合分布也服从正态分布，JP 的 VaR 系统（1994）的风险度量[①]也是假设了有价证券收益率服从正态分布。但是金融收益序列呈现出的许多特征等并不具有正态分布的特征。许多研究采用了 t 分布、广义误差分布等描述收益分布。关于金融资产收益统计特征的研究在学术界已经取得了丰硕的成果，许多实证研究表明在不同的国家和不同类型的金融市场中都存在一些典型的统计特征，也被称为金融市场的典型事实。其中，主要包括金融资产收益分布的尖峰厚尾分布特征、价格波动的聚集性、长记忆性等。

波动集聚性是指一个大的波动后面跟随着更大的波动，小的波动后面跟着相对更小的波动。这种性质反映了市场中收益率波动正相关性及正反馈效应，

---

① 1994 年，JP 摩根公司公布了 Riskmetric 标准风险管理系统，使 VaR 方法得到了认可和普及。

这种结果和有效市场理论中假定金融波动序列不相关是不符的。后来的 ARCH 模型、SV 模型都是建立在金融波动的序列相关性基础上的。许多学者通过研究发现经济时间序列变量通常会出现自相关，而且方差在不同的时间段内波动幅度差异较大，这与同方差假定相悖。国内也有一些文献关注波动集聚性的实证研究，如何宜庆（2005）、陈泽忠（2000）、章超（2005）等都是根据时间序列特征构建了波动性的 ARCH 模型研究市场的波动集聚性。

杠杆效应指的是利好和利空消息对将来的价格波动会产生不同影响。负面冲击对于波动的影响相对会更大。因为坏消息会降低公司的股票价格，继而提升了公司的融资成本，从而增加公司的风险，在一定程度上杠杆效应反映了投资者趋利避害的特性。过去有些文献直接将杠杆效应等同于非对称性，认为一定程度的下跌预期引发的市场波动会比同等程度的上涨预期引发的波动更为剧烈。但是波动非对称性并非只是负面消息造成的冲击比正面消息造成的冲击大。从逻辑上，波动非对称性是冲击的不一致性。

周内效应是指收益率在一周中的某天与其他几天相比存在明显差异，且能通过显著性检验，周内效应属于市场异象，是对有效市场假说的质疑。周内效应的研究主要集中在其存在性和相关解释等问题上。Cross（1973）研究了标准普尔 500 指数，发现周一上涨的概率远远低于周五上涨的概率。之后也有许多学者实证检验了这一现象，结果大致相同。国内许多学者也关注周内效应问题，也发现存在周五效应。

资产的收益和波动之间的关系是金融经济学研究的重点问题。波动的溢出效应指的是一个市场的波动性程度除了与自身相关外，还会受到其他市场波动的制约，这种市场间的波动传导效应就是波动的溢出效应。对于溢出效应的现有研究主要从均值溢出和波动溢出两个角度展开。均值溢出效应是指一项资产的收益率不仅受到自身以往表现的影响，还会受到其他资产上期收益的影响。波动溢出实质上反映了不同资产之间的风险传染。

1987 年美国出现了股市大崩盘后，许多学者开始关注通过建立时间序列研究金融市场的风险度量并逐渐建立了波动率模型。波动性的研究已经渗透到了整个现代金融理论当中，对波动性的准确度量已经成为资产定价、风险管理的关键。基于波动性在金融资产定价与风险管理的重要地位，波动率的估计问题一直备受关注。Borio 和 Philip（2002）认为，价格的过度繁荣会增加系统性风险发生的可能。2008 年后对系统性风险的研究更加关注金融市场上各参与者所拥有的资产价格波动对整个系统的影响。Danielsson 和 Zigrand（2008）

通过建立均衡模型发现，波动是引发系统性风险的重要原因。波动率的估计方法和采用的模型主要包括方差法、ARCH 族模型、随机波动率模型、期权价格隐含波动率模型等。关于波动性的度量方法主要是顺着两类思路进行的：一是由诺贝尔经济学得主 Engle（1982）提出的 ARCH 类模型及其扩展形式；二是西方金融计量学的随机波动类模型。

20 世纪 70 年代前，传统经典的金融分析均假定波动率不会随着时间而变化，金融分析中经典的理论一般认为波动率是不随时间变化的，在统计学上表现为波动率序列不存在异方差，然而这种假设往往与现实世界相差甚大。为了刻画预测误差的条件方差中可能存在的某种相关性，Engle（1982）[①] 最早提出自回归条件异方差模型（ARCH 模型），并由博勒斯莱文（Bollerslev，1986）发展成为 GARCH 模型（Generalized ARCH Model）——广义自回归条件异方差模型。Engle（1982）提出 ARCH 波动率结构，他的基本思想是假定波动率随着时间而变化，同时波动率与过去的收益率之间存在线性关系。这种结构形式可以很好地刻画波动率的聚集性并且反映金融数据尖峰厚尾的特征。Engle 提出了 ARCH 理论后，许多经济学家开始对更一般化的结构进行研究以求更好地刻画波动的尖峰厚尾性及波动率的集聚性、非对称性、长记忆性等，在 20 世纪 80 年代这种结构形式得到了广泛的应用。Bollerslev（1986）在 ARCH 模型基础上进行了进一步的扩展，提出了广义自回归条件异方差波动率结构——GARCH 模型。Bollerslev 认为，GARCH 模型的阶数可以是任意的 (p, q) 阶。Hansen 和 Lunde（2005）研究认为（1，1）阶的拟合效果是最好的。对称波动率的另外一种常见结构是广义自回归条件异方差—均值结构（GARCH-M）。金融资产的收益往往依赖于其波动率。GARCH-M 结构允许前期波动率影响收益率均值的预测值，涵盖了均值的结构考虑到了波动率对收益的影响，因此可以反映市场风险升水[②]的现象。GARCH-M 主要应用于反映风险和收益间的正向关系。但是无论是 ARCH、GARCH 还是 GARCH-M 模型都没有考虑波动率的非对称性和长记忆性。Engle 和 Ng（1993）研究表明，可以运用消息冲击曲线来判断波动率估计中是否包括对好消息、坏消息的考虑。同时认为，虽然所有的非对称模型都可以反映正负冲击的非对称性，但是表现最

---

① 美国加州大学圣迭戈分校罗伯特·恩格尔（Engle）教授 1982 年在《Econometrica》杂志的一篇论文中首次提出了 ARCH 模型，此后在经济领域该模型得到了不断改进与发展。

② 风险升水（Risk Premium）是指一个收入额度 P，当一个完全确定的收入减去该额度 P 后产生的效用水平仍等于不确定条件下期望的效用水平。

佳的是 GJR 模型。

随机波动率模型假定方差遵循的是某种不可观测的随机过程，不依赖过去的观测值。SV 模型最早是 Clark（1973）研究证券收益和交易量时运用混合分布和联合分布引入的，后来 Taylor（1994）逐步将其完善发展。ARCH 类模型和 SV 模型都是基于历史信息预测未来的波动率，近年来也出现了一种新的方法，依据期权价格倒推市场对未来波动率的预测，即期权价格隐含波动率模型（ISD 模型）。这种模型是随着期权的发展而产生的波动率模型。ISD 模型假定风险是中性的，即波动率和无风险利率之间没有相关性。该模型和之前的波动率估计模型的理论基础完全不同，主要应用在期权市场。近年来利用高频数据估计波动率的方法也得到了广泛重视。高频估计可以准确得到波动率的估计值，将这些估计值作为一个可观测到的时间序列，波动率的实证检验以及预测研究被进一步扩展。但是隐含波动率法的使用前提是市场参与者较为理性，市场价格可以客观反映投资者对未来的预期，否则期权就会含有各种噪声。我国内地期权交易发展期限较短，价格偏离理论价值的程度也比较严重，无法用其进行隐含波动率的研究。①

国内许多学者也通过 ARCH、GARCH 类模型对我国股票市场波动性做了一些研究。国内在研究市场波动性方面的文章主要是采用单变量 GARCH 模型，比如陈守东（2003）、赵留彦（2003）利用了单变量 GARCH 模型研究了沪深股市收益率波动性。在多变量模型上主要利用的是 BEKK 模型，如龚朴（2009）、李晓娟（2012）等。张庆君（2011）以 2000~2009 年中国 14 家商业银行数据为样本对中国银行业体系风险性指数进行测度，考察资产价格波动对银行收入结构及银行体系风险的影响，认为波动和银行风险指数间存在显著相关。姚战琪（2012）运用了 ARCH 模型对我国上证综指收益率和波动性进行了实证研究。马锋（2012）利用 ARMA-GJR-GARCH 模型研究我国股票市场风险和收益的关系。罗阳（2013）用 GARCH 模型实证研究了上证股指的波动性，同时运用了 EGARCH 模型探讨了波动的非对称性。高猛（2014）利用了 VAR-BEKK-GARCH 模型分析了中国、美国、英国、日本和中国香港地区的波动溢出效应，由此探讨了国内外市场联动性。

2. 波动相关性研究

现有的研究多数集中在收益和风险的评估，对相关性的研究则较少。近年

---

① 郑振龙，黄薏舟. 波动率预测：GARCH 模型与隐含波动率 [J]. 数量经济技术经济研究，2010（1）.

来对于相关性的许多研究都是作为波动性研究的一个相关问题进行分析。许多文献致力于研究资产的动态协方差，但主要重点是单变量的波动性而不是相关性。

对于相关性研究的文献可以分为以下几个方向：

一是相关性与系统性风险间的关系的研究。King 和 Wadhwani [1]、Bertero 和 Mayer [2] 都认为当市场陷入危机时，相关性会增加。Kaplanis（1998）通过对 10 个市场的月度收益率的协方差矩阵和相关系数矩阵的研究发现，市场的不稳定很可能就是由时变的条件方差引起的。King 和 Wadhwani（1990）、Bertero 和 Mayer（1990）研究发现，市场间的相关性会随着股票市场发生灾难呈现出扩大的趋势。2008 年的金融危机及随后的主权债务危机的爆发再一次展示了全球市场的相互依存度的提高。2008 年次贷危机发生后，对于多个市场的系统性风险度量模型逐渐引起了学者们的兴趣，其中基于相关性的研究尤显重要。普遍观点是金融机构间的高度相关性往往是系统性危机发生的条件，如果机构之间处于较低关联的情况时，单个机构在短期内是不可能对金融系统或是实体经济造成严重伤害的。Lucey 和 Voronkova（2008）运用 DCC - GARCH 模型研究发现，在危机期间短期的条件相关性增加了，但危机过后相关性比起危机前并没有明显增加。Pollet 和 Wilso（2010）根据罗尔批判 [3]，认为如果股市波动与总体资产的波动不相关或者弱相关，那么通过股市的波动来描述总体风险就可能存在偏差。他们实证分析了美国股票市场，通过日度数据构造股市季度平均方差、季度平均相关系数，将市场收益作为因变量，建立计量模型，提出资产间相关系数的平均值能有效预测市场收益，但是资产的平均方差则无此效果，就此他们构建了股票组合考察相关系数、波动率和系统性风险的关系，结果发现相关系数的动态变化可以更好地反映系统性风险。Nijskens 和 Wagner（2011）从信用违约的角度着手，分析了单个银行风险和系统性风险的关系，结果发现个体信用风险转移的同时，系统性风险却提高了。Gai（2011）的研究结果同样表明金融网络的相关性、复杂性使得系统的脆弱

---

① King M., Sentana E., Wadhwani S. Volatility and Links between National Stock Markets [R]. National Bureau of Economic Research, 1990.

② Bertero E., Mayer C. Structure and Performance: Global Interdependence of Stock Markets around the Crash of October 1987 [J]. European Economic Review, 1990, 34（6）.

③ 罗尔认为对 CAPM 选择的检验是不具有说服力的，他强调对 CAPM 的检验必须联合对市场的有效性进行。

性进一步放大。Billo（2012）通过研究金融机构回报的相关性，发现金融行业之间的关联性呈现上升的势头，总体来说金融机构之间的相关性和风险传染性成为了次贷危机发生时的显著特点。

二是从相关性的视角来研究风险溢出问题。当经济中存在异质性①冲击时，相关性就成为一种传染的渠道。许多研究表明市场在危机期间和非危机期间的相关性是显著不同的，也就是说危机的发生破坏了市场的相关关系，使得市场的相关性显著增强，这时就存在了传染或是风险溢出效应。有些学者更是认为相关性的增加就代表着传染的发生。Baur 和 Lucey（2009）采用收益率间关联系数的显著正向增加来定义传染，也就是说当市场同方向运行的程度高于正常时期时就认为市场中存在着传染。如果市场收益率之间的关联系数发生了显著的负向减少，则称之为投资转移。他认为，传染和投资转移之间是相互排斥的。Acharya（2009）认为，由于存在着搜集信息的成本，最初银行会倾向投资比较类似的风险资产，正是投资组合中风险资产的高度相关性增加了系统性风险。同时，单个银行一旦发生倒闭就会直接影响到其他银行的业务，从而发生群体性的风险转移现象。Harkmann（2014）研究了爱沙尼亚、拉脱维亚、立陶宛、捷克、波兰、匈牙利、罗马尼亚、保加利亚八国两两间的相关性，结果发现，在雷曼兄弟破产、希腊陷入困境后，东欧国家和欧洲 50 指数之间是显著相关的。Kuper（2014）使用 DCC-GARCH 模型研究了印度尼西亚、马来西亚、菲律宾、新加坡、韩国及泰国六个亚洲国家自 1994 年 1 月 3 日到 2013 年 9 月 27 日间股票收益率的动态关系，结果显示 1997 年亚洲金融危机前后及 2008 年金融危机期间，相关性是明显增强的。

国内学者主要是运用相关性研究方法对中国金融市场间的联动关系和风险传染进行了探讨。史代敏（2002）对我国沪深股市收益率间的相关性进行研究，发现收益率间存在很强的正相关关系。王一萱等（2005）发现中国股票市场与货币市场并没有很强的关联性，由此指出货币政策对股票市场影响较小。黄玮强等（2006）运用 VaR 模型、Granger 因果检验、脉冲响应分析及协整检验对证券交易所国债指数和银行间国债指数的关联性进行检验和分析。陶爱元等（2006）对上证综指和深证成指日收益率间的相关性进行研究，发现收益率间存在高度正相关性，而且表现出时变特征。郑振龙等（2007）运用

---

① 异质性广义上是指参与者、干预措施和一系列研究间测量结果的差异和多样性，或内在真实性的变异。狭义是指统计学异质性，用来描述一系列研究中效应量的变异程度，也用于表明除仅可预见的偶然机会外研究间存在的差异性。

动态条件相关的双变量 GARCH 模型以及自回归条件相关模型对我国利率和股票指数之间的相关性进行了研究，研究结论表明相关性持续增强，以此判定中国金融市场逐渐成熟。袁超等（2008）揭示了中国股票市场与债券市场相关系数的时变特征，发现由于经济运行情况和宏观政策等不确定因素的影响，股票市场和债券市场的相关关系存在结构性变化，同时两个市场对冲击的反应程度也不尽相同，指出了这种时变特征受到经济运行和宏观政策等外部因素的影响。董秀良（2008）研究了沪市 A、B 股间的动态相关关系，发现沪深两市 A、B 股之间的相关系数总体为正，并具有明显的时变特征。曹广喜（2008）研究了我国沪深两市的动态相关性及动态溢出效应，结果表明沪深股市收益率之间表现出了一定程度的动态相关性，且相关性呈现逐步提高的态势。唐齐鸣（2009）研究了中国内地、中国香港地区及美国股市间的动态相关关系，发现中国内地股市、中国香港地区股市与美国股市之间的相关关系存在结构性变化，市场对重大事件冲击的反应程度也存在显著差别。周天芸（2012）测量了不同的银行对共同冲击的不同反映，还研究了金融机构的风险溢出效应。方意（2012）利用 DCC-GARCH 模型对我国金融机构的系统性风险进行了测度，进一步分析了我国金融机构系统性风险的影响因素。杨雪莱（2012）在模型中引入了宏观经济变量，分析了中、美股市联动及在危机期间联动增强的原因。结果显示，美国受到冲击后的传染是中美股市联动的主要动因。鲁旭（2012）通过构建 VAR-GJR-GARCH-DCC 模型对沪、深、港三个市场的联动效应进行了实证研究，研究结果表明，沪、深、港三个市场具有联动效应，能够直接或间接影响其他市场。郑振龙（2012）也采用 DCC-GARCH 模型对我国股市和债市间的相关性进行了分析，结果表明我国股票和债券收益之间的相关性呈现出了动态时变的特征，同时相关性变动的幅度很大。陈忠阳（2013）运用我国上市商业银行股票收益率数据进行了相关性分析和 CoVaR 方法测度系统性风险。结论表明，股份制商业银行、城市商业银行的平均相关性高于国有大型商业银行，同时股份制商业银行和城市商业银行陷入困境引发银行系统陷入困境的概率也高于国有大型商业银行。

关于相关性研究的现有文献基本集中在股票市场间的相关性研究、股票市场与其他市场（如债券市场、外汇市场、黄金市场及能源市场等）的相关性研究等问题上。由于不同金融市场之间存在显著的相关性，也就是说一个市场的价格或收益率波动变化会引起另一个市场相关变量的波动变化，大部分文献都认为相关性是金融市场风险传递的重要根源。但是现有文献中对市场间联动关系的动态变化缺乏准确的度量，对重大事件的冲击对市场间相关关系的时变性影响方面也缺乏比较系统的研究。从研究对象看，现有的文献基本集中在对股票市场和商品市场及期货市场间的相关性进行分析，对于银行间相关性分析研究甚少。

对于波动相关性的度量，传统的方法主要是运用 Pearson 相关系数、Spearman 秩相关系数或是格兰杰因果检验等方法。这些方法在现实运用上都存在很大的局限性，如 Pearson 相关系数可以度量变量间的线性相关，但这种方法需要假定变量的二阶矩和协方差都得存在，可是现实中的金融变量最重要的特点就是非线性及尖峰厚尾特性。Spearman 秩相关系数只能对变量间的全局相关性度量，不能有效度量金融变量间的局部相关性。格兰杰因果检验可以定性地判断变量间的相关性，却难以得到定量的结果，因此不能准确描述。

金融资产间的动态相关性研究最早从单变量 GARCH 模型开始。目前，对动态相关性研究的文献中采用的方法主要包括向量自回归方法、协整关系检验、格兰杰因果检验、小波多分辨分析、随机波动模型以及多变量 GARCH 模型等。向量自回归模型将内生变量的滞后项作为单个方程来解释变量，是一种简单的回归模型。协整关系检验重点分析的是非平稳变量间的关系。格兰杰因果检验考量的是数据间的线性因果关系。随机波动模型认为波动率是由无法观测到的随机过程决定的，但由于引入了潜在变量，极大似然估计不能应用在 SV 模型中。多元 GARCH 模型将当期的波动率作为前期波动率和条件方差的函数，其假设合理，模型设定也十分灵活，因此在近些年的金融市场数据研究中得到了非常广泛的应用。Bollerslev 等（1988）将 GARCH 模型推广到了多变量研究，提出了 VECH 和 DVECH 模型。Ling 和 McAleer（2003）、Hoti 和 Chan（2009）都曾运用 VARMA - GARCH 模型用来分析相关性，这些模型均假设条件相关性不变，不受维度的影响。1990 年 Bollerslev 又提出了恒定条件相关 CCC 模型，这个模型假设资产收益间的相关性是恒定不变的。自从 Bollerslev（1990）提出 CCC 模型后，多元 GARCH 模型吸引了许多学术界的注意，已经成为金融资产和风险管理的一个工具。多元 GARCH 模型全面考虑了随机向量的波动，但由于参数过多，估计也存在困难。Engle 和 Kroner（1995）提出了 BEKK 模型对协方差的系数矩阵做出约束以保证协方差矩阵的正定性。2002 年，Engle 提出了多元广义条件异方差—动态相关系数模型（Dynamic Conditional Correlation Multivariate GARCH Model），这个模型主要有两个优点：一是便于估计多变量间的相关性；二是可获得动态的相关系数，能够体现出具体的影响过程。

还有些学者通过研究股票收益的相关性讨论系统性风险增加的可能性。Ammer 和 Mei（1996）认为收益率相关性的增加说明银行共同风险敞口暴露趋同，系统性风险增加，股票数据可以作为银行违约概率的指标。Elsinger 等（2006）认为，银行相关关系是银行系统性风险的主要来源。Pollet 和 Wilson（2010）建立了模型说明市场相关性带来的系统性风险是不能忽视的，对其研究的重要程度甚至超过波动率。他们的研究表明，即使无法获得系统性风险的完全信息，也可以通过在市场上观察资产间的相关关系而掌握系统性风险的状况，系统性风险的出现总是可以通过捕捉资产间的相关性来发现，其他条件不变的情况下，资产组合回报的增加总是和资产间的联动呈现明显的趋势性。这种相关性的增加可以表明系统性风险的加大。Patro（2013）通过分析 1988~2008 年 22 家银行的股票收益率的相关系数的变化和波动，发现金融机构股票收益的相关性可以作为系统性风险的一个有效指标。高国华（2013）使用 GARCH-BEKK 模型对上市银行进行两两间的动态条件相关系数的测算，选取了 1999 年 11 月 10 日至 2010 年 12 月 30 日的数据样本，使用动态条件相关系数的中位数和均值作为市场预警因子，实证结果显示，动态相关系数在 2001 年及 2008 年都有显著增长。由此推断，当市场上风险爆发时，使用相关系数作为预警指标对市场风险进行检测具有一定的准确性。

三、波动非对称性与非对称相关性的研究

1. 波动非对称性研究

波动非对称性是对波动研究的进一步深化。国外对于波动的非对称性研究主要是从股票收益率与波动率之间的关系着手的，目前来看对于波动非对称性的研究目前主要集中在以下四个方面：对于某个市场而言，波动的非对称性是否存在；对 GARCH 模型改进的方法，使其可以更好地刻画波动性特征；波动的非对称性的表现方式，也就是好消息或是坏消息对于收益率波动影响的幅度哪个更大；波动非对称性的原因等。

国外有许多学者提出各种方法对各个金融市场进行市场波动的非对称性的实证研究。大部分学者是以条件方差作为考察对象来进行非对称性的研究的。Nelson（1991）运用 EGARCH 模型对美国证券市场进行实证研究，发现美国

股市收益率回报波动具有非对称的现象。Cheung 和 Ng（1992）同样发现在美国的股票市场存在波动的非对称性。Engle 和 Ng（1993）认为，借助信息冲击曲线能够较好地判断波动率中是否包含了非对称性的因素，他们对日本股票收益率进行分析，结果发现所有的非对称模型都可以用来反映负冲击相比正冲击对于波动率的影响更为剧烈，但大多模型反映的非对称性都是不充分的，在所有模型中表现最好的是 GJR 模型。Bae 和 Karolyi（1994）通过建立非对称的 GARCH 模型调查了日本和美国市场的波动溢出效应，以表明两个市场的风险关系。Koutmos 和 Booth（1995）检验了美国、东京、伦敦的股票市场的溢出效应，结果表明波动性的传导是非对称的，遇到坏消息时，溢出效应更加明显。Karolyi（1995）分别通过了向量自回归模型、MGARCH－BEKK 模型、MARCH－CCC 模型和单变量 GARCH 模型研究了美国、加拿大股票市场之间的关系。Koutmos（1996）发现欧洲国家主要的股票收益率波动也存在不对称性。1997 年亚洲金融危机后，逐渐出现了一些研究亚洲股票市场的文献。Worthington 和 Higgs（2004）实证研究了中国香港地区、日本和新加坡市场的股票回报和波动性的情况，结果表明，虽然跨市场的溢出效应并不均衡，但整体来说亚洲市场是紧密联系的。Talpsepp 和 Rieger（2010）研究了 49 个国家的波动非对称性，发现这种现象是普遍存在的，并指出非专业投资者的情绪波动是波动非对称性产生最大的驱动力。Goudarzi 和 Ramanarayanan（2011）使用了 EGARCH 和 TGARCH 模型研究了 2008 年金融危机期间印度股市波动性非对称问题，发现坏消息更容易增加波动。Thakolsri（2015）研究了 2005 年 4 月至 2013 年 12 月新兴市场国家股票的波动非对称性，通过三个非对称波动模型考察市场可能存在的波动反馈效应和杠杆效应。

国内学者对波动非对称性也做了大量的研究。陈泽忠等（2000）运用 E-GARCH-M 模型对我国沪深两市进行实证研究，结果显示中国股票市场波动性存在非对称性。陈浪南和黄杰鲲（2002）利用 ARCH-M 族模型对市场参与者的风险偏好进行实证研究，结果发现，内地股票市场的风险厌恶系数在 1~4.5，风险偏好的存在使投资者对价格的上涨与下跌做出不一致的反应，使资产收益的波动率对价格的涨跌幅度反应不一，即呈现出非对称的特征。陆蓉（2003）实证研究发现市场上好消息的影响要大于坏消息的影响。周少甫等（2005）运用 E-GARCH-M 模型分析沪深两市收益率，发现波动具有非对称现象。马永亮（2009）分析了房地产行业的股票，发现牛市里好消息对波动的影响比坏消息大，而熊市里的坏消息比好消息对于波动性的影响更大。朱东洋（2010）选取了2006年1月4日至2008年12月31日上证综合价格指数日收益率数据建立了GARCH模型、AGARCH模型、EGARCH模型，对我国股票市场波动的非对称性和杠杆效应进行实证分析，结果发现我国股票市场的波动表现出显著的长记忆性、非对称性和杠杆效应。顾锋娟（2013）针对沪深股市在牛、熊市中所呈现出的波动非对称性的差异，从投资者对信息反应的差异化角度给予解释，研究表明投资者在牛市中的过度反应是沪深股市波动正向非对称性的重要原因。陈建青（2015）通过构建CoVaR模型，对我国金融行业间的系统性金融风险进行实证分析，研究结果表明金融行业间的系统性金融风险溢出效应具有正向性及非对称性。

对于波动非对称的现象，目前的两个经典解释是Campbell和Hentschel（1992）提出的波动反馈效应和杠杆效应。波动反馈效应也称为时变风险溢价理论，波动反馈效应背后的逻辑是预期收益随条件方差的变化而变化。Shiller（1984）、Pindyck（1984）的研究都表明投资者预期波动率增大会导致作为风险补偿的股票预期收益率的提高，好消息对波动的影响被减弱，坏消息对波动的影响被增强。French等（1987）构建了MA-GARCH-M模型，发现股票预期风险溢价和波动率之间存在正向相关关系，同时发现正向未预期波动会引起未来风险溢价的程度提高并且使得目前股票的价格下降，这种现象正是由于波动反馈效应导致的。Campbell和Hentschel（1992）对波动反馈效应做出了进一步解释，他们认为波动的持续性最终导致了波动非对称性，由于风险溢价和波动率之间存在的正向关系，风险溢价的提高使得预期收益要提高，从而当前的股票价格出现下跌。当出现利空消息时，波动反馈促使这种冲击放大，结果造成了波动非对称性。

杠杆效应是指程度一样的正面或负面消息对市场的冲击效应是不一致的。Black（1976）对1962~1975年道琼斯工业股票成份股的数据进行实证分析，结果发现股票的当期收益可以起到反向预测未来波动率的作用。他最早提出用杠杆效应解释波动的非对称性。杠杆效应认为利好消息的发布会使得股价上涨，继而股东权益的市价上升，杠杆比率下降，投资人会认为风险下降，股票波动率最终也会下降。Christie（1982）研究了400多家公司的季度波动率，发现公司的股票价值会随着杠杆比率的变化发生变化。范钛（2006）同样运用了GARCH类模型分析了A、B股市场，结果也显示出市场存在政策信息反应的杠杆效应。

波动反馈效应和杠杆效应是目前解释波动非对称性的两个主流学说，特别需要指出的是，在许多学者的文献中杠杆效应被等同于波动非对称性。两种学说的主要观点是：波动反馈效应假定波动是持续性的，预期效益和收益率模型的误差项的条件方差间存在正相关关系，也就是当确定了合理的波动率后，预期波动率的增大会提升必要收益率，使得股票价格下降，因此坏消息增强波动，好消息减弱波动。杠杆效应假设公司负债是无风险债务，而且债务价值不发生变化，股票的市场价值可以衡量权益，债务的账面价值衡量负债。坏消息使得股票价格、负债权益比上升，财务杠杆上升，波动增加。运用杠杆效应解释波动非对称性依赖于两个前提条件：一是公司价值需要从市场化以及动态的视角来看待。二是杠杆比率和股价未来的波动率之间存在正向关系。杠杆比率一旦上升，股票波动率也会上升。

还有学者从行为金融理论、投资者偏好、前景理论等方面对波动的非对称性做出解释。Sentana 和 Wadhwani（1992）提出投资者"羊群效应"是导致市场出现非对称波动的最主要的原因。由于投资者总是在进行趋势操作，直接导致了股票收益率与未来波动率之间呈现负相关关系。Mele（2007）从投资者偏好的角度对市场波动非对称性进行研究，指出不同市场环境下，投资者时变风险态度会对资产价格非对称波动产生很强的作用。他认为理性预期条件下，因为投资者对于风险补偿的要求是非对称的，所以收益率的波动和经济周期是反向的，在坏时期的风险补偿要求的更多。Hibbert（2008）认为导致非对称波动的主要原因就是投资者的代表性偏差。Bhamra 和 Uppal（2009）认为，异质偏好投资者的存在是导致价格波动的原因，同时也是造成股市波动非对称的原因。Weinbaum（2010）认为由于投资者的风险厌恶系数不同，个体财富也在不断发生变化，财富的总体风险厌恶状况也就处于变化中。Weinbaum 表明由于异质偏好投资者的存在，价格相对于红利的波动更加明显，而且也呈现出波动非对称性。还有很多研究从非预期效用函数的视角出发构建相应的行为资产定价模型来解释波动的非对称性。其中，最具代表性的就是 Kahneman 和 Tversky 在 1979 年提出的前景理论。[①] 前景理论有效地突破了期望效用理论，可以更好描述投资者的真实偏好。Barberis 等（2003）在行为金融学的理论基础上，综合了前景理论以及私房钱效应[②]，摒弃了传统理论中一般均衡定价模

①　Kahneman 在 2002 年因为提出前景理论荣获诺贝尔奖。

②　Thaler R. H. 和 Johnson E. J. 在 1990 年发表的 " Gambling with the House Money and Trying to Break Even：The Effects of Prior Outcomes on Risky Choice" 一文中提出，私房钱效应指人们将在博弈中盈利的钱算为独立账目，与其他途径得到的财富相区别。

型，从非理性者规避损失的角度解释了波动非对称现象。

2. 波动相关非对称性研究

文献中对于非对称相关性的研究比较散乱，并没有形成系统性研究。Engle 和 Kroner（1995）运用 BEKK 研究了美国市场，发现相关性呈现出明显的非对称性，衰退时期，波动相关性增加得更为明显。Ang 和 Chen（2002）的研究解释了非对称相关性，认为当遭受负面冲击时，资产间的相关性会更大，更具体地说，这种相关性是一种波动反馈性。Cappiello 等（2006）提出的非对称动态条件相关模型是在 DCC 模型基础上发展起来的。他们考虑到负面冲击相比正面冲击更容易引起股票收益的条件相关性发生改变，DCC-GARCH 模型虽然可以较好地刻画收益率的动态相关性特征却不能捕捉到市场冲击的非对称特性，而且除了对重大信息和政策具有敏感度之外，对一般信息和政策的反映并不敏感。而 ADCC-GARCH 可以克服上述缺点，通过引入了非对称冲击更好地刻画收益率的动态相关性和非对称性特征。Kearney 等（2006）采用 DCC-MVGARCH 和 AG-DCC-MVGARCH 模型实证检验了欧元区收益率的非对称动态相关性。Milunovich 等（2006）采用 AG-DCC-MVGARCH 模型考察了伦敦、巴黎、法兰克福股票收益率的非对称相关性。Gjika 和 Horvath（2013）基于 2001~2011 年的股市日度数据建立 AG-DCC-GARCH 模型研究欧洲市场的联动性，结果发现在危机期间相关性是明显增强的，同时在条件方差和条件相关性上也表现除了明显的非对称性特征，他们认为这种现象在一定程度上反映出市场处于动荡时期。

国内也有少数学者采用这种模型研究中国不同金融市场间的动态相关性，如袁超（2008）考察了我国股票市场和债券市场间的相关性。陈云（2013）采用了 AG-DCC-MVGARCH 模型研究了美国、中国香港地区和中国内地市场的动态非对称相关性。王鹏（2015）认为，金融资产收益分布的非对称性对于投资组合选择、风险识别与测度有着千丝万缕的联系，他对国际上 8 种主要汇率日收益率非对称特征的全面深入检验。

可以发现对于非对称相关性的研究大多局限于对国际市场或是一国金融市场联动关系的研究，对于多个机构之间的相关性和动态传导关系的研究比较缺乏，现有研究中也没有对相关性和动态传导关系进行具体刻画。

四、差异化发展与差异化监管

哈佛商学院教授波特最早提出了差异化发展。波特是这样描述差异化发展的：将公司提供的产品或服务标新立异，形成在全产业范围中具有独特性的东西。一般来说，差异化发展是企业在行业目标市场竞争过程中，产品或服务创造出与众不同的特色或特征，进而提升企业的竞争能力和市场占有份额的一种竞争方式。[①] Dess 和 Davis（1984）通过比较相同规模企业的绩效发现，采取差异化发展能够建立较好的竞争环境，避免同质竞争下的被动局面。Broecker（1990）将差异化战略应用在银行业。李淑娟（2006）详细分析了发达国家商业银行差异化发展的状况，主张国内商业银行构建自身差异化发展体系。陆岷峰提出中小银行实现差异化发展的基本思路和解决措施。巴曙松（2008）认为，商业银行间的竞争已经转向为创新竞争，具有明显的差异化趋势，在未来的经营发展中应制定差异化发展战略。张吉光（2011）认为，监管政策、银行体系、股权结构、战略定位及考核制度是制约我国商业银行差异化发展的原因。

推动银行业差异化发展的主要方法包括加快利率市场化进程、经营区域法制化要求、资源配置合理化及监管差异化等。利率市场化即通过市场机制调节金融资源的配置。通过促进以商业银行为主导的资金市场的发展，形成资金市场的竞争机制从而找到反映市场需求的资金价格的均衡点。此外，可以通过法律法规明确中小银行的经营范围和经营区域，使得地方性银行专注于特色经营，还可以针对这些银行给予政策支持；国家可以考虑通过金融制度的安排实现资金成本差异化配置策略，根据不同银行的服务类型对其收益进行评估，同时配置不同成本的资金，如针对服务农村地区的银行可以通过再贷款、再贴现方式降低其资金成本，帮助这类银行保持其市场定位，从而合理配置金融资源。差异化监管就是合理运用监管指标支持不同类别的金融机构，通过差异化监管指标有目的引导资源配置。许多研究表明经营模式的差异化发展是以监管的差异化为先决条件的。Lacewell 等（2002）对美国银行进行分析，结果发现没有分类监管而实施的同质化监管是非常不公平的。Chukwuogor-Ndu 和 Wetmore（2006）研究发现，不同类别商业银行受监管环境的影响是不同的，宽

---

① 波特. 竞争论 [M]. 北京：中信出版社，2003.

松的监管环境会利于大型银行发展，对小型银行则意味着威胁。王龑（2012）通过构建数理模型发现，只有实行差异化监管银行业才能实现差异化经营，监管当局应该坚定推动商业银行差异化监管以支持我国银行业发展。刘元（2012）提出解决银行同质化经营的关键问题就在于商业银行的分类，从而有针对性地进行监管。王婉婷（2012）通过对美国银行业的分析，发现进行分类监管可以起到促进竞争的作用。刘兆胜（2013）认为，同质化经营的根源在于相互模仿，只有通过分类监管才能推动银行开展特色业务。范彦君（2013）针对差异化资本监管进行研究，认为资本构成是进行差异化监管的重要切入点。

对银行的诸多监管标准中，资本充足率和银行业务紧密相连而且具有统一性，因此被各国政府采纳。自1988年巴塞尔委员会提出全球统一风险加权资产充足率的要求后，1992年美国对不同规模的银行进行了不同的资本充足率的要求，以支持银行差异化发展。2004年巴塞尔委员会实施了巴塞尔Ⅱ，提供了商业银行内容评级法，增强了度量银行风险和进行资本监管的差异性。2009年巴塞尔委员会对全球银行资本监管改革接连发表意见，2010年12月形成了巴塞尔协议Ⅲ的银行业监管新标准。巴塞尔协议Ⅲ将银行划分为系统重要性和非系统重要性两类，同时针对这两类银行实施差异化的监管措施本身就体现出了对于商业银行实施差别化监管的精神。巴塞尔委员会要求对系统重要性银行实施更加严格的资本充足率要求、监管工具要求等。巴塞尔委员会在《全球系统重要性银行评估方法和附加吸收损失能力要求》（BCBS，2011）中详细介绍了对系统重要性银行的监督与管理应该全面考虑系统重要性银行很大的负外部性，BCBS建议通过设立新的框架，采用更为合理的政策从而可以进一步增加银行对持续经营损失的吸收能力。在《国内系统重要性银行治理框架》（BCBS，2012）一文中，巴塞尔委员会再次指出国内系统重要性银行对于本国的金融系统与经济也同样有着类似的外部性，并且针对本国系统重要性银行的治理框架更应该考虑规则与本国金融市场结构性特征的匹配性，同时还要保证各国的监管部门治理跨区的外部性也是有效的。金融稳定理事会在2013年9月对SIFIs的进一步监管作出了指导，对G20领导人在立法改革、移除跨境决议障碍、提高公司结构和操作的可分解性、考虑与有效SIFIs框架互补的国内结构化措施、完善对国内系统重要性银行的政策措施和移除有效监管障碍六方面提出了要求。同时，金融稳定理事会将设计与相关标准制定机构相协调的信息共享机制、与国际保险监督官协会（IAIS）确定全球系统重要性保险公司的监管提案。目前看来加强系统重要性金融机构的政策措施主要包括几个方面的内容：G20 要求金融稳定委员会提供一个政策性框架用来加强系统重要性金融机构的系统性风险管理和道德风险管理。2010 年金融稳定委员会提供了监管的框架、时间安排和进程。这个政策性的指导从 2012 年开始执行，到 2019 年全部完成。

美国自 1980 年采取了银行差异化资本监管规定（见表 1-1），差异化监管的雏形出现在 1992 年，美国对市场上不同规模的银行设置了不同的资本充足率。差异化监管过程主要经历了三个阶段，分别是：为小银行设立较高的资本充足率要求、逐步放宽对于小银行的资本要求以及加大大银行的不同类别的风险的资本要求。2005 年以前对于小银行特定的资本要求加大了小银行资本监管负担；2005~2008 年，监管机构通过调整债务以及资本范围减小对小银行的资本压力，宽松了资本监管环境；次贷危机发生后，监管机构着重加大了对大银行的资本监管。

表 1-1　美国银行差异化监管规定

年份	规定	法规编号
1980	提高小银行债务权益比的限值，小银行控股公司可使用的债务数量可以达到拟收购价格的 75%①	12 CFR 225 Y
1992	小银行的资本充足率大于大银行	12 CFR 225 Y
2006	小银行控股公司可以从债务中减去数量达到控股公司股权 25%的含有信托优先权的附属债务	12 CFR 225 Y
2006	可赎回的优先股可以作为小银行控股公司的普通股的补充②	12 CFR 225 Y
2007	巴塞尔Ⅱ中对于大银行新的风险资本要求	12 CFR 225 Y 12 CFR 3
2009	特定的资金援助被视为第一资本	12 CFR 225 Y
2009	对特定范围大银行的市场风险进行了规定，对于银行使用内部模型测量市场风险提出了更谨慎的要求，要求加强定量分析和定性的信息披露 增加了对非证券化信用产品的信用风险转移的资本要求 对现存框架下的资本需求增加了新规定	12 CFR 3

---

① 要求：第一，此过程所举债务 25 年内需还清；第二，12 年内债务和权益比降到 0.3：1；第三，附属的被保险机构的平均资本达到要求；第四，债务权益比达到 1：1 后才能分红。

② 需满足以下条件：优先股仅仅是发行者有赎回的特权；控股公司债务和股本的比例保持在 0.3：1 以下。

年份	规定	法规编号
2010	对特定范围的大机构的市场风险进行了修订 设定了市场风险资本的下限以加强对风险的敏感程度，解决顺周期性问题 增强了披露的透明性，特别是对交易型信用产品	12 CFR 3
2010	更改了风险资本要求的下限，多德—弗兰克法案要求每个使用高级法的银行分别计算在标准法和高级法下的最低资本要求，并计算出第一风险资本和全部风险资本的比率，要求不得低于 4%、8%	12 CFR 3 12 CFR 225 Y
2011	特定了资金援助可视为第一资本，小银行控股公司向财政部贷款基金发行的附属债券不视为债务	12 CFR 225 Y
2011	较大的银行控股公司向美联储上交年度资本计划	12 CFR 225 Y
2012	加强对特定银行审慎性标准的要求 资产总额大于 500 亿美元的银行控股公司在风险资本和杠杆要求上需要保持资本充足性，第一风险资本在 5% 以上；实施风险加权资本附加收取的规定。在流动性上要求满足对定性和定量流动性风险管理的要求	12 CFR 252 YY

资料来源：王婉婷. 美国大、小商业银行资本监管差异化分析 [J]. 财经科学，2012（10）.

　　我国银行业的差异化监管是从国有独资商业银行开始的。2000 年相关部门制定了《商业银行考核评价暂行办法》对国有独资商业银行的资产质量、流动性比例、盈利能力和资本充足率四大类进行综合评价。2004 年，中国银行和建设银行进行了股份制改革，银监会按照分类监管的原则将四家银行分为两类，改制银行和为改制银行进行考评。2004 年初颁布实施的《股份制商业银行风险评级体系设计》从定性、定量两个方面对银行的资本充足状况、资产安全、管理状况、盈利和流动性五个方面进行了评价。对城商行的分类监管始于 2000 年，这个时期主要的分类监管指标包括不良贷款比例、资本充足率、流动性比例、综合收息率和财务状况等。按照这些指标银监会把全国城商行分为了六类。2002 年以后又陆续做了相应的调整。除此之外，银监会还对农村合作金融机构和信托投资公司也进行了分类监管的规定。2004 年下发了《农村合作金融机构风险评价和预警指标体系》对全国的农村合作金融机构进行风险综合评价，2004 年推出了《信托投资公司监管评价体系》对信托投资公司实施分类监管。

　　1993 年人民银行公布了资本充足率的测算标准，将资本充足率纳入了监管范围。1994年央行公布的《商业银行资产负债比例管理考核暂行办法》明确提出银行资本充足率不得低于8%。1995年颁布了《商业银行法》。1996年人民银行修订了《商业银行资产负债比例管理监控、检测指标和考核办法》，在办法中对资本、风险资产、资产充足率进行了明确说明。2002年实施了《商业银行信息披露暂行办法》，2003年银监会公布了巴塞尔委员会提出的新资本协议征求意见稿，2004年发布了《商业银行资本充足率管理办法》，2007年银监会在《中国银行业实施新资本协议指导意见》中就做出了分层推进的规定，也就是考虑各家银行的经营状况和资产规模，允许各家银行采用新的资本计量方法时的时间是不同的。2009年银监会出台了《商业银行资本充足率监督检查指引》。2011年以来中国银监会的多个监管政策中也体现了差异化监管的思想。《关于中国银行业实施新监管标准的指导意见》（银监发〔2011〕44号）规定正常条件下系统重要性银行和非系统重要性银行的资本充足率分别不得低于11.5%和10.5%；表内外资产规模、业务复杂性及国际活跃性达到一定程度的银行对计量方法提出了更高的要求；对于系统重要性和非系统重要性的银行完成巴塞尔Ⅲ新监管标准的时间要求也是有所差别的，分别于2013年底和2016年底完成；系统重要性银行发生自救债券、大额风险暴露限制、流动性监管标准和集团层面并表风险治理这四个方面做出了相关规定。2012年6月，银监会发布了《商业银行资本管理办法（试行）》，该办法对国内现有的监管制度进行了全面的修订，是我国资本监管进程当中重要的里程碑。该办法也体现出了监管部门开始明确差异化监管制度，推动银行建立稳定、高质、多元化的资本补充机制。2014年1月中国银监会发布的《商业银行全球系统重要性评估指标披露指引》对在中国境内设立的、上一年度被巴塞尔委员会认定为全球系统重要性银行的商业银行和上一年末、经过调整后的表内外资产余额在1.6万亿元以上的商业银行的系统重要性评估指标的披露规则进行了规定和说明。

对小企业金融服务资本监管的差异化规定也间接地体现了差异化监管的要求。2005年发布的《银行开展小企业贷款业务指导意见》（银监发〔2005〕54号）就宣布商业银行的战略转型可以围绕完善小企业服务体系进行。2011年《关于支持商业银行进一步改进小企业金融服务的通知》（银监发〔2011〕59号）从扶持小企业的金融服务等方面也进行了差异化监管。2011年《关于支持商业银行进一步改进小型微型企业金融服务的补充通知》在小企业金融债和小企业贷款风险权重上也做出了差异化的规定。另外，2010年银监会还就商业银行引入民间资本的监管进行了差异化的规定。2010 年《关于加强中小商业银行主要股东资格审核的通知》（银监发［2010］115 号）中放宽了对主要股东持股比例的要求，旨在吸引民间资本。

可以看出，关于商业银行的差异化监管并没有形成统一框架，差异化监管的发展思路和方向也并不明确。差异化监管的关键问题在于对银行体系的合理分类，本书在借鉴相关研究成果的基础上，对我国商业银行的分类研究有助于弥补现有研究的不足。

第四节　研究内容与方法

一、研究内容

本书重点研究银行系统性风险的非对称性特征，从而提出差异化监管的要求。研究内容涉及如下几个核心问题：波动的对称性、非对称性、时变的动态相关性的量级和方向及不同的市场状态下的银行系统性风险状态等。在对银行进行分类的基础上，本书使用 GARCH 类模型及其拓展模型对银行收益率序列的波动、银行间波动溢出状况及银行间相关性进行了详细刻画，非对称性的研究主要集中在：序列的波动幅度是否存在对市场上利好与利空消息的冲击的不一致、银行间波动溢出及相关性是否存在非对称现象，市场状态发生变化时银行间相关系数的变化等内容上。本书将所有的非对称因素考虑在内构建了风险预警指标，并基于我国银行系统性风险相关特征的实证结果，围绕差异化监管内容进行了论证。

二、研究方法

本书将理论分析和实证分析相结合，以大量的研究文献和统计数据作为基础，通过对经济学、金融学相关理论进行阐释，然后结合我国金融市场的相关特点，对我国银行系统性风险的特征进行分析，在此基础上利用我国上市银行的现有数据对银行系统性风险进行实证研究。文章综合运用了非对称分析法、定性分析与定量研究结合法、构建指标法、多维度分析法及制度分析与国别分析结合的方法对银行系统性风险展开研究。

1. 非对称分析法

本书在对我国上市银行波动与相关的研究中，对样本银行的非对称性进行了全面的捕捉。非对称现象处处存在，而且在建模过程中若忽略了非对称现象将对实证结果造成巨大的影响，甚至得到完全相反的结论。因此，我们在建模的每一个阶段都首先检测是否存在受市场影响的非对称特征，若市场上非对称的现象存在，那么模型的构建就会将非对称性考虑在内，以使得实证结果与金融市场现实情况间的差异最小化。

2. 定性分析与定量研究结合法

对我国上市银行间系统性风险进行研究的过程中，我们通过定性分析与定量研究相结合的方法将 14 家上市银行[①]分成了两类，以分门别类地研究不同类别的银行间波动与相关关系的区别与联系。定性分析为定量分析提供了现实的细节描述，定量分析为定性分析提供了数据支持，两者相辅相成，能够全面刻画上市银行目前对金融系统风险发生的影响状况。在定量分析中包括了模型概括及数据分析、实证检验等。涉及的研究方法主要有以下几种：研究不同类别上市银行风险特征的 CoVaR 模型，对选取的 14 家上市银行进行风险特征分类的指标聚类分析，如二阶段聚类、K-均值聚类及系统聚类法等；研究单家银行收益率波动的 GJR-GARCH 模型、EGARCH 模型；研究银行间联合波动的 BEKK-GARCH 模型；研究银行间股价收益率动态相关关系的 DCC-GARCH 模型；研究我国股票市场行情的马尔科夫区制转移模型。

3. 构建指标法

本书选取了我国上市的 14 家银行，对银行间波动性与相关性进行细致分析，试图找到银行间联动关系与风险发生的内在联系。银行间两两的相关关系具有时变性，在此基础上我们构建指标，联系我国股市整体波动状态，能够发现预警指标对经济风险发生的敏感性。使用构建的指标因子对我国上市银行系统性风险的持续性分层监测更具可信性。

4. 多维度分析法

本书采用 GARCH 类模型对上市银行收益率的波动状态与相关关系进行研

---

① 按照数据要求选取了截至 2008 年上市的银行（不包括农业银行和光大银行），全书都按 14 家银行进行论证。

究，从而研究我国上市银行系统性风险发生与传染的方向和程度。在对银行进行整体研究的基础之上，又研究了我国的经济运行状态，通过定量模型将我国的经济运行状态分成"牛市"与"熊市"，分别在两个不同的市场状态下研究银行间风险联动关系，分情况测度了不同市场状态下银行系统性风险发生的可能性，也按照我国经济运行的两种状态的不同提出不同的监管方法，以对症下药。

5. 制度分析与国别分析

结合我国实际状况深入分析了我国银行系统性风险的内在非对称性结构，讨论了现有的资本监管制度对于系统性风险约束的局限性，对比了美国的分类监管改革措施对于我国的借鉴和启示。

第五节　拟解决的关键问题、主要创新和不足

一、拟解决的关键问题

本书在研究了大量的学术成果与上市银行数据指标的基础之上，力求探索银行系统性风险的发生机制，构建相应指标对风险的发生进行预警，对监管制度提出合理建议。本书的工作主要涵盖了以下五个方面：

第一，对我国上市的 14 家银行进行聚类并差别化分析银行收益率的波动特征。一方面本书使用高频市场数据，从基于银行自身在险价值和对金融系统的风险贡献强度的角度寻找上市银行风险传染特征，并以此对银行进行分类；另一方面又根据上市银行的经营指标，使用横截面数据对银行进行聚类分析。在以上分析的基础上，综合考虑了这 14 家上市银行机构的具体规模、系统关联性、可替代性、业务复杂性、同质性等有关系统重要性金融机构的多方面特征，将银行分为了两类，这两类银行无论从规模还是对我国金融体系的风险传染特征上都存在诸多差异，为我们分门别类地研究银行收益率波动与风险联动提供了依据，奠定了基础。

第二，对我国上市银行的波动特征进行了全面的分析与系统的研究。首先，对单家银行的收益率波动情况进行研究。市场上股票价格的波动经常存在

非对称性，倘若忽略非对称现象，将市场上正向与负向的信息对股价波动的影响设为一致，研究结果大不相同。本书使用 GARCH 类模型对银行波动的非对称性进行检验，并判断非对称波动的方向和程度，精确地描述波动的具体特征。其次，在对单家银行的波动非对称性检验的基础上，又使用 BEKK-GARCH 模型对银行间两两波动溢出特征进行研究，同样将非对称性考虑在内，找到两类银行间两两波动溢出的方向、大小等特征。对银行波动性的研究能够帮助我们识别上市银行的波动特征及对其他银行的影响程度，为银行系统的风险监管提供系统性的定量方法支撑。

第三，在银行波动特征的基础之上，对银行间两两的时变相关系数进行测度，并基于银行间的相关关系建立了金融系统实时的风险预警因子。首先，使用非对称的 DCC-GARCH 模型对银行间两两动态相关关系进行非对称性检验。在通过非对称性检验的序列上，使用非对称 DCC-GARCH 模型计算 14 家银行两两动态相关系数，然后获得所有相关系数的平均值作为金融系统的风险联动因子。其次，将市场波动情况与构建的风险联动因子进行综合研究。研究发现，基于上市银行的动态条件相关系数能够精确捕捉市场上可能出现的危机，对预测银行系统健康运行程度具有重要意义。本书使用典型相关分析的思想对两类银行的波动情况进行整体相关性分析，结果两类银行间的整体风险联动程度，为我们从整体把握银行间风险关系提供了一个全新的视角。

第四，本书为了从多维度剖析上市银行波动及其对其他银行乃至整个金融体系的影响，引入了 Markov 区制转换模型对我国股市周期的转变和风险状态的阶段性变迁进行识别和分析，以确定我国股票市场处在"牛市"与"熊市"两种状态的持续时间和转变可能性，并对不同市场行情下银行间波动的时变相关性进行描述性统计，以发掘不同市场状态下银行间风险联动程度的差异，同时也从银行类别的角度分析银行间相关性的差异。

第五，对我国商业银行发展现状及目前的监管情况进行概括总结，并按银行种类分析监管的作用和效果，对我国当前商业银行的差异化监管路径与规则进行评价。综合实证模型得出的结论，提出合理化建议，为金融体系的稳定运行提供理论支持。

二、主要创新

本书创新之处主要体现在以下四个方面：

第一，突破了以往的研究视角，有效捕捉了系统性风险的非对称现象。本书以市场数据为依据，从非对称的视角出发，研究了我国上市银行系统性风险发生时伴随的非对称现象，非对称现象发生在银行波动的过程中，也影响着银行间时变的相关系数，而且不同市场状态下银行间风险联动关系也是不一致的。通过非对称性的视角研究我国上市银行系统性风险的状况，将研究过程中所有可能存在的非对称现象的各方面综合考虑在内，有助于更准确地构建风险预警指标、提供更精准化的监管要求。

第二，构建了更为及时、有效的风险预警指标。基于以往对银行间波动性与相关性的静态研究结果的基础之上，本书使用时变的条件相关系数构建了风险预警指标因子，与现有的静态指标具有较强的互补性。

第三，非对称波动性和非对称相关性的研究，在现有文献中大都用于对两个或三个市场间的相关关系的研究，本书将这种方法拓展到了银行系统中14家上市银行，大量数据的实证结果更能充分反映我国银行的风险结构状况，研究结论相较以往的研究更显客观性。

第四，综合考虑了上市银行的多方面特征和市场数据，对银行进行了分类，进一步挖掘了银行间的差异性，基于实证结果设计了我国商业银行差异化监管框架，这为我国银行业实施差异化监管提供了更为翔实可靠的理论依据。本书的研究结论对于完善商业银行监管体系具有很强的现实作用。

三、存在的不足

本书中笔者也尝试提出了一些新的具有创新性的观点，但仍然不够成熟、完善，也存在很多需要进一步改进的地方。关于银行系统性风险非对称性问题的研究也远远没有达到系统化，尚有许多值得开发的空间。限于自身水平和现有文献的限制，还有许多问题还没有得到深入的扩展。在此，将写作过程中的一些体会和发现罗列如下，希望能为后面的学者提供一些思考和参考，更是为自己未来的研究提供方向。

本书对我国银行系统性风险非对称性的研究主要是运用股票市场的数据，通过实证研究中发现非对称性这种现象，本书研究过程中主要采用了计量经济学模型，但并未建立数学模型来描述这种现象。文章中的理论基础也仅是从逻辑和机理方面分析了这种风险非对称的原因，没能建立有效的数学模型来描述这种机理。

从 ARCH 模型开始不断发展完善的 GARCH 类模型在捕捉金融市场波动状况时具有灵活多样，简单方便等优点。它展示了波动的集聚效应，与金融市场上资产价格的波动情况非常相近；而且 GARCH 类模型本身非常简约，参数相对较少，与数据的拟合效果好。考虑到非对称随机波动模型目前而言还没有最好的求解方法，而且结合波动性和波动相关性分析银行系统性风险的方法也较为匮乏，因此本书在分析波动非对称性时仅采用了较为成熟的 GARCH 类模型。虽然 GARCH 类模型在金融领域表现突出，但是在金融工具不断发展创新的今天，金融市场上的诸多现象 GARCH 类模型仍然无法得以精确描述。本书没有对非对称随机波动模型做进一步研究，未来 ASV 模型的估计技术更为成熟后也可以运用这种方法研究波动非对称性等问题。在市场极端风险发生时，GARCH 类模型的表现相比 Copula 模型就稍显逊色。Copula 理论通过边缘分布和 Copula 函数，可以构建灵活的多元分布，Copula 函数不仅可以捕捉变量间非线性、非对称的相关关系，还能够捕捉到变量尾部的相关性的变化，所以，金融市场的相关性分析、多变量金融时间序列分析中应用 Copula 理论的学者也得到了与市场表现非常相近的结论。本书中的非对称相关性研究忽略了极端尾部事件的影响。

利用市场数据进行时间序列分析来度量风险，通常选取的就是金融机构的股票价格、信用违约掉期、期权或是股指等数据。限制于我国银行业的信息获得，本书只能选取股票价格作为数据基础进行分析。然而这种方法的有效性往往取决于金融市场的有效性，市场越有效，此种方法的分析得出的系统性风险状况越准确。

影子银行体系的监管同样是我国监管当局高度重视的一个部分，对于影子银行的治理也是当下规范金融秩序的一个重要课题。影子银行长期游离于监管体系之外，产品结构更为复杂，业务又与金融机构交叉渗透，其信息披露目前来看严重缺失，对于影子银行的市场数据收集非常困难。

第六节　基本结构与技术路线

本书的研究可以分为三大部分：理论基础、实证研究及对策建议。三个部分之间具有紧密的内在联系。理论基础篇对银行系统性风险、波动性、波动相关性、非对称性等核心问题的现有研究和欠缺及理论发展脉络进行了详细的阐述，为后续的实证研究奠定了理论基础；实证研究综合考虑我国上市银行的经营状况及市场波动状况，对上市银行进行分类研究。分类操作的目的在于方便接下来考察同类银行内部的相关性与波动性及类与类之间银行的相关性与波动性。对上市银行分类后，本书从波动和波动相关两个方面对我国上市银行系统性风险进行了考量，更确切地说，本书更注重了银行系统性风险的非对称性，以探求银行系统性风险内在不平衡的关系，为监管政策建议提供实证参考；得出我国上市银行系统性风险非对称性的结论后，本书在进行政策建议时更注重银行系统性风险的非对称性内容，主要围绕差异化监管内容进行论述。

第一章是绪论与国内外文献研究综述。先通过阐述本书研究的背景和意义讨论该问题研究的必要性，简单进行了核心概念的界定，再进行国内外文献的研究综述，最后阐明本书研究的视角、思路及研究的内容、方法，并指出了本书的主要创新点。文献综述部分首先阐述学术界对系统性风险及银行系统性风险的研究情况，阐明国内外关于波动和波动相关性的研究现状，对当前学术界研究银行系统性风险过程中使用的研究方法进行系统的说明阐述；其次对风险波动的非对称特征进行文献阐述，为下面研究我国的银行系统风险选择合适的模型做了铺垫。文献综述部分从系统性风险和银行系统性风险最基础的概念着手，进而论述了其特征、理论基础及度量，将银行系统性风险的具体研究转化到定量化的波动性和波动相关性的研究层面。随后详细论述了波动性和波动相关性研究领域的现有成果和需要继续研究的内容。最后引入了非对称性这一普遍存在的社会、经济特征，对波动的非对称性和波动相关的非对称性进行了具体的说明。该部分是本书研究的基石和逻辑起点。

第二章是对银行系统性风险非对称性研究所涉及的理论要点的剖析。首先，从系统性风险和银行系统性风险的基本概念着手论述了其特征、理论基础及度量问题。其次，讨论了银行系统性风险与波动性及波动相关性之间的联系，将银行系统性风险的具体研究转化到定量化的波动性和波动相关性的研究层面。再次，详细论述了波动性和波动相关性研究领域的现有成果和需要继续研究的内容。最后，引入了非对称性这一普遍存在的社会、经济特征，对波动的非对称性和波动相关的非对称性进行了分析。这一章为全书的研究提供了理论支撑，是本书研究的基础。

第三章是银行系统性风险非对称性研究的模型方法。分别对研究波动性和波动相关性所涉及的模型方法进行分析。具体包括单变量非对称 GARCH 模型、双变量非对称 GARCH 模型、静态相关度量方法和动态相关度量方法。通过分析这些模型方法，本书最终选定将 GJR-GARCH 模型、BEKK-GARCH、ADCC-GARCH 作为本书实证研究的模型方法。

第四章是不同类别上市银行的风险特征及发展状况分析。这一章首先从市场数据方面对我国金融市场的风险现状进行了统计分析，考察现有上市银行的风险状况。其次运用多种方法对我国上市银行进行聚类，其目的是为了使银行分类的结果更为可靠。这一章是第五章、第六章实证研究的依托。

第五章是中国上市银行波动非对称性研究。这一章从单变量波动非对称性和双变量波动非对称性两个角度进行分析。通过实证考察银行系统风险中单个机构所扮演的角色和机构间的风险关系，以便深入了解银行系统性风险的具体状况。

第六章是中国上市银行非对称相关性研究。这一章在第四章对我国上市银行进行分类的基础上研究类别内部及类别间的动态相关性，并且通过研究银行间动态相关系数的变化建立银行系统性风险的一个预警指标。

第七章是基于市场结构特征的银行系统性风险非对称性研究。在市场存在显著的两种或多种状态下，应该将市场分成多种区制，分别在不同状态下研究银行间的相关性特征，可以更有针对性地对不同市场状况下我国银行间的风险进行识别与监控。

第八章是基于银行系统性风险非对称性的金融监管研究。本书在经历了上述几章的理论和实证分析后，重点提出差异化监管的需求，主要是从差异化监管框架的制定及差异化监管的方向、目标等方面寻求突破。

第九章是研究结论与展望，是对全书研究的总结和今后研究的展望。概括总结了本书的主要研究结论并对后续值得进一步研究的内容进行了展望。

本书的技术路线如图 1-1 所示。

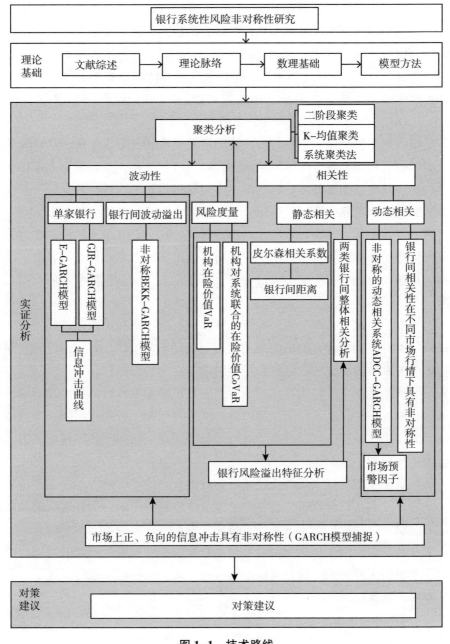

图 1-1　技术路线

第二章　银行系统性风险非对称性 研究的理论基础

市场上普遍使用波动率代表风险，学术界对股票价格波动的因素、波动性度量的研究颇多。对波动率的研究在资产定价和风险管理中都具有重要作用。对金融序列波动性的研究最早主要通过计算序列方差、标准差或极差等作为度量波动的指标。随着时间的推移，学者们逐渐发现金融变量的波动率也具有时变性，单纯的方差指标暴露出其单一、滞后的缺陷，随后发展出诸多成熟的模型，而且随着金融国际化的不断深化，银行间业务往来日趋复杂，在研究银行风险时就需要将市场上的诸多方面考虑进来，以获得对收益率波动的精确刻画。本章就波动率的理论基础、波动非对称的相关理论及影响银行系统性风险非对称研究的理论发展脉络做简单介绍。

第一节　金融市场波动率理论基础

在对金融市场上的股票价格、通货膨胀率和外汇汇率等宏观金融序列研究其波动性时，最早通过计算序列方差、标准差或极差等作为度量波动的指标，应用方差度量股市波动的表达式为：

$$\hat{\sigma}^2 = \frac{1}{N-1} \sum_{t=1}^{n} (R_t - \bar{R})^2 \qquad (2-1)$$

式（2-1）中，$\bar{R}$ 为样本均值，$\hat{\sigma}^2$ 为样本方差。但是随着时间的推移，金融市场复杂多变，这一指标暴露出它本身的缺陷，即当选择的样本太少时，该指标误差较大；而当样本较大时，这一指标又暴露出其单一、滞后的缺陷，因而不能准确度量市场的真实波动状况。Markowitz（1952）分析股票价格波动性时运用的就是方差法，这种方法后来在现代投资理论中得到了广泛的应用。方差法是以收益率的方差作为波动率的测度，将一定时间内的波动率定义为各个时点收益率方差的加权平均值，波动率会受到时间间隔、长度及时间段的影响。

方差法提出后，有学者指出金融市场上不同时期信息的冲击对资产收益波动的影响大小是不同的，市场上普遍存在近期的波动对下一期的波动影响更大，而滞后越长时间的样本对资产收益下期的波动影响就会越小。简单方差法默认了不同时期资产波动对下一期资产波动的影响是一致的假设，因此只能粗略地估计一段时间内资产收益率的波动状况，当时间序列较长时，其精确性便大大降低。基于此，学者们提出了指数平移法计算资产收益的下期方差。指数平移法的基本思想是：较近时期的样本影响程度更大，因此对近期数据赋予较大的权重，而对滞后时间较长的样本数据给予较小的权重，即权重的大小以指数形式衰减。指数平移法计算方差的具体公式为：

$$\hat{\sigma}_t^2 = (1 - \lambda)(y_{t-1} - \bar{y})^2 + \lambda \sigma_{t-1}^2 \qquad (2-2)$$

式（2-2）中，$\lambda(0 < \lambda < 1)$ 为衰减因子，可以通过调整 λ 的大小来控制波动率的衰减速度。假设 $\bar{y} = 0$，对 σ_{t-1}^2 进行迭代，就可以得到波动率的估计值：

$$\hat{\sigma}_t^2 = (1 - \lambda) \sum_{i=1}^{m} \lambda^{i-1} y_{t-1}^2 + \lambda^m \sigma_0^2 \qquad (2-3)$$

对滞后无穷阶的数据，λ^m 趋近于 0 值，那么式（2-3）就得到了更精确的资产收益的波动率。

Fama（1965）通过研究发现价格变化会呈现出集聚性，方差随着时间段的不同会有所不同。而且方差法对收益率独立同分布的假定也明显与现实不符，因此学者们开始寻求更为合理的波动率估计方法和模型。当前应用此模型度量股市波动的工具主要包括两类：自回归条件异方差（ARCH）模型及其扩展的模型（GARCH 模型）、随机波动（SV）模型。

在 Engle 提出自回归条件异方差理论后，金融经济学通常用资产收益率的条件方差衡量波动率，条件方差越大也就意味着风险越高。为了更好地刻画数据的尖峰厚尾性及波动率展现出的聚集性、非对称性、长记忆性等特征，该理论也经历了不断的发展和提升，成为近 30 年来金融领域的研究热点之一。对波动率的扩展研究主要围绕两条主线：一是对波动率结构形式的扩展研究，从对称性向非对称性、从短记忆性向长记忆性的研究；二是对条件分布假设的扩展，从薄尾分布延伸到厚尾分布，从具体分布延伸到某类分布。

一、波动率结构形式的扩展研究

1. 波动率的对称结构

经典的金融理论分析往往假设波动率不会随着时间的变化而变化，Engle 提出的自回归条件异方差波动率结构的基本思想就是假定波动率会随着时间发生变化，而且波动率和过去的收益率间存在线性相关。由于这种结构形式可以刻画波动率的集聚性和金融数据的特征，在 20 世纪 80 年代这种方法得到了广泛的使用。ARCH（自回归条件异方差模型）模型的主要思想是：扰动项 u_t 的条件方差依赖于其前期值 u_{t-1} 的大小，ARCH（1）模型就是时刻 t 的 u_t 的条件方差（σ_t^2）依赖于时刻（$t-1$）的残差平方的大小，即依赖于（u_{t-1}^2）。

具体来说，一个回归模型，如式（2-4）所示：

$$y_t = \beta_0 + \beta_1 x_{1t} + \beta_2 x_{2t} + \cdots + \beta_k x_{kt} + u_t \qquad (2-4)$$

如果 u_t 的均值为 0，对 y_t 取基于（$t-1$）时刻的信息的期望，则：

$$E_{t-1}(y_t) = \beta_0 + \beta_1 x_{1t} + \beta_2 x_{2t} + \cdots + \beta_k x_{kt} \qquad (2-5)$$

在此模型中，式（2-5）被称为均值方程。变量 y_t 的无条件方差是固定的，但是其条件方差不一定为常数，即：

$$\text{var}(y_t|Y_{t-1}) = E_{t-1}(y_t - \beta_0 - \beta_1 x_{1t} - \beta_2 x_{2t} - \cdots - \beta_k x_{kt})^2 = E_{t-1} u_t^2 \qquad (2-6)$$

$\text{var}(y_t|Y_{t-1})$ 表示基于（$t-1$）时刻的信息集合 Y_{t-1} 的 y_t 的条件方差。

假设在（$t-1$）时刻，干扰项的平方 u_t^2 服从 AR(1) 过程：

$$u_t^2 = \alpha_0 + \alpha_1 u_{t-1}^2 + \varepsilon_t \qquad (2-7)$$

ε_t 是白噪声过程，式（2-7）称为方差方程，须满足 α_i 非负。则扰动项 u_t 的条件分布是：

$$u_t \sim N[0, (\alpha_0 + \alpha_1 u_{t-1}^2)] \qquad (2-8)$$

方差方程表示 u_t 的条件方差 σ_t^2 由两部分组成：常数项和前一时刻关于变化量的信息，用前一时刻的残差平方 u_{t-1}^2 表示（ARCH 项）。由于上式 u_t 的条件方差只依赖于前一期的残差平方干扰，所以称为 ARCH（1）过程，用极大似然估计得到参数 β_0，β_1，$\cdots$，β_k 和 α_0，α_1 的有效估计。

在实际应用中，特别是在金融领域，采用高频日度数据或者周度数据时，许多经济问题常常出现 u_t 的条件方差 σ_t^2 依赖于很多时刻之前变化量的现象。用 ARCH 模型进行参数估计时会违背 α_i 非负的限定条件。后来为了简化参数，Bollerslev 又提出了一个推广形式：广义自回归条件异方差波动率结构，这一结构的研究主要集中在结构的厚尾统计等问题上。Bollerslev 用一个或两个 σ_t^2 的滞后值代替许多 u_t^2 的滞后值，即为广义自回归条件异方差模型。

GARCH（广义自回归条件异方差）模型[①]的主要思想是：用一个或两个 σ_t^2 的滞后值代替 ARCH 模型中的许多 u_t^2 的滞后值。标准的 GARCH(1,1) 模型为：

$$y_t = \beta_0 + \beta_1 x_{1t} + \beta_2 x_{2t} + \cdots + \beta_k x_{kt} + u_t, \ t = 1, 2, \cdots, T \qquad (2\text{-}9)$$

$$u_t = \sigma_t \varepsilon_t \qquad (2\text{-}10)$$

$$\sigma_t^2 = \omega + \alpha u_{t-1}^2 + \gamma \sigma_{t-1}^2 \qquad (2\text{-}11)$$

式（2-10）中，$\varepsilon_t \overset{iid}{\sim} N(0, 1)$；条件方差方程（2-11）表明，条件方差包括 3 部分：分别是常数项；均值方程的残差平方的滞后项度量的前期波动信息，即 ARCH 项；上一期的预测方差，即 GARCH 项。

GARCH 模型通过极大似然估计得到。假定误差服从条件正态分布，那么 GARCH(1,1) 模型在 t 时刻的对数似然贡献为：

$$l_t = -\frac{1}{2}\ln(2\pi) - \frac{1}{2}\ln\sigma_t^2 - \frac{(y_t - X_t B)^2}{2\sigma_t^2} \qquad (2\text{-}12)$$

$$\sigma_t^2 = \omega + \alpha(y_t - X_t B)^2 + \gamma \sigma_{t-1}^2 \qquad (2\text{-}13)$$

高阶的 GARCH 模型可以含有任意多个 ARCH 项和 GARCH 项，记作 GARCH(p,q)，其条件方差表示为：

$$\sigma_t^2 = \omega + \sum_{i=1}^{p} \alpha_i u_{t-1}^2 + \sum_{j=1}^{q} \gamma_j \sigma_{t-1}^2 = \omega + \alpha(L) u_t^2 + \gamma(L)\sigma_t^2 \qquad (2\text{-}14)$$

GARCH 模型在描述市场数据的波动性上表现良好，因此使用频率很高，但是 GARCH 模型的估计参数需要满足两个条件——非负性和参数有界性。因此式（2-14）需要满足：$\omega > 0, \ \alpha_i \geqslant 0, \ \gamma_j \geqslant 0; \ \sum \alpha_i + \sum \gamma_j \leqslant 1$。

金融理论表明，一项资产其可观测到的风险越高时平均收益越高，Engle、Lilien、Robins（1987）提出用条件方差表示预期风险对资产收益进行回归的模型，被称为是 ARCH 均值模型。ARCH 均值模型的高阶形式就是 GARCH-M 模型，GARCH（1，1）-M 模型的具体表达式为：

$$y_t = x_t\beta + \rho f(\sigma_t^2) + u_t, \ t = 1, 2, \cdots, T \qquad (2\text{-}15)$$

$$u_t = \sigma_t \varepsilon_t \qquad (2\text{-}16)$$

---

① 1986 年，T. Bollerslev 在 Engle 的基础上提出了 GARCH 模型，GARCH 模型是一个专门针对金融数据的回归模型，除去和普通回归模型相同之处，GARCH 对误差的方差进行了进一步的建模。

$$\sigma_t^2 = \omega + \alpha u_{t-1}^2 + \gamma \sigma_{t-1}^2 \tag{2-17}$$

GARCH-M 模型存在三种变形，即 $f(\sigma_t^2) = \sigma_t^2$，$f(\sigma_t^2) = \sigma_t$，$f(\sigma_t^2) = \ln(\sigma_t^2)$。参数 ρ 表示风险溢价，$\rho > 0$ 说明该只股票收益率与其波动率的函数 $f(\sigma_t^2)$ 正相关，即过去的波动越大，收益越高。GARCH-M 模型主要刻画了资产的收益与其波动的关系，该模型广泛应用于资产的预期收益与预期风险密切相关的金融领域，但是对于影响资产收益波动的原因以及市场上普遍存在的波动非对称的情况却未加考虑。

2. 波动率的非对称结构

早期的波动率结构一般都是假定正向冲击和负向冲击对波动率的影响是相同的，而且波动率可以视为其滞后值的线性函数。在广义自回归条件异方差结构被提出后，对这类结构模型进行非对称性的改造逐渐成为波动率理论研究的重要领域。较为常用的非对称波动率结构包括指数广义自回归条件异方差波动率结构或称为指数结构、门限自回归条件异方差结构或称门限结构、二次自回归条件异方差结构或称二次结构及 GJR 结构等。非对称波动率结构模型在本书中应用的详细内容在第四章模型方法中做了介绍，此处不再赘述。

二、波动率条件分布的扩展研究

早期提出的波动率结构一般会假定收益率的条件分布是正态的，然后设定二阶矩的相关性。但在具体应用中，虽然将收益率剔除了波动率后的残差标准化，但是尖峰仍然存在。因此，许多注意力被吸引到收益率的分布性质上。对于条件分布的假定最早包括了 t 分布、非对称 t 分布、指数分布、广义误差分布、对数正态分布、混合泊松分布等。近期研究中又引进了逆高斯分布等。

1. t 分布

计量经济学中广泛使用的概率分布是 t 分布，又称学生 t 分布，它与正态分布密切相关。可以从一个标准正态分布和一个卡方分布得到。

设 Z 服从标准正态分布，X 服从自由度为 k 的卡方分布，并且两者相互独立，于是随机变量

$$t = \frac{Z}{\sqrt{X/k}} \tag{2-18}$$

服从自由度为 k 的 t 分布。

对于来自正态总体的样本，对样本均值 $\bar{x}$ 进行标准化可以得到（$\bar{x} - $

$\mu)/(\sigma/\sqrt{N})$。它是一个均值为 0、方差为 1 的标准正态分布，又由于 $(N-1)s^2/\sigma^2$ 服从自由度为 $N-1$ 的卡方分布，因此有：

$$\frac{(\bar{x}-\mu)/(\sigma/\sqrt{N})}{\sqrt{(N-1)s^2/\sigma^2(N-1)}} = \frac{(\bar{x}-\mu)}{s/\sqrt{N}} \sim t_{N-1} \tag{2-19}$$

与正态分布一样，t 分布是对称的，t 分布的随机变量期望值为 0，方差为 $k/(k-2)$。可以看出，其方差大于标准正态分布的方差 1，因此 t 分布的尾部比正态分布更厚。但随着自由度 k 的增加，方差收敛于 1，即当自由度很大时，它趋近于正态分布。

2. 非对称 t 分布

t 分布常用在金融风险管理上，尤其是在资产收益模型上。t 分布要求数据分布的左尾和右尾相等，实际上许多数据却并不一定满足这种要求。Bollerslev（1987）使用 t 分布模拟外汇交换收益率的分布。Hansen（1994）是第一个使用带偏 t 分布对金融收益的偏度分布进行模拟，发现偏 t 分布在金融领域和其他领域的表现较好。以均值为 0、标准差为 1 为例，非对称的 t 分布，其标准密度函数的表达形式如下：

$$p(\varepsilon|\alpha,v1,v2) = \begin{cases} \dfrac{\alpha}{\alpha^{\bullet}}K(v1)\left[1 + \dfrac{1}{v1}\left(\dfrac{\varepsilon}{2\alpha^{\bullet}}\right)^2\right]^{\frac{v1+1}{2}}, \varepsilon \leqslant 0 \\[3mm] \dfrac{1-\alpha}{1-\alpha^{\bullet}}K(v2)\left[1 + \dfrac{1}{v2}\left(\dfrac{\varepsilon}{2(1-\alpha^{\bullet})}\right)^2\right]^{\frac{v2+1}{2}}, \varepsilon > 0 \end{cases}$$

$$\tag{2-20}$$

式中，$\alpha \in (0, 1)$ 为偏度参数，$v_1 > 0$，$v_1 > 0$ 分别为左、右尾参数。$K(v) = \Gamma((v+1)/2)\left[\sqrt{\pi v}\Gamma(v/2)\right])$，（$\Gamma(\bullet)$ 是 Gamma 函数）
$$\alpha^{\bullet} = \alpha K(v1)/[\alpha K(v1) + (1-\alpha)K(v2)]$$

3. 指数分布

指数分布是寿命数据分析中一个非常重要的统计模型，作为寿命分布的很好近似，基于此模型的推断方法已经得到了广泛的应用。然而，指数分布的严重缺陷是利用正规的统计方法如矩估计、极大似然估计等估计模型的参数往往比较困难，然而使用 EM 分布进行估计也具有高度的不稳健性。

设总体 X 为非负连续性随机变量，其分布函数、密度函数分别与 $F(x)$、$f(x)$，而 $X_1, X_2, \cdots, X_n$ 为总体 X 的一个容量为 n 的样本，$X_{(1)} \leqslant X_2 \leqslant \cdots \leqslant X_{(n)}$ 为其次序统计量，则 $X_{(1)}$ 和 $X_{(k)} - X_{(1)}$ X_1 独立的充要条件是 X 服从指数分

布。其概率密度为：

$$f_{x1}(x) = nf(x)\ [1 - F(x)]^{n-1}, x \geqslant 0 \tag{2-21}$$

4. 广义误差分布

设总体 X 服从位置参数为 μ，形状参数 $v>0$，尺度参数 $\sigma > 0$ 的广义误差分布，其概率密度为：

$$f(x;\mu,v,\sigma) = \kappa(v)\exp\{- \mid (x - \mu)/(\sigma\lambda_v) \mid^v/2\}/\sigma,\ -\infty < x < +\infty \tag{2-22}$$

其中，

$$\lambda_v = [2^{-2/v}\Gamma(v^{-1})/\Gamma(3v^{-1})]^{1/2} \tag{2-23}$$

$$\kappa(v) = v/[\lambda_v 2^{1+1/v}\Gamma(v^{-1})] \tag{2-24}$$

上式中的形状参数 v 决定了广义误差分布的尾重，它的值越小，相应分布的尾越重。当 $v=2$ 时，广义误差分布即均值为 μ，方差为 σ^2 的正态分布。当 $v=1$ 时，即均值为 μ，尺度参数为 $\sigma/\sqrt{2}$ 的双指数分布，又称 Laplace 分布；当 $1 < v < 2$ 时，广义误差分布的尾重介于正态分布和双指数分布之间，而当 $v < 1$ 时则具有比双指数分布更厚的尾。

5. 对数正态分布

两参数的对数正态分布是常见的一种用于描述正的有偏数据的分布，被广泛地应用于经济、医学、生物等领域。两参数对数正态分布的概率密度表示为：

$$\frac{1}{\sqrt{2\pi}x\sigma}\exp(- \frac{[\ln(x) - \mu]^2}{2\sigma^2}) \tag{2-25}$$

假设随机变量 $Y>0$ 服从两参数的对数正态分布，记作 $Y \sim LN(\mu, \sigma^2)$，$Y_1, \cdots, Y_n$ 是来自总体容量为 n 的一个样本，令 $X_1 = \ln(Y_1), \cdots, X_n = \ln(Y_n)$，记 $Y = \frac{1}{n}\sum_{i=1}^{n} Y_i$，$X = \frac{1}{n}\sum_{i=1}^{n} X_i$，$S = \frac{1}{n-1}\sum_{i=1}^{n}(X_i - \overline{X})^2$。极大似然估计：

$$Y = \exp\left(X + \frac{1}{2}\frac{n-1}{n}S^2\right) \tag{2-26}$$

一致最小方差无偏估计为：

$$Y = \exp(X)F\left[\frac{n-1}{2}, \frac{(n-1)^2}{4n}S^2\right] \tag{2-27}$$

其中，$F(a, b) = \sum_{j=0}^{\infty} \frac{b^j}{j![a]_j}$，$[a]_j = \frac{\Gamma[a+j]}{\Gamma[a]}$，$\Gamma$ 是 Gamma 函数。

6. 混合泊松分布

假设随机变量 $x = \{x_1,\ x_2,\ \cdots,\ x_n\}$ 是来自由 M 个泊松分布总体 G_1, G_2, $\cdots$, G_m, 且分别以比例 α_1, α_2, $\cdots$, α_m 混合而成的分布 G, 于是 M 阶混合分布模型的密度函数 $f(x \mid \theta)$ 可以表示为:

$$f(x \mid \lambda) = \alpha_1 f_1(x \mid \lambda_1) + \alpha_2 f_2(x \mid \lambda_2) + \cdots + \alpha_M f_M(x \mid \lambda_M) \quad (2\text{-}28)$$

其中, $\sum_{i=1}^{M} \alpha_i = 1$, $0 < \alpha_i < 1$, $i = 1,\ 2,\ \cdots,\ M$, $f(x \mid \lambda_i)$ 和 λ_i 分别是相应总体 G_i 的密度函数和参数, 整个总体的参数 θ 由 α_i 和 λ_i 组成, 我们称随机变量 X 是服从混合泊松模型 $f(x \mid \theta)$, α_i 用来表示第 i 个成分 $f(x \mid \lambda_i)$ 在混合泊松分布概率函数中的比重, 当 $M = 1$ 时, 混合泊松分布就退化成一般的泊松分布。

混合泊松分布的均值与方差如下:

$$\mu = E(X) = \sum_{I=1}^{M} \alpha_i \lambda_i \quad (2\text{-}29)$$

$$\sigma^2 = Var(X) = \sum_{i=1}^{M} \alpha_i(\lambda_i + \lambda_i^2) - \left(\sum_{i=1}^{M} \alpha_i \lambda_i\right)^2 = \sum_{i=1}^{M} \alpha_i \lambda_i + \frac{1}{2} \sum_{i=1}^{M} \sum_{j=1}^{M} \alpha_i \alpha_j (\lambda_i - \lambda_j)^2$$

$$(2\text{-}30)$$

7. 逆高斯分布

如果随机变量 X 的概率分布率为 $\varphi(x) = \dfrac{\mu}{\sqrt{2\pi\beta x^3}} \exp\left\{-\dfrac{(x-\mu)^2}{2\beta x}\right\}$, 其中 $0 < x < +\infty$, $\mu > 0$, $\beta > 0$, 则称随机变量 X 服从逆高斯分布, 记为 $X \sim IG(\mu, \beta)$。对逆高斯分布的参数进行估计采用极大似然估计法: 如果子样本 $(X_1, X_2, \cdots, X_n)$ 取自总体 $IG(\mu,\ \beta)$, $(x_1, x_2, \cdots, x_n)$ 是子样本 $(X_1, X_2, \cdots, X_n)$ 的观测值, 则参数 β 和 μ 的极大似然估计分别为:

$$\mu = \sum_{i=1}^{n} x_i \quad (2\text{-}31)$$

$$\beta = \left(\frac{1}{n} \sum_{i=1}^{n} x_i\right)^2 \left(\frac{1}{n} \sum_{i=1}^{n} \frac{1}{x_i}\right) - \frac{1}{n} \sum_{i=1}^{n} x_i \quad (2\text{-}32)$$

逆高斯分布样本均值同样具有无偏性及相合性。无偏性是指, 设总体 X 服从逆高斯分布的 $IG(\mu, \beta)$, $(X_1, X_2, \cdots, X_n)$ 为其子样, 则 $E(X_I) = \mu$, 于是 $E(X) = E\left(\dfrac{1}{n} \sum_{i=1}^{n} X_i\right) = \dfrac{1}{n} \sum_{i=1}^{n} E(X_i) = \dfrac{1}{n} \cdot n \cdot \mu = \mu$, 则样本均值 X 是总体均

值的无偏估计。相关性是指设总体 X 服从逆高斯分布的 $IG(\mu,\ \beta)$ ，$(X_1,\ X_2,\ \cdots,\ X_n)$ 为其子样本，则样本均值 X 是参数 μ 的相合估计。

第二节　波动非对称性的相关理论

一、波动非对称的数理原理

从数学的角度解释市场波动的非对称性，我们定义收益率 R_t 为本期股票价格对上期股价的变动，即本期与前期资产价格对数值的差值：

$$R_t = 100(\ln P_t - \ln P_{t-1}) = 100\ln(\frac{P_t}{P_{t-1}}) \qquad (2-33)$$

定义波动率 σ_t^2 为股票收益率在 t 期的方差，σ_t^2 能够衡量股票风险，包括系统性风险和与个股特质相联系的非系统性风险：

$$\sigma_t^2 = E\left[R_d - E(R_d)\right]^2 \qquad (2-34)$$

其中，R_d 是 t 期内更小时间间隔的收益率。

若 $R_d \sim N(0,\ \sigma)$ ，则 $E(R_d) = 0$。收益率均值为 0，表征在风险中性的市场上，套利均衡状态下不存在超额收益，预期收益率为 0。则上式具体表示为：

$$\sigma_t^2 = E\ (R_d)^2 = \sum_{d=2}^{D}\left[100(\ln P_t - \ln P_{t-1})\right] \qquad (2-35)$$

上式中 D 表示 t 时间内的更小时间单位数。下面考察在 t 期末价格 P_D 变化导致后期收益率 R_{D+1} 的超预期变动 ΔR_{D+1} 对 $(D+1)$ 期间波动率的影响。我们仅从数学上的角度考虑波动率的变动，假设市场投资者对价格的变动并不做出反应，那么市场是风险中性的。

交易日 $D+1$ 的预期收益率为 0，当价格超预期变动 ΔR_{D+1} 时，

$$\sigma_{D+1}^2 = \sum_{d=2}^{D}R_d^2 + (\Delta R_{D+1})^2 = \sigma_t^2 + (\Delta R_{D+1})^2 \qquad (2-36)$$

上式表明，无论 ΔR_{D+1} 的符号是正是负，σ_{D+1}^2 都比 σ_t^2 大。且同等幅度的超预期变动对波动率的影响程度是相等的。这就说明，如果市场上的投资者对股票价格的变动并不做出反应，那么价格涨跌都将使波动率发生变化，且变化幅

度一致，即波动是对称的。但现实中，市场上的参与者一般均存在一定程度的风险偏好，这也是经典资产定价模型 CAPM 的前提假设条件之一。

二、波动非对称方向的界定

股票市场波动的非对称可以表示为：

$$R_{i,t} = E(R_{i,t}|I_{t-1}) + \varepsilon_{i,t} \qquad (2-37)$$

其中，$\varepsilon_{i,t}$ 表示市场上的信息冲击，$\varepsilon_{i,t} > 0$ 表示市场上的消息是正向的，$\varepsilon_{i,t} < 0$ 则表示市场上的消息是负向的。若以 $\sigma_{i,t}^2$ 表示市场上无信息冲击情况下的资产收益的条件方差，则 $\sigma_{i,t}^2$ 表示为：

$$\sigma_{i,t}^2 = VAR(R_{i,t}|I_{t-1}, \varepsilon_{i,t} = 0) \qquad (2-38)$$

如果股市存在非对称的波动，那么正、负向的信息冲击下的资产收益率的方差存在如下特点；反之，则不存在，即：

$$VAR(R_{i,t}|I_{t-1}, \varepsilon_{i,t} < 0) - \sigma_{i,t}^2 \neq VAR(R_{i,t}|I_{t-1}, \varepsilon_{i,t} > 0) - \sigma_{i,t}^2 \ (2-39)$$

对市场上收益波动的非对称性，学者们认为相比正向的信息冲击，股市负的信息冲击总是伴随着更大的波动。因此，如果市场上满足如下特点，我们称为股市波动的正向非对称，即：

$$VAR(R_{i,t}|I_{t-1}, \varepsilon_{i,t} < 0) - \sigma_{i,t}^2 > VAR(R_{i,t}|I_{t-1}, \varepsilon_{i,t} > 0) - \sigma_{i,t}^2 \ (2-40)$$

如果市场上满足正向的信息冲击对应更大的收益的波动，那么我们称为股市波动的负向非对称，即：

$$VAR(R_{i,t}|I_{t-1}, \varepsilon_{i,t} < 0) - \sigma_{i,t}^2 < VAR(R_{i,t}|I_{t-1}, \varepsilon_{i,t} > 0) - \sigma_{i,t}^2 \ (2-41)$$

三、波动非对称性的检验方法

波动非对称性的实证研究方法主要包括三类：早期通常使用简单回归分析方法、非对称 GARCH 模型、非对称随机波动模型。自 Black（1976）提出波动率的非对称反应后，关于波动非对称性的问题得到学术界的深入研究。Campell、Hentschel（1992）通过模型检验波动反馈效应，认为当波动较高的时期波动反馈效应更为重要，Engle、Ng（1993）通过检验各种描述波动非对称性的模型后认为 GJR 模型的拟合效果最好。

对于波动非对称性研究，传统的方法一般是依赖能够反映正负信息冲击对波动不同影响的一些模型，如 TGARCH、GJR-GARCH 及 EGARCH 模型。这些模型主要是考察不同符号冲击对波动的影响。非对称波动的度量包括 GARCH 类模型、SV 类模型及非对称的信息冲击曲线等。接下来本书将简要介绍这几类模型，并做出比较。

在应用 GARCH 模型对股市波动性进行描述的基础上，如果忽略市场上存在的这种非对称现象，那么模型的估计结果将与实际产生很大的误差。学者们针对市场上出现的正、负向的信息冲击具有非对称的特点在自回归条件异方差（ARCH）模型的基础上再次进行改进，提出了具有非对称特征的 GARCH 模型，主流的能够反映非对称的广义自回归条件异方差模型包括 GJR-GARCH 模型、EGARCH 模型和 TGARCH 模型等。下面简要介绍主流的非对称 GARCH 类模型的基本思想。

1991 年，Nelson 提出了指数广义自回归条件异方差（Exponential Generalized Autoregressive Conditional Heteroskedastic）模型，简写为 EGARCH 模型，该模型的基本思想是允许 σ_t^2 与 ε_t 的关系比二次方程映射更加灵活的指数关系思想。方差方程的因变量是对 t 期的条件方差取对数，意味着信息的冲击是指数形式而非二次的，因此条件方差的预测一定非负。系数 g 如果显著不为 0，则该模型就能说明市场上正负信息的冲击是非对称的，Nelson 的这种设定方法使得方程右端不需添加任何限制，因此参数估计过程更为简便灵活。

1993 年 Engle 和 Ng 提出了形式简单的非对称的 GARCH（Asymmetric GARCH）模型，简写为 AGARCH 模型。它直接在方差方程中添加非对称的信息冲击因子 $(\varepsilon_{t-1}-\xi)^2$。若 $\xi>0$，则市场上坏消息出现时（$\varepsilon_{t-1}<0$），$(\varepsilon_{t-1}-\xi)^2$ 比好消息（$\varepsilon_{t-1}>0$）出现时大，因此市场上的负面信息比正面信息引起股市的波动幅度更大。

Engle 和 Ng 还提出了 V 字形的 GARCH 模型，该模型在方差方程中添加了能对市场信息冲击非对称进行描述的系数 g，非对称参数 $g<0$ 说明负向信息引发的波动大于正向信息引发的波动大。

Engle 和 Ng 又提出了非线性非对称的 GARCH 模型，与 VGARCH 模型类似，系数 g 提供了对市场信息冲击非对称的描述。非对称参数 $g<0$ 说明负向信息引发的波动大于正向信息引发的波动。

Glosten、Jagannathan、Runkle 三位学者在 GARCH 模型基础上添加了虚拟变量以表示市场信息冲击的非对称性，在方差方程中引入虚拟变量 I_{t-1}，那么市场上利好消息冲击（$\varepsilon_{t-1}\geq0$）对方差的影响大小是 α，利空消息冲击（$\varepsilon_{t-1}<0$）对方差的影响则为（$\alpha+g$）。因此，若 $g>0$，即 $\alpha\neq\alpha+g$，则说明市场信息的冲击对收益率的影响具有非对称性。

1994 年，Zakoian 提出了门限广义自回归条件异方差（Threshold GARCH）模型（TGARCH 模型）。TGARCH 模型的思想类似于 GJR-GARCH 模型的思想，都是通过在方差方程中添加虚拟变量来反映市场上信息冲击的非对称。

1997 年，Fornari 和 Mele 提出了 SGARCH 模型，该模型不仅考虑了市场上普遍存在的波动的非对称，还检测了不对称反转现象，该模型将过去未预期到的期望波动加入 GARCH 模型中表示非对称。但是 SGARCH 模型也存在一个缺点，就是非对称的参数 g 显著时，不能推出该序列的波动是否同时存在不对称及不对称的反转现象。

以上非对称模型中 AGARCH 模型、NGARCH 模型及 VGARCH 模型思想相近，均通过在 ε_t^2 中加入常数项来识别波动非对称；TGARCH 模型采用虚拟变量与残差项的乘积 $I_{t-1}\varepsilon_t^2$ 表示非对称现象；SGARCH 模型采用 $I_{t-1}\varepsilon_t^2$ 来反映波动非对称；EGARCH 模型将方差方程化为对数的形式，放松系数大于 0 的强约束，提高了方程适应性。

国内外的许多学者在实证研究过程中还发现，如汇率、股票价格及其收益率等的金融市场上时间序列的波动存在混沌与分形等非线性特征之外，普遍地，它们还具有明显的多标度分形特征。通过对金融市场资产收益率序列进行多标度分形研究，便能够得到金融市场上资产价格在不同时间标度上的不同幅度的波动信息，特别是极端事件下的资产收益序列的波动情况。而金融风险管理所必需的正是市场的时间序列在不同时间标度上的不同幅度的波动信息。

1997 年，Mandelbrot 提出了研究资产收益率的多标度分形模型。首先，该模型包含了 Mandelbrot（1963）在列维稳定分布中研究的厚尾现象，但不同的是不用显示无限方差。其次，模型包含了分形布朗运动的长期记忆特性，但与分形布朗运动不同，当价格增量自身不相关时，多标度分形模型显示出在价格增量绝对值中具有长期记忆性。

多标度分形模型的原理是去考虑一个随机过程 $\{P(t)\}$，$X(t) = \ln P(t) - \ln P(0)$，$\{X(t)\}$ 是一个多标度过程，且满足三个假定。

假设 1：$X(t)$ 是复合的过程，即 $X(t) = B_H[\theta(t)]$；此处，$B_H(T)$ 是分形布朗运动，H 是 Hurst 指数，$\theta(t)$ 是一种随机交易时间。

假设 2：交易时间 t 是定义在（0，T）上的多标度分形测度 u 的累积分布函数。

假设 3：$B_H(T)$ 和 $\{\theta(t)\}$ 是独立的。

　　多标度分形模型在捕捉时间序列的非对称时，首先，构建已知非对称性质的数据产生机制，这一数据产生机制将真实地模拟实际金融资产收益数据的产生过程；其次，对模拟的数据采用 TAT 检验法对非对称性特征进行检验；最后，与已知具有非对称性构建出来的数据序列进行对比，从而确定非对称的有效性。由此可知，多标度分形市场模型是通过两步法的间接方式描述资产价格波动情况的。

　　尽管基于多标度分形市场理论，学者们能够根据市场普遍的波动状况，灵活设置已知的非对称性质的数据产生机制，通过对比得到金融资产收益的波动非对称性。此外，股市收益率分布的厚尾现象是由于大事件的发生并在股市中得到无限放大，对股市大波动的捕捉很有必要。基于多标度分形市场理论的资产非对称模型能精确捕捉金融资产价格波动过程中的尖峰厚尾、波动长记忆性、非对称等特征。但是，金融风险管理中的多标度分形理论和方法是基于"金融市场并非有效市场"的理论假设；同时，分形市场假说更加关注的是市场上存在的少量非连续的大变动，并对其进行捕捉。而多标度分形的特征在大幅波动中表现更明显。因此，当前国内外有学者使用沪深 300 股指期货指数大幅波动的区间为样本，对金融市场稳定性进行建模分析，一方面是充分地挖掘多标度分形谱的重要参数中所隐含的丰富的资产收益率波动信息；另一方面也在探讨股指期货处于大幅波动过程中其多分形谱的变动规律。

　　比较目前常用的两大波动非对称模型——GARCH 类模型和 SV 模型：首先，SV 模型存在收益率（ε_t）和波动率（η_t）两方面的冲击过程，而 GARCH 模型仅存在收益率（ε_t）的冲击。其次，非对称的 GARCH 族模型其条件方差在信息给定的条件下为常数，但是非对称的 SV 模型的条件方差是随机变量。最后，非对称的 GARCH 类模型的参数估计过程简洁方便，而对非对称 SV 模型的参数估计比较困难，常用的对非对称 SV 模型的估计方法包括伪极大似然法、广义矩方法、MCMC 法等，不同的估计方法其估计结果存在很大区别，且不存在学术界公认的最好的估计方法。因此，当前市场上对波动非对称性的检验主要使用 GARCH 类模型进行捕捉。

　　为了使得市场上正、负向信息对波动的冲击效应更加直观化，Engle 和 Ng（1993）构造了能够描述波动与信息冲击之间关系的曲线。通过建立模型中信息的冲击 u_t/σ_t 与波动率 σ_t^2 的关系能得到直观的非对称情况。

第三节　银行系统性风险非对称性研究的理论脉络

长久以来，人们对金融市场基本运行规律进行着不断的探索，并由此发展了以资本资产定价模型、有效市场假说等为代表的经典金融理论。传统的金融理论通常认为市场是有效的、价格是均衡的、投资人是理性的，证券价格服从随机布朗运动。在此基础上大量创新性的理论被引入到金融学的研究体系中，包括投资组合理论、MM 公司财务模型、期权定价模型和套利定价理论等。但是，近些年的研究表明经典金融学对于解释市场常常发生的众多异象具有很大的局限性，在这种状况下，以非线性动力学、复杂系统及统计物理学研究为基础的理论学说日益涌现，逐渐成为金融学研究的重要领域，本节主旨为通过介绍金融理论的简要发展历程了解理论脉络。

一、传统金融理论

1. 随机游走理论

对于波动的研究主要以随机过程理论为基础，随机过程是指变量随时间变化而无规则地变化。英国生物学家布朗在 1827 年提出了布朗运动的数学模型。后来维纳等人指出布朗运动是一个具有连续时间参数和状态空间的随机过程。20世纪初学术界开始了对波动规律的研究。1901 年，法国学者 Louis J. B. A Bachelier 首次提出股价服从布朗运动，开创了股价随机波动的研究。他指出商品价格呈现出随机波动，而且这种随机波动是布朗运动。随后，英国的一些统计学家也研究了股价的随机波动问题，提出股票价格也遵循随机游走的规律。Samuelson（1965）认为市场上的信息如果是传递通畅的即交易成本为零，则未来价格的波动和现在的市场价格是没有关系的。

2. 有效市场假说

有效市场理论起源股价的变化满足随机游走过程。有效市场假说描述的是一种理想的市场结构状态即价格序列具有独立性、线性及有限方差性等特点，而且服从正态分布。有效市场理论是金融经济学研究的核心理论，是现代金融投资理论的根基。最早研究有效市场问题的是 Gibson（1889）的著作《伦敦、巴黎和纽约的股票市场》。1965年，Samuelson 在随机游走理论研究的基础上，提出了期望收益模型中的公平游戏原则。1970年，Fama 的论文《有效资本市场：理论和实证研究回顾》是有效市场理论的集大成之作，在系统总结有效市场理论研究的基础上，他还提出了研究有效市场理论的完整框架。有效市场假说假设收益率是严格遵循随机游走的随机变量，股价波动按照随机游走波动。在这种条件下，信息集的变化会影响股价的波动。有效市场理论认为金融资产价格反映了所有的市场参与者对各自所掌握信息的反应。信息是价格最重要的决定因素。影响市场的信息可以分为利多信息和利空信息。

二、非线性、复杂系统理论

1. 分形市场假说

Hurst（1951）提出了时间序列的长记忆性，并提出了 R/S 单分形分析法也就是重标极差分析法，后来被 Mandelbrot（1963）运用到了时间序列分析中。Peters（1991）认为，分数布朗运动可以更好地描述刻画金融市场的波动，他最早提出了分形市场的概念。分形市场是由大量的投资者组成的，不同的投资者具有不同投资期限；不同投资期限的投资者对于不同类型的信息产生的反应是不同的（短期投资者可能比较注重历史信息，而长期投资者更加关注基础信息）；市场稳定性是由市场流动性决定的；如果单个资产与经济周期无关，则说明其不具有长期趋势，其波动主要由成交量、流动性及短期信息决定。分形市场假说描述的市场更加接近市场的真实特征即市场结构具有分形结构特征：价格序列具有自相似性、非线性性、长记忆性以及无限方差性等。

2. 混沌市场理论

20世纪80年代，国外学者开始将混沌方法引入经济学领域。Stutzer 最早将混沌理论应用在了宏观经济的非规则增长问题中。Kodres、Papell 用混沌方法研究汇率市场。1993年 Philipatos 等研究了股票市场的混沌现象，认为混沌系统具有内部随机性，股票市场是一个由内部因素和外部因素共同构成的复杂的非线性系统，内部因素决定了市场的不稳定性，外部因素引起系统波动。而且股价的波动并不是传统意义上的随机游走，而是具有某些内在确定性的混沌运动。随着分形理论和混沌理论的发展，基于这些理论研究股票市场的非线性波动逐渐成为学术界的一个热点。

3. 协同市场假说

协同市场假说是以社会模拟理论为基础提出的新的理论。这个理论也是一种非线性动力学模型。理论的要点在于将资本市场作为一个由内部各因素相互作用的系统，这个系统会因为外部冲击受到影响。结论是资本市场的收益风险是由外部经济环境和投资者集体情绪共同决定的。这两个因素间的不同组合会造就市场呈现出不同的四种状况：随机游走市场（有效市场）、不稳定过渡市场、混沌市场、协同市场。随机游走状态存在于有效市场中，在该市场中信息充分反映在价格中；不稳定过渡状态存在于非有效市场中，投资者情绪会造成信息反映延续；混沌状态下，基本经济环境不确定，投资者情绪对群体思维的传导力很强，群体行为会导致大的波动出现；协同市场状态即强烈的环境与强烈的投资情绪吻合后产生巨大的市场协同效应。协同市场假说指出资本市场作为一个系统整体内部因素间存在相关性，这种相关性易受外部因素的影响。内部的相关性水平和外部影响的强度的耦合最终决定了系统的状态。风险和收益的线性交换转化为环境和情绪的结合。

三、行为金融理论

行为金融起源的时间和传统金融理论大致相同。传统金融理论将金融投资视为一个动态均衡过程，但由于该理论是在大量假设条件下进行逻辑推导的产物，与现实状况往往存在很大的偏离。1951 年美国俄勒冈大学的布鲁尔教授发表了《投资研究试验方法的可能性》一文，将心理学理论应用到金融研究中来。Slovic（1972）发表了《人类判断的心理学研究对投资决策的意义》，为行为金融理论的发展奠定了基础。行为金融学中的两个主要的理论模型是 BSV 模型及 DHS 模型。BSV 模型是分析投资人进行投资决策时的两种心理判断偏差，解释投资决策模式如何使价格偏离有效市场假说的。DHS 模型将投资者分为了拥有信息的和无信息的。拥有信息的投资者存在过度自信、过度偏爱，价格主要由拥有信息的投资者决定。De、Shleifer、Summers、Waldman（DSWW）将投资者情绪也引入了价格决定模型，投资者情绪会成为影响均衡价格的系统性风险。行为理论可以有效地解释股价波动的现象。它认为投资过程就是投资者在心理上计算风险和收益的过程，因此决策结果必然会受到投资者心理认知偏差的影响，最终在金融市场上会表现出各种心理行为如过度自信、过度反应、后悔厌恶等。系统性风险的非对称性就是这些行为的表现。

从经典金融理论到非线性、复杂系统理论及行为金融理论的发展可以看出对于市场的全新思考。经典金融学作为一种均衡理论，主要考察了参与者的理性行为导致无套利均衡的问题，而非线性、复杂系统理论更加关注系统的非线性、反馈性、自组织等状态的演化，在这种理论研究中，均衡只是一种理想状态。以有效市场为代表的经典金融理论提供了对于市场运行特征的最基础的理解和研究出发点，非线性、复杂系统理论及行为金融理论描述和解释了市场特征。

第四节　小　结

波动率理论的发展总体来看包括两个方面：一是结构形式的扩展；二是条件分布的扩展。这些结构的提出对更好地刻画资产收益率的特征是极有帮助的。但是在具体应用时，每种结构都是以具体的数据作为基础的，具体哪种结构更为适用在文献中并没有定论。此外，传统的金融理论通常认为市场有效的、价格是均衡的、投资人是理性的，证券价格服从随机布朗运动。但是，近些年的研究表明经典金融学对于解释市场常常发生的众多异象具有很大的局限性。在这种状况下，以非线性动力学、复杂系统及统计物理学研究为基础的理论学说日益涌现，逐渐成为金融学研究的重要领域。以有效市场为代表的经典金融理论更适用于市场运行特征的最基础的理解，通常可以作为研究出发点。非线性、复杂系统理论及行为金融理论更适合精准描述和解释市场特征。

第三章 银行系统性风险非对称性 研究的模型方法

学术界对波动率的研究理论不断创新，对模型不断优化。GARCH 类模型在经过学者的不断创新之后已广泛应用于描述股市波动性。该模型考虑了市场上普遍存在的非对称性及序列的多种分布状态等方面。基于 GARCH 类模型的理论，学术界又提出了诸多能够捕捉收益率波动溢出状况及收益率动态时变相关系数的模型。本章就银行系统性风险非对称性研究的 GARCH 模型理论及基于 GARCH 类模型发展来描述变量间非对称波动溢出和波动相关性的模型理论做详细介绍。

第一节 银行系统性风险波动性研究的模型方法

一、单变量的非对称 GARCH 模型

在对金融市场上的股票价格、通货膨胀率和外汇汇率等宏观金融序列研究其波动性时，最早通过计算序列方差、标准差或极差等作为度量波动的指标。但是随着时间的推移，金融市场复杂多变，学者们发现金融变量的波动率也具有时变性，这一指标暴露出其单一、滞后的缺陷，因而不能准确度量市场的真实波动状况。研究者后来发现某一变量波动率的变化很有可能由于金融市场的波动性受市场上谣言、时局变动、政府政策等信息的影响，因此猜想误差项的条件方差可能不仅只是某个自变量的函数，而是随时间变化并依赖于该变量本身过去波动性的大小。为了刻画预测误差的条件方差中可能存在的某种相关性，

恩格尔（Engle R，1982）最早提出自回归条件异方差模型（Autoregressive Conditional Heteroskedasticity Model，ARCH 模型），并由博勒斯莱文（Bollerslev T，1986）发展成为 GARCH 模型（Generalized ARCH Model）——广义自回归条件异方差模型。

　　在实证理论中，学者们研究发现金融资产下跌与上升同样的幅度，其对下一期的资产价格波动的影响力是不同的，即市场上的涨跌信息对金融资产的波动影响存在非对称的"杠杆效应"。学者们针对此现象在自回归条件异方差（ARCH）模型的基础上再次进行改进，提出了具有非对称特征的 ARCH 模型，包括 GJR-GARCH 模型、EGARCH 模型和 PARCH 模型等。接下来本书将详细介绍这几类模型的基本原理，并对 GARCH 类模型在实证应用过程中的精确性进行比较。

1. EGARCH 模型

1991 年 Nelson 提出的 EGARCH 模型，用于描述市场上面对正向与负向的消息时股票价格波动的非对称。EGARCH 模型是基于允许 σ_t^2 与 ε_t 的关系比二次方程映射更加灵活的指数关系思想，其条件方差方程表示为：

$$\ln(\sigma_t^2) = \omega + \alpha\left(\left|\frac{\varepsilon_{t-1}}{\sigma_{t-1}}\right| - \sqrt{\frac{2}{\pi}}\right) + g\frac{\varepsilon_{t-1}}{\sigma_{t-1}} + \beta\ln(\sigma_{t-1}^2) \qquad (3-1)$$

　　式（3-1）中，方差方程的因变量是对 t 期的条件方差取对数，意味着信息的冲击是指数形式而非二次的，因此条件方差的预测一定非负。系数 g 如果显著不为 0，则该模型就能说明市场上正负信息的冲击是非对称的，具体为：当 $\varepsilon_{t-1} < 0$ 时，则信息的冲击为 $(g - \alpha)\frac{\varepsilon_{t-1}}{\sigma_{t-1}}$；当 $\varepsilon_{t-1} > 0$ 时，冲击为 $(g + \alpha)\frac{\varepsilon_{t-1}}{\sigma_{t-1}}$。

　　为了方便计算，对以上的方差方程进行简化后的模型为：

$$\ln(\sigma_t^2) = \omega + \alpha\left(\left|\frac{\varepsilon_{t-1}}{\sigma_{t-1}}\right|\right) + g\frac{\varepsilon_{t-1}}{\sigma_{t-1}} + \beta\ln(\sigma_{t-1}^2) \qquad (3-2)$$

　　式（3-2）与式（3-1）的估计结果相比，α、β 的估计量相同，区别为截距项 ω 的大小，对模型的意义影响不大。Nelson 的这种设定方法使得方程右端不需添加任何限制，因此参数估计过程更为简便灵活。

2. AGARCH 模型

1993 年 Engle 和 Ng 提出了形式简单的非对称的 GARCH（Asymmetric

GARCH）模型，简写为 AGARCH 模型。其条件方差方程为：

$$\sigma_t^2 = \omega + \alpha (\varepsilon_{t-1} - \xi)^2 + \gamma \sigma_{t-1}^2 \qquad (3-3)$$

式（3-3）反映的市场上非对称的信息冲击过程为：$\xi \geq 0$，则市场上坏消息出现时（$\varepsilon_{t-1} < 0$），$(\varepsilon_{t-1} - \xi)^2$ 比好消息（$\varepsilon_{t-1} > 0$）出现时大，因此市场上的负面信息比正面信息引起股市的波动幅度更大。

3. VGARCH 模型

Engle 和 Ng 还提出了 V 字形的 GARCH 模型，方差方程的表达形式如式（3-4）所示：

$$\sigma_t^2 = \omega + \alpha (\frac{\varepsilon_{t-1}}{\sigma_{t-1}} + g)^2 + \gamma \sigma_{t-1}^2 \qquad (3-4)$$

系数 g 提供了对市场信息冲击非对称的描述。非对称参数 $g < 0$ 说明负向信息引发的波动大于正向信息引发的波动大。

4. 非线性非对称的 GARCH 模型

Engle 和 Ng 又提出了非线性非对称的 GARCH 模型，方差方程的表达式为：

$$\sigma_t^2 = \omega + \alpha (\varepsilon_{t-1} + g\sigma_{t-1})^2 + \gamma \sigma_{t-1}^2 \qquad (3-5)$$

与 VGARCH 模型类似，系数 g 提供了对市场信息冲击非对称的描述。非对称参数 $g < 0$ 说明负向信息引发的波动大于正向信息引发的波动。

5. GJR-GARCH 模型

Glosten、Jagannathan、Runkle 三位学者在 GARCH 模型基础上添加了虚拟变量以表示市场信息冲击的非对称性，因此将这一反映市场信息冲击非对称的模型称为 GJR-GARCH 模型，该模型的条件方差方程为：

$$\sigma_t = \omega + \alpha\varepsilon_{t-1}^2 + \gamma\sigma_{t-1} + gI_{t-1}\varepsilon_{t-1}^2 \qquad (3-6)$$

在原方程的基础上引入了虚拟变量 I_{t-1}，

$$I_{t-1} = \begin{cases} 1, \varepsilon_{t-1} < 0 \\ 0, \varepsilon_{t-1} \geq 0 \end{cases} \qquad (3-7)$$

GJR-GARCH 模型反映市场非对称的具体过程为：市场上利好消息冲击（$\varepsilon_{t-1} \geq 0$）对方差的影响大小是 α，利空消息冲击（$\varepsilon_{t-1} < 0$）对方差的影响则为（$\alpha + g$）。因此，若 $g > 0$，即 $\alpha \neq \alpha + g$，则说明市场信息的冲击对收益率的影响具有非对称性。

6. TGARCH 模型

1994 年，Zakoian 提出了门限广义自回归条件异方差（Threshold GARCH）

（TGARCH）模型。TGARCH 模型的思想类似于 GJR–GARCH 模型的思想，都是通过在方差方程中添加虚拟变量来反映市场上信息冲击的非对称。TGARCH 模型的条件方差方程如式（3–8）所示：

$$\sigma_t = \omega + \alpha^+ \varepsilon_{t-1}^+ - \alpha^- \varepsilon_{t-1}^- + \gamma \sigma_{t-1} \qquad (3-8)$$

TGARCH 模型与 GJR–GARCH 模型的思想类似，只是对方差方程的表述方式不同，前者用的是标准差的形式，而后者使用方差的形式。

7. SGARCH 模型

1997 年，Fornari 和 Mele 提出了 SGARCH 模型，该模型不仅考虑了市场上普遍存在的波动的非对称，还检测了不对称反转现象，该模型将过去未预期到的期望波动加入 GARCH 模型中表示非对称。SGARCH 模型的具体表达式为：

$$\sigma_t^2 = \omega + \alpha \varepsilon_{t-1}^2 + g S_{t-1} v_{t-1} + \gamma \sigma_{t-1}^2 \qquad (3-9)$$

$$v_t = \varepsilon_t^2 - \sigma_t^2 \qquad (3-10)$$

参数 g 表示非对称，当 $g < 0$，该模型的市场信息冲击过程为：

$$\begin{cases} \varepsilon_{t-1} < 0, & S_{t-1} = -1 \\ \varepsilon_{t-1} = 0, & S_{t-1} = 0 \\ \varepsilon_{t-1} > 0, & S_{t-1} = 1 \end{cases} \qquad (3-11)$$

$$\begin{cases} v_t = \varepsilon_t^2 - \sigma_t^2 > 0, 负向冲击引发的波动大于正向冲击引发的波动 \\ v_t = \varepsilon_t^2 - \sigma_t^2 < 0, 负向冲击引发的波动小于正向冲击引发的波动 \end{cases} \qquad (3-12)$$

式（3–12）表明 SGARCH 模型不仅能检验波动非对称的现象，也可以检验非对称现象的反转。但是 SGARCH 模型也存在一个缺点，就是非对称的参数 g 显著时，不能推出该序列的波动是否同时存在不对称以及不对称的反转现象。

总结非对称的 GARCH 类模型的基本原理及思想，AGARCH 模型、NGARCH 模型及 VGARCH 模型思想相近，均通过在 ε_t^2 中加入常数项来识别波动非对称；TGARCH 模型采用虚拟变量与残差项的乘积 $I_{t-1} \varepsilon_t^2$ 表示非对称现象；SGARCH 模型采用 $I_{t-1} \varepsilon_t^2$ 来反映波动非对称；EGARCH 模型将方差方程化为对数的形式，放松系数大于 0 的强约束，提高了方程适应性。

对以上几种非对称模型在实际应用中的精确性的比较，刘毅[①]提出，Engle 和 Ng 同时使用 EGARCH 模型、AGARCH 模型、GJR–GARCH 模型及 TGARCH

---

① 刘毅. 我国股票市场波动非对称特性的研究［D］. 上海：同济大学博士学位论文，2008.

模型对日本股市进行研究以捕捉日本股票市场上的非对称，结果显示，GJR-GARCH 模型在描述波动性上表现最佳，EGARCH 模型也能捕捉非对称的波动，但是却存在使得条件方差被高估的缺点。王甡在 1995 年使用中国台湾的股票市场数据同时使用几个非对称的 GARCH 模型进行研究，结果显示 TGARCH 模型比其他模型更能精确捕捉中国台湾股票市场上的非对称现象。[①] 从大量的实证结果来看，传统的非对称 GARCH 模型中，EGARCH 模型、TGARCH 模型及 GJR-GARCH 模型表现良好，因此应用最为广泛。

为了使得市场上正、负向信息对波动的冲击效应更加直观化，Engle 和 Ng（1993）构造了能够描述波动与信息冲击之间关系的曲线。通过建立模型中信息的冲击 u_t/σ_t 与波动率 σ_t^2 的关系能得到直观的非对称情况。

EGARCH 模型的条件方差方程中，假设残差 u_t 服从条件正态分布。设：

$$f(\frac{\varepsilon_{t-1}}{\sigma_{t-1}}) = \beta \left| \frac{\varepsilon_{t-1}}{\sigma_{t-1}} \right|) + g \frac{\varepsilon_{t-1}}{\sigma_{t-1}} \qquad (3-13)$$

令 $z_t = \varepsilon_t/\sigma_t$ ，则式（3-13）可以表示为：

$$f(z_t) = \beta |z_{t-1}| + gz_{t-1} \qquad (3-14)$$

则 $f(\cdot)$ 就被称为信息冲击曲线。

GARCH 类模型通过设计方差方程，将扰动项 u_t 的条件方差依赖于其前期值 u_{t-1} 的大小实现对波动的度量；非对称的 GARCH 类模型则在对称的 GARCH 模型基础之上，在方差方程中添加代表市场上"正"向、"负"向消息的指示因子实现对波动不对称性的捕捉。GARCH 类模型在描述单只股票收益率的波动上表现良好，但是由于金融市场是一个复杂的系统，金融系统内每一家金融机构的收益的波动并不仅受到自身上一期的波动的影响。基于此，学术界在 GARCH 模型的基础上又提出了能够度量银行间波动的交叉影响的模型。

随机波动（Stochastic Volatility）模型最早应用于金融资产定价的扩散过程。Taylor（1986）在解释金融收益序列波动的自回归行为时提出了离散的 SV 模型，该模型的基本思想是在波动率的方程中引入新的随机变量，那么这类波动率模型受到新的随机变量的影响，因此其函数形式也是不确定的。

1994 年 Harvey、Ruiz、Shephard、Jacquier 等将 SV 模型引入到数量经济学

---

① 王甡. 报酬冲击对条件波动所造成之不对称效果——台湾股票市场实证分析 [J]. 证券市场发展季刊，1995，7（1）.

领域，SV 模型便广泛应用于对金融时间序列波动性的度量。离散的 SV 模型的基本形式为：

$$y_t = c + \varepsilon_t e^{h_t/2} \qquad t = 1, 2, \cdots, T \tag{3-15}$$

$$h_t = \alpha + \beta(h_{t-1} - \alpha) + \eta_t \tag{3-16}$$

式（3-15）中，y_t 表示零均值化的 t 期收益率，称为 SV 模型的测度方程；$\varepsilon_t \overset{iid}{\sim} N(0, 1)$。式（3-16）称为 SV 模型的波动方程，其中 h_t 服从一个自回归过程，且是不可观测的；$\eta_t \overset{iid}{\sim} N(0, \sigma_\mu^2)$，$\sigma_\mu^2$ 未知；参数 α 表示波动的平均水平，β 则反映了股票收益的上一期波动对本期波动的持续性影响。$\{\varepsilon_t\}$ 与 $\{\eta_t\}$ 服从相互独立的误差过程。基于不同的金融收益波动问题，学者们对 SV 模型进行了扩展，针对金融收益波动的分布形式，SV 模型扩展出了厚尾 SV 模型、均值 SV 模型、含有杠杆的 SV 模型等。

自 1994 年 Harvey、Shephard 等将 SV 模型引入到数量经济学领域之后，SV 模型便广泛应用于对金融时间序列波动性的度量，将市场波动存在的非对称现象考虑在内，非对称的 SV 模型的具体表达式为：

$$y_t = c + \varepsilon_t e^{h_t/2} \tag{3-17}$$

$$\ln(h_{t-1}^2) = \alpha + \beta \ln(h_t^2) + h_t \eta_{t+1} \tag{3-18}$$

式（3-18）中，β 表示波动的持续性，ε_t 表示 t 时刻的收益冲击，η_{t+1} 则表示 $t+1$ 时刻的波动冲击。$\varepsilon_t \overset{iid}{\sim} N(0, 1)$，$\eta_{t+1} \overset{iid}{\sim} N(0, 1)$，$COV(\varepsilon_t, \eta_{t+1}) = \rho$。当 $\rho = 0$ 时，非对称的 SV 模型就等价于标准的 SV 模型。当 $\rho < 0$ 时，以上就是非对称的 SV 模型。从上式可知，非对称的 SV 模型是通过收益的冲击与波动冲击的负相关来刻画波动的非对称的。

二、双变量间的非对称 GARCH 模型

金融市场上机构之间联系密切。一家金融机构上一期的波动对另一家金融机构本期收益的波动是否存在一定影响，单变量非对称 GARCH 类模型不能给出估计与判断。BEKK 方程最早由 Engle 和 Kroner（1995）年提出，BEKK-GARCH 模型不仅给出了单变量 GARCH 模型响应的参数，而且返回了 A 变量 $t-1$ 时刻残差的波动对 B 变量 t 时刻残差波动的交叉影响，充分提取了多变量的残差信息，对度量多变量间波动的溢出幅度具有重要作用。但是对于一系列变量，该方法也存在缺陷，由于待估参数较多，随着变量维数的增加，参数数

量将急剧增加，随之产生"维数灾难①"。

根据之前的描述性统计结果看，我国银行各机构收益率序列存在"尖峰厚尾的特征"，同时在研究波动溢出时为防止"维数灾难"，我们选择 VAR 模型②作为 BEKK-GARCH 模型的均值方程，二元 GARCH 模型作为方差方程。学者们在研究金融市场上的经济现象时目前已经达成共识，许多金融时间序列的波动性表现出对市场上正负信息的冲击做出的反应不一致。一般而言，负的收益率将对下一期的波动产生正向影响，即市场上负向的消息更易造成下一期更高的波动性。因此，我们在使用市场数据建模分析时，须将这种非对称现象考虑在内，以提高模型拟合的精度。非对称 BEKK-GARCH 模型的基本原理如下：

假设两个经济部门，二元非对称 BEKK-GARCH 模型的矩阵设定形式为：

$$R_t = \alpha + \sum_{i=1}^{k} \beta_i R_{t-i} + u_t \ , \ u_t \mid \Omega_t \sim N(0,H) \qquad (3-19)$$

$$H_t = C'C + A'u_{t-1}u'_{t-1}A + B'H_{t-1}B + D'\varepsilon_{t-1}\varepsilon'_{t-1}D \qquad (3-20)$$

式（3-19）表示 VAR(k) 形式的均值方程，k 为滞后阶数。R_t 为 2×1 的向量，两个元素分别为 t 时刻两股市收益率序列 R_{1t}、R_{2t}。α 是 VAR 模型中表示常系数的 2×1 的向量，β 为 VAR 模型中 2×2 的系数矩阵。u_t 表示市场受到的冲击的 2×1 的向量。大量研究表明，VAR 模型滞后一阶便足以满足研究需要。考虑到模型回归参数越多越会影响回归精度，因此本书选取滞后 1 阶的 VAR 模型作为收益率序列的均值方程。则式（3-19）的向量表示形式为：

$$\begin{bmatrix} R_{1,t} \\ R_{2,t} \end{bmatrix} = \begin{bmatrix} \alpha_1 \\ \alpha_2 \end{bmatrix} + \begin{bmatrix} \beta_{11} & \beta_{12} \\ \beta_{21} & \beta_{22} \end{bmatrix} \begin{bmatrix} R_{1,t-1} \\ R_{2,t-1} \end{bmatrix} + \begin{bmatrix} u_{1,t} \\ u_{2,t} \end{bmatrix} \qquad (3-21)$$

式（3-20）表示非对称 BEKK 模型的方差方程。H_t 是 t 时刻条件残差的方差协方差矩阵，C 为下三角矩阵，A、B 分别为 ARCH 项和 GARCH 项的系数矩阵，均为 2×2 矩阵。向量 ε_t 表达市场上正向和负向的冲击给股市收益率的波动所带来的非对称影响，其具体表达形式为：

$$\varepsilon_t = [\varepsilon_{1t}, \varepsilon_{2t}]' \ , \ \varepsilon_{it} = \max\{u_{it}, 0\} \ , i=1,2 \qquad (3-22)$$

方差方程（3-20）的向量表示形式为：

---

① 通常是指在涉及向量的计算的问题中，随着维数的增加，计算量呈指数倍增长的一种现象。

② VAR 模型简称向量自回归模型，1980 年由克里斯托弗·西姆斯（Christopher Sims）提出。VAR 模型是用模型中所有当期变量对所有变量的若干滞后变量进行回归。VAR 模型用来估计联合内生变量的动态关系，而不带有任何事先约束条件。

$$\begin{bmatrix} H_{11,t} & H_{12,t} \\ H_{21,t} & H_{22,t} \end{bmatrix} = \begin{bmatrix} c_{11} & c_{12} \\ 0 & c_{22} \end{bmatrix}' \begin{bmatrix} c_{11} & c_{12} \\ 0 & c_{22} \end{bmatrix} + \begin{bmatrix} a_{11} & a_{12} \\ a_{21} & a_{22} \end{bmatrix}' \begin{bmatrix} u_{1,t} \\ u_{2,t} \end{bmatrix} \begin{bmatrix} u_{1,t} \\ u_{2,t} \end{bmatrix}' \begin{bmatrix} a_{11} & a_{12} \\ a_{21} & a_{22} \end{bmatrix} +$$

$$\begin{bmatrix} b_{11} & b_{12} \\ b_{21} & b_{22} \end{bmatrix}' \begin{bmatrix} h_{11,t-1} & h_{12,t-1} \\ h_{21,t-1} & h_{22,t-1} \end{bmatrix} \begin{bmatrix} b_{11} & b_{12} \\ b_{21} & b_{22} \end{bmatrix} + \begin{bmatrix} d_{11} & d_{12} \\ d_{21} & d_{22} \end{bmatrix}' \begin{bmatrix} \varepsilon_{1,t-1} \\ \varepsilon_{2,t-1} \end{bmatrix} \begin{bmatrix} \varepsilon_{1,t-1} \\ \varepsilon_{2,t-1} \end{bmatrix}' \begin{bmatrix} d_{11} & d_{12} \\ d_{21} & d_{22} \end{bmatrix}$$

$$(3-23)$$

假定条件残差向量 u_t 服从二元条件正态分布，当样本长度为 T 时，待估参数向量 Θ 所对应的对数似然函数为：

$$L(\Theta) = - T\log(0.5\pi) - 0.5 \sum_{t=1}^{T} \log \mid H_t \mid - 0.5 \sum_{t=1}^{T} u_t' H_t^{-1} u_t \qquad (3-24)$$

对式（3-24）所表达的对数似然函数，我们采用准极大似然法（QMLE）进行估计。在估计过程中，采用 BFGS（Broyden-Fletcher-Goldfarb-Shanno）算法最大化对数似然函数。

非对称的 BEKK-GARCH 模型对两个变量的波动溢出效应进行检验，该模型表示市场 i 的波动 $h_{ii,t}$ 受两方面影响：一方面来自其自身前期的影响，包括波动 $h_{ii,t-1}$、残差 $u_{i,t-1}$ 及非对称影响 $\varepsilon_{i,t-1}$；另一方面来自市场 j 前期的影响及两市场间的协方差，包括波动 $h_{jj,t-1}$、协方差 $h_{ij,t-1}$、残差 $u_{j,t-1}$ 及非对称项 $\varepsilon_{i,t-1}$。

对市场 i 收益率的波动影响因素的检验，主要形式如下：

假设 1：市场 1 与市场 2 之间不存在相互的波动溢出，即：

$$a_{12} = b_{12} = d_{12} = a_{21} = b_{21} = d_{21} = 0 \qquad (3-25)$$

假设 2：不存在市场 1 向市场 2 的波动溢出，即：

$$a_{21} = b_{21} = d_{21} = 0 \qquad (3-26)$$

假设 3：不存在市场 2 向市场 1 的波动溢出，即：

$$a_{12} = b_{12} = d_{12} = 0 \qquad (3-27)$$

对两个市场的波动溢出效应是否存在明显的非对称性，我们通过检验参数 d 的显著性即可。同理，对两个市场波动溢出非对称性的检验假设如下：

假设 4：市场 1 与市场 2 之间不存在相互的非对称影响：

$$d_{12} = d_{21} = 0 \qquad (3-28)$$

假设 5：不存在市场 1 向市场 2 的非对称性影响：

$$d_{21} = 0 \qquad (3-29)$$

假设 6：不存在市场 2 向市场 1 的非对称影响：

$$d_{12} = 0 \qquad\qquad (3-30)$$

对我国截至 2008 年上市的 14 家银行两两间建立非对称 BEKK-GARCH 模型，对它们之间的非对称波动溢出效应影响进行检验分析，便可得到银行间风险的联动程度。

资本市场中风险和收益的关系是金融学研究最为重要的领域之一。围绕这个问题主要有两方面的研究内容：一是风险（常用波动表示）对收益的影响，在金融经济学中称为风险收益权衡；二是收益对风险（波动）的影响，其中收益对波动的非对称性影响尤为重要。风险收益权衡主要是基于资本资产定价模型、套利定价理论等。其结论是收益率的高低与风险的大小是正相关的，这一结论也符合我们的直觉认识。但对于市场波动率风险的研究却一直存在争议。有关波动的非对称性研究，传统的方法主要依赖一些反映正负信息冲击对波动不同的影响程度的模型，如 TGARCH、GJR-GARCH、EGARCH 等。

从研究方法来看，GARCH 类模型可以将时变方差定义为滞后回报的平方和滞后条件方差的确定性函数，此类模型可以较好地捕捉到金融时间序列的条件异方差性以及序列的相关性动态特征。通过 GARCH 类模型研究波动性是非常好的选择。

第二节　银行系统性风险相关性研究的模型方法

一、静态相关性度量方法

相关性反映了两个变量之间的波动关联程度。市场上风险的传染最早通过相关系数进行衡量，相关系数的增加反映了不同市场联动关系的增强，即风险传染的增强。学者们通过相关系数衡量的市场联动关系的结论符合现实经济指标的检验，因此用相关关系捕获市场风险的传染强度是可行的。

相关系数度量市场上金融序列间的线性相关程度，其假设前提是变量具有有限方差，常用的相关系数有：

1. 斯皮尔曼简单相关系数（Spearman Correlation Coefficient，SCC）

最早度量两个变量间相关性的是 SCC，其主要应用于成对定序数据间的相关程度的度量。不受变量总体分布形态、样本容量大小等约束条件的限制。SCC 给出了两个定序数据序列的相关程度，因而精确性很低。

2. 皮尔森相关系数（Pearson Correlation Coefficient，PCC）

Pearson 相关系数度量的是两个定比变量序列之间的静态相关关系。其公式为：

$$r = \frac{\sum_{i=1}^{n} (x_i - \bar{x})(y_i - \bar{y})}{\sqrt{(x_i - \bar{x})^2 (y_i - \bar{y})^2}} \tag{3-31}$$

Pearson 相关系数给出了样本期内两个序列间的总的线性相关性，其假定序列服从高斯分布或者学生 t 分布。当 $r=0$ 时，两个序列间无相关关系，但是可能存在其他诸如 $y = x^2$ 类的高阶多项式关系；$r>0$，说明两个序列存在正向的相关关系；$r<0$ 则说明两个序列存在反向的相关关系；$|r|=1$，则说明两个序列完全线性相关。r 的绝对值越大，则说明相关性越强。但是 PCC 度量金融市场上变量间的相关性仍存在诸多缺陷。首先，PCC 度量的是变量间的线性相关关系，限制了变量的分布形式，因此对金融时间序列经常出现的"尖峰厚尾"现象，继续用线性相关系数进行描述就会使精确性大打折扣，甚至结果会带来误导；其次，PCC 是一个静态指标，对信息的反应和度量具有单调性和滞后性，而不能刻画随时间不断变化的变量间的联动关系，因此在展示时变的资产间联动关系上也存在局限性。

3. 变量秩相关

为克服线性相关分析的缺陷，学者们提出基于变量的秩统计量进行计算的相关性度量指标并不断发展，主要包括斯皮尔曼秩相关系数（Spearman's Rank Correlation Coefficient）、肯迪尔的 τ 系数（Kendell's Tau Rank Correlation Coefficient）、基尼（Gini）关联系数等。具体定义如下：

斯皮尔曼秩相关系数考虑变量的秩对应的相关系数。设 $H(X, Y)$ 是 (X, Y) 的联合分布，则对应的边缘分布为 $F(X)$ 和 $G(Y)$。考虑 $(X_0, Y_0) - F(X)G(Y)$，并假定 (X, Y) 与 (X_0, Y_0) 独立，则斯皮尔曼秩相关系数定义为：

$$\rho = 3(P((X - X_0)(Y - Y_0) > 0) - P((X - X_0)(Y - Y_0) < 0)) \tag{3-32}$$

肯迪尔的 τ 系数考虑变量变化的一致性程度，设 (X_1, Y_1)、(X_2, Y_2) 为独立同分布的随机向量，则肯迪尔的 τ 系数定义为：

$$\tau = P((X - X_0)(Y - Y_0) > 0) - P((X - X_0)(Y - Y_0) < 0) \tag{3-33}$$

基尼系数进一步地将变量的变化顺序的一致和不一致性考虑在内。设 (X, Y) 的 n 个样本为 (X_1, Y_1)，(X_2, Y_2)，$\cdots$，(X_n, Y_n)，X_i、Y_i 对应的秩统计量分别为 R_i、S_i，则基尼系数可以定义为：

$$\gamma = \sum_{i=1}^{n} |R_i + S_i - n + 1| - \sum_{i=1}^{n} |R_i - S_i| \qquad (3-34)$$

二、动态相关性度量方法

多元 GARCH 模型能在一定水平下刻画序列间的波动性，在多元 GARCH 模型基础上发展而来的 BEKK-MGARCH 模型、VECH-MGARCH 模型、CCC-MGARCH 模型、DCC-MGARCH 模型均能刻画动态相关性。

1. VECH-MGARCH 模型

多元 GARCH 模型的常数化方法一般包括两种：VECH 和 BEKK。VECH-MGARCH 模型用于度量股票市场波动相关性上；而 BEKK-GARCH 模型用于度量两个或多个股票市场之间的波动溢出效应。传统的 VECH 方法其具体形式为：

$$vech(H(t)) = \Omega + Avech(u(t-1)u(t-1)') + \gamma vech(H(t-1))$$

$$(3-35)$$

H_t 为协方差矩阵，$vech$ 表示将对称矩阵的每列的下三角元素按顺序拉直排成一列。VECH 形式的缺陷之一就是当要分析的变量维数增加时，待估参数的数量会以几何级数的速度增加，而且即使限定方差方程中的所有参数都为正数，协方差矩阵也未必正定。

2. 严格常系数条件相关——CCC-MGARCH 模型

现存的方法都是对单变量使用 GARCH 模型，但是以更加严格的模式生成协方差。模拟方差的时候有几个选择：

$$H_{ij}(t) = R_{ij}\sqrt{H_{ii}(t)H_{jj}(t)} \qquad (3-36)$$

CCC（Constant Conditional Correlation，Bollerslev，1990）模型通过相关系数间接参数化条件协方差矩阵，减少了参数估计的数量而且能够保证协方差矩阵的正定性，但是 CCC 模型假定相关系数矩阵是恒定的，这与现实的绝大多数情况不符，使得模型实用性不足。

3. 严格动态条件相关——DCC-MGARCH 模型

2002 年，Engle 针对 Bollerslev 提出的常系数条件相关模型存在的缺陷，再次提出动态条件相关（Dynamic Conditional Correlation，DCC）模型。下面着重介绍 DCC 模型的基本原理。

DCC 模型假定 k 种资产收益率服从均值为 0，方差协方差矩阵为 H_t 的多元正态分布，即

$$r_t \mid Y_{t-1} \sim N(0,H_t) \tag{3-37}$$

动态相关结构设定为：

$$H_t = D_t R_t D_t \tag{3-38}$$

$$R_t = (Q_t^*)^{-1} Q_t (Q_t^*)^{-1} \tag{3-39}$$

$$Q_t = \left(1 - \sum_{m=1}^{M} \theta_m - \sum_{n=1}^{N} \vartheta_n\right)\overline{Q} + \sum_{m=1}^{M} \theta_m(\varepsilon_{t-m}\varepsilon_{t-m}') + \sum_{n=1}^{N} \vartheta_n Q_{t-n} \tag{3-40}$$

其中，$D_t = diag(\sqrt{h_{i,t}})$ 为单变量 GARCH 所求的随时间变动的条件标准差取对角元素形成的 $k \times k$ 对角矩阵，$h_{i,t}$ 为估计第 i 个单变量 GARCH 得到的方差[①]。R_t 为动态条件相关系数矩阵；$\varepsilon_t = D_t^{-1} r_t$ 是标准化残差；Q_t 是标准化残差 ε_t 的条件方差协方差矩阵；$Q_t^* = diag(\sqrt{q_{11,t}}, \sqrt{q_{22,t}}, \cdots, \sqrt{q_{kk,t}})$ 是 Q_t 主对角线上元素的开方，$\overline{Q} = T^{-1} \sum_{t=1}^{T} \varepsilon_t \varepsilon_t'$ 是标准化参差的无条件方差协方差矩阵；θ_m、ϑ_n 分别是 DCC-GARCH 模型中前期残差平方项的系数和前期条件方差的系数。该模型要求 $\theta_m > 0$，$\vartheta_n > 0$，$\sum \theta_m + \sum \theta_n < 1$。

对 DCC-MGARCH 模型的估计通过两步实现：首先估计单变量的 GARCH 模型，其次根据第一步估计出的标准化残差来估计动态条件相关性的参数。对单变量 GARCH 模型的估计，上一章作了介绍，此处不再赘述。以第一阶段所估计出的结果为条件，对第二阶段动态相关系数进行估计，其似然函数为：

$$\log L_2 = -\frac{1}{2} \sum_{t=1}^{T} \left(k\log(2\pi) + 2\log(|D_t|) + \log(|R_t|) + r_t' D_t^{-1} R_t^{-1} D_t^{-1} r_t\right)$$

$$\tag{3-41}$$

4. 非对称的动态条件相关——ADCC-GARCH 模型

经模型在实践中的不断完善，学者们发现资产间的相关性也受多种因素的影响而存在非对称性，表现在市场上就是两个银行间收益率的相关性在两家银行股价同时上涨期间与在其股价同时下跌期间存在不一致性。这种非对称的相

---

① $h_{i,t} = \omega_i + \sum_{P=1}^{p_i} \alpha_{ip}\varepsilon_{it-p}^2 + \sum_{q=1}^{q_i} \beta_{iq}h_{it-q}$，方差表示为 $Sigma$，条件方差表示为 h。

关性如今已经为学术界所普遍认可。

非对称的动态条件相关模型的结构表示为：

$$Q_t = (1 - \sum_{m=1}^{M} \theta_m - \sum_{n=1}^{N} \vartheta_n)\overline{Q} - \eta\overline{M} + \sum_{m=1}^{M} \theta_m(\varepsilon_{t-m}\varepsilon_{t-m}^{'}) + \sum_{n=1}^{N} \vartheta_n Q_{t-n} + \eta m_{m-1}m_{t-1}^{'}$$

$$(3-42)$$

与公式（3-34）相比，非对称 DCC（ADCC）模型是在 DCC 模型的基础上添加了一个虚拟变量：

$$m_t = I(R_t < 0) \cdot R_t \qquad (3-43)$$

$I(A)$ 是 k 个收益序列的指示因子方程，表示当事件 A 发生时，$I(A) = 1$；否则，$I(A) = 0$。算法"·"表示元素间相乘。$\overline{M} = E(m_t m_t^{'})$，通过 $\overline{M} = T^{-1}\sum_{t=1}^{T} m_t m_t^{'}$ 进行估计，参数 η 是非对称项的系数，若 η 在金融市场上显著，则说明金融资产间的动态条件相关关系存在非对称性。金融市场上 η 经常表现为大于 0 的正数，说明市场上两种资产同涨与同消时，负收益的冲击会加强两资产间的条件相关性。

总之，非对称的动态条件相关多元 GARCH 模型不仅能够刻画不同资产波动性和信息溢出效应，而且给出了两两资产间每个时点上的动态相关性，对观察金融危机发生前后资产间相关性有重要意义；另外，ADCC-GARCH 模型的运算过程较为简洁，与其他方法相比它大大减少了待估参数的数量，因此广泛应用于金融市场的风险传染分析。ADCC 模型要求满足如下条件参数才有意义：$\theta_m > 0$，$\vartheta_n > 0$，$\sum \theta_m + \sum \theta_n < 1$。

5. 尾部相关——Copula-GARCH 模型

在多变量金融时间序列上应用广泛，Copula-GARCH 模型就是在 GARCH 模型的基础上利用 Copula 函数[①]来刻画变量之间的相依关系。Copula-GARCH 模型不仅刻画了金融时间序列的条件异方差性，还能反映出时间序列间的非线性相关关系，因此广泛应用于对金融时序相关性的分析。基于前面对 GARCH 模型的描述，二元 Copula-GARCH（1，1）模型的具体理论为：

二元正态 Copula 函数的分布函数与密度函数分别为：

---

① 1959 年，Sklar 提出 Copula 函数且与多元分布联系起来。20 世纪 90 年代后期相关理论和方法在国外开始得到迅速法则并应用到金融、保险等领域的相关分析，投资组合分析和风险管理等多个方面。

$$C_N(u,v;\rho) = \int_{-\infty}^{\Phi^{-1}(u)} \int_{-\infty}^{\Phi^{-1}(v)} \frac{1}{2\pi\sqrt{1-\rho^2}} \exp\left\{\frac{-(r^2+s^2-2\rho rs)}{2(1-\rho^2)}\right\} drds$$

$$(3-44)$$

$$C_N(u,v;\rho) = \frac{1}{\sqrt{1-\rho^2}} \exp\left\{-\frac{\Phi^{-1}(u)^2 + \Phi^{-1}(v)^2 - 2\rho\Phi^{-1}(u)\Phi^{-1}(v)}{2(1-\rho^2)}\right\} \times$$

$$\exp\left\{-\frac{\Phi^{-1}(u)^2 + \Phi^{-1}(v)^2}{2}\right\}$$

$$(3-45)$$

其中，$\Phi^{-1}(\cdot)$ 是一元标准正态分布函数的逆函数，$\rho \in (-1,1)$，为相关系数，它实际上是 $\Phi^{-1}(u)$ 和 $\Phi^{-1}(v)$ 的线性相关系数。二元正态 Copula 函数常用于描述变量间的相关关系。通常，二元正态 Copula 函数可以较好地拟合数据，但是由于二元正态 Copula 的密度函数具有对称性，因此无法捕捉到金融市场之间非对称的相关关系。另外，在二元正态 Copula 分布的尾部，两个随机变量是渐近独立的，因而当极端事件发生时，金融市场间的相关性会发生很大的变化，导致模型估计精度的下降。

Gumbel Copula 函数的分布函数与密度函数分别为：

$$C_G(u,v;\alpha) = \exp\left\{-\left[(-\log u)^{\frac{1}{\alpha}} + (-\log v)^{\frac{1}{\alpha}}\right]^{\alpha}\right\} \qquad (3-46)$$

$$c_G(u,v;\alpha) = \frac{C_G(u,v,\alpha)(\log u \cdot \log v)^{\frac{1}{\alpha}-1}}{uv\left[(-\log u)^{\frac{1}{\alpha}} + (-\log v)^{\frac{1}{\alpha}}\right]^{2-\alpha}} \left\{\left[(-\log u)^{\frac{1}{\alpha}} + (-\log v)^{\frac{1}{\alpha}}\right]^{\alpha} + \frac{1}{\alpha} - 1\right\}$$

$$(3-47)$$

$$c_G(u,v;\alpha) = \frac{C_G(u,v,\alpha)(\log u \cdot \log v)^{\frac{1}{\alpha}-1}}{uv\left[(-\log u)^{\frac{1}{\alpha}} + (-\log v)^{\frac{1}{\alpha}}\right]^{2-\alpha}} \left\{\left[(-\log u)^{\frac{1}{\alpha}} + (-\log v)^{\frac{1}{\alpha}}\right]^{\alpha} + \frac{1}{\alpha} - 1\right\}$$

$$(3-48)$$

Gumbel Copula 函数的密度函数具有非对称性，其密度分布呈"J"形，对变量在分布的上尾变化反应灵敏，因此描述上尾相关性的金融市场间的相关关系时效果良好。

Clayton Copula 函数的分布函数与密度函数分别为：

$$C_G(u,v;\theta) = (u^{-\theta} + v^{-\theta} - 1)^{-\frac{1}{\theta}} \qquad (3-49)$$

$$c_G(u,v;\theta) = (1+\theta)(uv)^{-\theta-1}(u^{-\theta} + v^{-\theta} - 1)^{-2-\frac{1}{\theta}} \qquad (3-50)$$

Clayton Copula 函数的密度函数与 Gumbel Copula 函数类似也具有非对称性，但其密度分布呈"L"形，对变量在分布的下尾变化反应灵敏，因此描述下尾相关性的金融市场间的相关关系时效果良好。

Frank Copula 函数的分布函数与密度函数分别为：

$$C_F(u,v;\lambda) = -\frac{1}{\lambda}\log\Big[\,1 - \frac{(1-e^{-\lambda u})\cdot(1-e^{-\lambda v})}{1-e^{-\lambda}}\,\Big] \qquad (3-51)$$

$$c_F(u,v;\lambda) = \frac{\lambda(1-e^{-\lambda})e^{-\lambda(u+v)}}{\big[\,(1-e^{-\lambda}) - (1-e^{-\lambda u})\cdot(1-e^{-\lambda v})\,\big]^2} \qquad (3-52)$$

Frank Copula 函数的密度函数是对称的，其密度分布呈"U"形，无法捕捉变量的非对称相关关系，而只适合于描述具有对称相关结构的金融市场之间的相关关系。而且，由于变量在分布的尾部是渐近独立的，因此对上下尾相关性的变化都不敏感，难以捕捉到尾部相关的变化。Copula-GARCH 模型虽然变种丰富，能够精确度量市场上变量间的非线性相关关系，但是每个 Copula 函数有其自身的研究方向，难以找到一个能考虑各方面因素对样本进行综合研究的函数模型。

第三节　小　结

近几年 GARCH 类模型的扩展模型包括协整 GARCH、非对称 GARCH、指数 GARCH 模型等广泛地应用于金融相关领域。单变量的 GARCH 模型只能反映一条序列的波动情况。BEKK-GARCH 模型不仅给出了单变量 GARCH 模型相应的参数，而且返回了两条序列残差波动的交叉影响，充分提取了多变量的残差信息，对度量多变量间波动的溢出幅度具有重要作用。Engle（2002）提出的 DCC-GARCH 模型能够捕捉到序列之间波动的相互影响关系。这一模型解决了随时间变动的条件方差、协方差矩阵在计算时的复杂性，也使得多个变量间的相关性估计更加简单，同时还可以得到不同变量间的动态时变相关系数。基于本书的研究内容，我们选择了非对称的模型对上市银行间的波动溢出以及相关性进行建模研究。

第四章 不同类别上市银行风险特征及发展状况分析

银行间相互密切的业务往来关系，银行间采用相似的商业模式、相似的风险管理系统、相似的投资组合，金融机构间同样的会计处理方法等都导致面对风险时银行间复杂的联动关系。本章对上市的 14 家银行①进行分类操作，便于接下来考察同类银行内部的相关性、波动性及类与类之间银行的相关性、波动性。首先，本章基于市场数据，分别对 14 家银行测算它们自身的在险价值和对金融系统的联合在险价值。其次，基于各银行实际的资产负债状况，选取多个经营过程中的截面数据指标，对 14 家银行进行聚类分析，以分门别类地对 14 家银行的经营状况及市场波动状况进行研究。最后，从上市银行的经营状况、整体资本结构状况和资本差异状况三个角度描述当前我国上市商业银行业的发展现状，又详细剖析了当前我国银行业存在的问题，为后文对我国上市银行系统性风险的定量分析奠定基础。

第一节 基于市场数据的金融市场风险特征分析

一、银行风险测度的模型方法

测量一家银行在市场上的影响力程度的一个重要指标就是在金融市场上看

---

① 按照数据要求选取了截至 2008 年上市的银行（不包括农业银行和光大银行），全书都按 14 家银行进行论证。

这家银行暴露于风险之中时对其他银行的牵连程度。VaR（Value-at-risk），一般译为"风险价值"，美国经济学 Philippe Jorion 首次对其进行定义[①]：VaR 是在正常的市场环境下，给定一定的时间区间和置信度水平，测度预期最大损失的方法。这种方法建立在可靠的科学基础上，为人们提供一种关于市场风险的综合性度量。

条件在险价值 CoVaR 被定义为：当一家银行处于风险状态下，其他银行的风险水平与该银行正常情况下其他银行风险水平之差。对银行条件在险价值的测度能够衡量出该家银行对其余银行的风险溢出强度。

VaR 模型对处于独立状态下的单个机构度量其市场风险提供了有效方法，其具体表达式为：

$$P(X^i \leq VaR_q^i) = q \qquad (4-1)$$

它假定资产的收益率序列服从正态分布，未来资产收益率小于最大损失 VaR_q^i 的概率为 $q\%$。但是金融收益率序列一般不满足正态分布，而是存在"尖峰厚尾"的现象，而且将单个金融机构进行隔离分析并不符合当前金融系统各机构之间联系越来越紧密的现状。

CoVaR 则考虑两个时间序列，能够度量单个金融机构对整个系统发生风险的贡献度或者两个金融行业之间的风险溢出。具体表示为在一定置信水平和目标期间内，当某一机构面临风险且其在险价值为 VaR_q^j 时，其他机构 i 或整个金融系统资产的未来预期的最大损失，即条件在险价值。其具体表达式为：

$$P(X^i \leq CoVaR_q^{i,j} \mid X^j \leq VaR_q^j) = q \qquad (4-2)$$

那么，机构 j 对机构 i 或整个系统的风险溢出值为 $\Delta CoVaR$，其具体表达式为：

$$\Delta CoVaR_q^{i,j} = CoVaR_q^{i,j} - VaR_q^i \qquad (4-3)$$

由此可以看出，机构 j 的关于机构 i 或者系统的风险溢出或者风险贡献值就是机构 j 处于危机时，机构 i 的条件在险价值 $CoVaR_q^{i,j}$ 与该机构正常状态时机构 i 的在险价值的差值。为了便于比较多家机构对整个金融系统的风险贡献强度，我们对各机构的风险贡献值进行标准化，便得到它们对整个金融系统的风险贡献强度。其具体表达式为：

$$\%\Delta CoVaR_q^{i,j} = \Delta CoVaR_q^{i,j} / VaR_q^i \qquad (4-4)$$

通过各机构对系统的风险贡献程度 $\%\Delta CoVaR_q^{i,j}$ 进行比较排序，有助于发

---

① 乔瑞. 风险价值 VAR［M］. 北京：中信出版社，2005.

现机构自身波动对系统的波及程度。

二、基于 GARCH-CoVaR 法的银行系统性风险测度

目前，对度量资产收益风险价值的 VaR 与 CoVaR 的计算主要基于 GARCH 模型以及分位数回归模型。分位数回归法主要用于测量金融机构在下行市场、极端值处的联动关系。Roger Koenker 在他的著作 Quantile Regression 中指出分位数回归法以不同的分位数为基准，通过求解最短距离进行参数估计，分位数回归法精确地描述了解释变量对于被解释变量的变化范围及条件分布形状的影响，克服了 OLS 估计强假设的要求，且比 OLS 估计更加稳健。[①]

通过对机构 i 和机构 j 的收益率序列进行分位数回归，便能得到估计的参数 $\hat{\alpha}^{i|j}$ 和 $\hat{\beta}^{i|j}$。具体地，如果 $R \leqslant R_q = q$，则说明 R 的 q 分位值是 R_q，用集合表示为，对于 $F(r) = prob(R \leqslant r)$，可得：

$$R_q = \inf\{r : F(r) \geqslant q\} \quad (0 < q < 1) \quad (4-5)$$

建立回归模型为：

$$R_q^i = \alpha^{i|j} + \beta^{i|j} R_q^j + u \quad (4-6)$$

然后采用经验分位数估计方法，在 q 分位数下各金融机构的最大损失为 VaR_q^i。根据对 CoVaR 的定义，CoVaR 本质上也是一个分位数，因此利用分位数回归法得到的 $\hat{\alpha}^{i|j}$ 和 $\hat{\beta}^{i|j}$ 之后便可以得到 $CoVaR_q^{i,j}$ 的值。

但是，对 GARCH 模型和分位数回归法计算的在险价值及联合在险价值结果进行了对比显示，分位数回归的理论和模型目前还存在一定的欠缺，且对分位数回归残差假设简单，未考虑金融时间序列中普遍存在的 ARCH 效应。GARCH 类模型因为在解决波动集聚性造成的异方差现象上表现出色而广泛应用于金融时间序列中，且 GARCH 类模型的多种拓展模型是基于不同的分布假定，通过选择合适的模型能提高拟合的精确度。因此，我们选择基于 GARCH 类模型的联合在险价值（CoVaR）的计算。

下面详细说明在 GARCH 模型的基础上测量金融机构自身风险价值（VaR）和机构对系统的联合在险价值（CoVaR）的原理。

对金融机构收益率序列构建 GARCH 模型以捕捉银行收益率的波动状况，在实际建模分析中，GARCH（1，1）即可满足一般的经济计量建模要求，因

---

① Koenker R. Quantile Regression ［M］. Cambridge University Press, 2005.

此我们令 GARCH (p, q) 模型中表示两个滞后阶数的参数 p、q 均取 1,模型具体设置如下:

$$r_t^i = \beta_0 + \beta_1 A_p(L) r_{t-1}^i + \beta_2 r_t^m + B_p(L) u_t \qquad (4-7)$$

$$\sigma_t^2 = \gamma_0 + \gamma_1 u_{t-1}^2 + \gamma_2 \sigma_{t-1}^2 \qquad (4-8)$$

其中,r_t^i、r_t^m 分别为机构 i 和市场 m 在 t 时期的股票收益率,σ_t^2 为 t 期的方差,u_{t-1}^2 为均值方程中残差 u_t 平方的滞后一期,表示从前一期中获得的波动性信息。$A_p(L)$ 和 $B_p(L)$ 为滞后算子。GARCH (1, 1) 模型中的 (1, 1) 分别指阶数为 1 的自回归项和移动平均项,即 σ_{t-1}^2 表示的 GARCH 项和 u_{t-1}^2 表示的 ARCH 项。考虑到金融数据一般都存在序列相关性,因此国内选择 AR (m)、MA (n) 或者 ARMA (m, n) 模型对原 GARCH 模型的均值方程进行修正,比较 GARCH 类模型回归结果,选择具有最优拟合效果的模型。[①] 本书采用此种处理方式对各收益率序列存在的相关性进行修正,择优选择 GARCH 类模型。随机项选取 t 分布,根据选定的拟合优度最好、预测效果最佳的模型进行下一步各个机构在险价值 VaR^i 的计算。

根据上述选定的各金融机构自回归 GARCH 类模型分别计算单个机构及金融系统的 VaR 值,并分别记为 VaR^i、VaR^{sys}。

由公式 (4-1) 可以推导出在险价值的计算公式:

$$VaR_t^i = \hat{r}_t^i - Q(q) \hat{\sigma}_t^i \qquad (4-9)$$

其中,$\hat{r}_t^i$ 为机构 i 所选 GARCH 模型的一步向前预测的均值,$\hat{\sigma}_{it}^i$ 为一步向前预测的条件方差。$Q(q)$ 为 q 置信水平下的分位数。此处我们选择 95% 的置信水平计算在险价值。由此可得机构 i 及整个金融系统的在险价值。

对条件在险价值的计算仍然需要通过金融系统与单个金融机构建立 GARCH 类模型。对计算 VaR^i 所建的模型的均值方程作如下改进:

$$r_t^{sys} = \beta_0 + \beta_1 VaR_t^i + \beta_2 A_p(L) r_t + B_p(L) u_t \qquad (4-10)$$

新的均值、方差方程就组成了新的 GARCH 类模型,再一次向前一步预测新的机构对系统的均值 r_t^{sys} 与条件方差 $\hat{\sigma}^{sys|i}$,其表示金融系统中的某一个金融机构 i 处于极端风险时金融系统所面临的风险,称为联合在险价值。联合在险价值 $CoVaR_t^{sys, i}$ 的计算公式为:

$$CoVaR_t^{sys, i} = \hat{r}_t^{sys|i} - Q(q) \hat{\sigma}_t^{sys|i} \qquad (4-11)$$

[①] 杜子平,李金. 基于 CoVaR 方法对中国系统重要性银行的实证研究——GARCH 模型和分位数回归方法的对比分析 [J]. 金融与经济,2014 (11).

单个金融机构对金融系统风险的贡献表示：金融系统中的某一个金融机构处于极端风险时金融系统所面临的风险与该金融机构正常情况下金融系统所面临风险的差值。用公式表示为：

$$\Delta CoVaR_t^{sys|i} = CoVaR_t^{sys|i} - VaR_t^{sys} \qquad (4-12)$$

计算各个金融机构对金融系统整体的风险贡献强度并命名为 $\%CoVaR_t^{sys|i}$，用公式表示为：

$$\%CoVaR_t^{sys|i} = \Delta CoVaR_t^{sys|i}/Var_t^{sys} \qquad (4-13)$$

比较 $\%CoVaR_t^{sys|i}$ 的大小，由此便可得到各机构对金融系统的风险贡献强度排名。

第二节　上市银行聚类分析

一、基于相关系数的银行聚类分析

当研究的变量间的两两相关关系时，维数越大，数据的可读性越差。基于相关系数的距离法是指相关系数越大说明两两收益序列间的波动性越相近，因此距离越近，那么基于相关系数的距离公式为：

$$d = 1 - |r| \qquad (4-14)$$

对变量计算两两间的相对距离并对相对距离数据进行处理，便能够得到变量间的相对位置，用相关系数为基础的距离位置关系表达出来将使银行间相关性的度量更加直观可见。

二、基于经营指标的银行聚类分析

由于银行间采用类似的商业模式、类似的风险管理系统、类似的投资组合、金融机构间同样的会计处理方法等都导致面对风险时银行间复杂的联动关系，因此类似的银行之间将在经营指标上也具有类似的结构。根据各银行的诸多经营指标，我们可以以将 14 家银行进行聚类分析。但是利用上市银行的诸多经营指标进行聚类分析时，由于选取的指标太多，且不同的指标之间存在一定的相关性，因此首先需要对选取的指标进行主成分分析，以提取能代表所选指标大部分信息的综合指标。即用少量的几个相互独立的指标来代替原来的多个指标，使银行聚类分析时既减少了指标个数，又能综合反应指标包含的绝大部分信息。其次根据提取的多个指标的主成分，对 14 家上市银行进行聚类，使市场上表现类似的银行组成一类，便于接下来对各类银行的波动与相关性进行概括分析。

1. 银行经营指标的选择

主成分分析（PCA）是一个降维的过程，它描述了一系列不相关的线性组合的变量。其基本思想是借助于一个正交变换，将其分量相关的原随机向量转化成其分量不相关的新随机向量，最终将多个相互关联的数值指标转化为少数几个互不相关的综合指标的统计方法。其具体原理为：假设我们所研究的实际问题中，有 p 个指标，我们把这 p 个指标看作 p 个随机变量，记为 x_1，x_2，$\cdots$，x_p，主成分分析就是要把这 p 个指标的问题，转变为讨论 p 个指标的线性组合的问题，而这些新的指标 F_1，F_2，$\cdots$，F_k（$k \leqslant p$），按照保留主要信息量的原则充分反映原指标的信息，并且相互独立。主成分分析通常的做法是，寻求原指标的线性组合 F_i。

$$\begin{cases} F_1 = u_{11}X_1 + u_{21}X_2 + \cdots + u_{p1}X_p \\ F_2 = u_{12}X_1 + u_{22}X_2 + \cdots + u_{p2}X_p \\ \vdots \\ F_p = u_{1p}X_1 + u_{2p}X_2 + \cdots + u_{pp}X_p \end{cases} \tag{4-15}$$

该模型需要满足以下条件：

第一，每个主成分的系数平方和为 1，即

$$u_{1i}^2 + u_{2i}^2 + \cdots + u_{pi}^2 = 1 \tag{4-16}$$

第二，主成分之间相互独立，即无重叠的信息，即

$$Cov(F_i, F_j) = 0 ， i \neq j \quad (i,j=1,2,\cdots,p) \tag{4-17}$$

第三，主成分的方差依次递减，重要性依次递减，即

$$Var(F_1) \geqslant Var(F_2) \geqslant \cdots \geqslant Var(F_P) \tag{4-18}$$

以二维空间为例，设有 n 个样品，每个样品有两个观测变量 x_1 和 x_2，在由变量 x_1 和 x_2 所确定的二维平面中，n 个样本点所散布的情况如椭圆状。那么 n 个样本点无论是沿着 x_1 轴方向或 x_2 轴方向都具有较大的离散性，其离散

的程度可以分别用观测变量 x_1 的方差和 x_2 的方差定量表示。显然，如果只考虑 x_1 和 x_2 中的任何一个，那么包含在原始数据中的经济信息将会有较大的损失。如果我们将 x_1 轴和 x_2 轴先平移，再同时按逆时针方向旋转 θ 角度，得到新坐标轴 F_1 和 F_2。使二维平面上的个点的方差尽可能归结在 F_1 轴上，那么 F_2 轴上的方差很小。F_1 和 F_2 称为原始变量 x_1 和 x_2 的综合变量，其浓缩了变量 x_1 和 x_2 的大部分信息，称 F_1 为 x_1 和 x_2 的第一主成分，F_2 为 x_1 和 x_2 的第二主成分。

因为主成分分析主要是希望用尽可能少的主成分 F_1，F_2，$\cdots$，F_k（$k \leqslant p$）代替原来的 p 个指标。用来描述提取主成分精确度的贡献率是指第 i 个主成分的方差在全部方差中所占比重，它反映了原来 p 个指标包含多大的信息，有多大的综合能力。一般情况下，主成分个数的多少取决于能够反映原来变量80%以上的信息量为依据，即要求累积贡献率≥80%。

本书主要想通过对选取的银行多项经营指标进行主成分分析，以提取少量综合指标作为接下来的银行聚类的依据，因此此处对主成分分析的推导及计算过程不作详述。

2. 上市银行聚类分析

聚类分析的基本思想是依照事物的数值特征来观察样本之间的亲疏关系。而样本间亲疏关系则由样本间距离来衡量。一旦样本间距离定义之后，则距离近的样本归为一类。传统的聚类分析要求变量为数值型变量，设 x_{ik} 为第 i 个样本的第 k 个指标，每个样本测量了 p 个变量，则样本 x_i 与 x_j 之间的距离（D_{ij}）定义为：

$$D_{ij}(q) = \left(\sum_{k=1}^{p} |x_{ik} - x_{jk}|^q \right)^{\frac{1}{q}} \tag{4-19}$$

式（4.19）称为明考夫斯基（Minkowshi）距离，其中 $q>0$。

当 $q=1$ 时，称为绝对值距离或曼哈顿（Manhattan）距离：

$$D_{ij}(1) = \left(\sum_{k=1}^{p} |x_{ik} - x_{jk}| \right) \tag{4-20}$$

当 $q=2$ 时，称为欧氏距离（Euclidean Distance）：

$$D_{ij}(2) = \left(\sum_{k=1}^{p} |x_{ik} - x_{jk}|^2 \right)^{\frac{1}{2}} \tag{4-21}$$

当 $q=\infty$ 时，称为切比雪夫距离（Chebychev Distance）：

$$D_{ij}(\infty) = \max_{1 \leq k \leq p} |x_{ik} - x_{jk}| \tag{4-22}$$

常用的聚类分析方法包括二阶段聚类分析、K-均值聚类分析及系统聚类分析三种方法。下面分别介绍三类聚类分析的具体原理。

二阶段聚类法在聚类过程中除了使用传统的欧氏距离外，为了处理分类变量和连续变量，它使用似然距离进行测度。分类变量与连续变量均可参与两阶段聚类分析，但是要求模型中的变量是独立的，且连续变量为正态分布、分类变量是多项式分布。

二阶段聚类基本步骤为：第一步预聚类，即对每个变量粗略考察一遍，确定类中心，根据相近者为同一类原则，计算距离并把与类中心距离最小的观测变量分到相应的各类中，此过程称为构建一个分类的特征数（CF）。第二步为正式聚类，即使用凝聚算法对特征数的叶节点分组，凝聚算法用以产生一个结果范围。

K-均值聚类是一种快速的聚类方法，适合处理大样本数据。K-均值聚类要求聚类变量为数值型变量，研究者事先需要指定分类数 K，计算方法采用迭代算法，不断调整各分类中心位置，直到收敛为止。

假设有 n 个样本参与聚类分析，要求聚成 k 类，K-均值聚类基本步骤为：首先由系统选择 k 个观测量作为聚类的目标，n 个样本组成 n 维空间，每个观测量在 n 维空间中是一个点。K 个事先选定的观测量就是 k 个聚类中心。其次按照距这几个类中心的距离最小的原则把观测量分派到各类中心所在的类中去，形成第一次迭代形成的 k 类。再次，根据组成每一类的观测量计算每个样本的均值，每一类中的 n 个均值在 n 维空间中又形成 k 个点，此为第二次迭代的类中心；最后按照此种方法一直迭代下去，直到达到指定迭代次数或达到终止迭代的判据要求，迭代停止，聚类完成。

系统聚类法效果最好，因此应用最多。在聚类过程中该方法是按照一定层次进行的。系统聚类法中的 Q 型聚类应用于对样本进行分类，根据系统聚类过程的不同，分为凝聚法和分解法两种。凝聚法的原理是将参与聚类的每一个个案视为一类，根据两类间的距离或相似性逐步合并直到合为一类为止。分解法的原理是将所有个案视为一类，根据距离和相似性逐层分解，直到参与聚类的每一个个案自成一类为止。

第三节　实证分析

一、基于市场数据的银行风险特征分析

1. 样本选取及描述性统计

为了测度单家银行对金融系统的风险贡献强度，我们选取截至 2008 年 1 月上市的金融机构，主要选取在金融市场上具有影响力的银行业、证券业及保险业三大行业的上市机构。选入样本的金融机构共 25 家，包括银行业 14 家，证券业 8 家及保险业 3 家。使用 2008 年 1 月 1 日至 2015 年 2 月 27 日的 25 家金融机构日度收盘价高频数据进行计算分析。同时选择沪深 300 指数收盘价作为描述金融市场波动的价格指数。对前期数据进行处理，剔除这 25 家金融机构及沪深 300 指数的日度收盘价日期不重合的数据，最终获得 1367 个样本。在构建 GARCH-CoVaR 模型时，使 P_t^i（$i=1, 2, \cdots, 25$）分别表示 25 家个体金融机构的收盘指数，P_t^{hs} 表示沪深 300 指数收盘价，求其对应的收益率用 r_t^i 表示：

$$r_t^i = 100\left[\ln(p_t^i) - \ln(p_{t-1}^i)\right] \tag{4-23}$$

为研究三大主要金融行业的机构对系统的风险贡献强度，我们构造金融系统的收益率序列 r^{sys}，金融系统收益率 r^{sys} 的构建通过个体金融机构收益率和其当季的股本数加权求和获得。金融系统收益率的具体计算公式为：

$$r_t^{sys} = \sum_i \frac{A_t^i}{\sum_{j \neq i} A_t^j} r_t^i \tag{4-24}$$

具体来说，我们选取三大行业中截至 2008 年上市的金融机构为代表，取相同时间段其日度收盘价构造收益率序列，以其股本数为权重，A_t^i 表示选取的银行（14 家），证券（8 家）和保险（3 家）机构的股本数，$\sum_{j \neq i} A_t^j$ 表示去掉第 i 个公司的其他 24 家公司的股本数，考虑到数据的可获得性，股本数据选择了 2008~2014 年的季度数据，2015 年 1 月和 2 月的股本数则用月度数据替代，数据来源于 Wind 数据库。之所以在构建金融系统收益率时剔除公司 i，是为了避免金融系统组合与个体金融机构收益率自身的相关性，提高对各机构金融

风险贡献计算的精确性。本书使用 Eviews8.0 作为主要的数据分析工具。

对 25 家上市的金融机构收益率序列 r^i 和金融组合 r^{sys} 进行描述性统计，统计结果如表 4-1 所示。

表 4-1　25 家机构和金融系统收益率的描述性统计

机构名称	均值	中位数	标准差	偏度	峰度	J-B 统计量	P 值
中信银行	-0.0232	0	2.7154	-0.7471	14.2342	7315.77	0
中国银行	-0.0304	0	1.9035	0.2621	10.8418	3518.204	0
建设银行	-0.0346	0	2.0726	-0.0052	10.2843	3022.23	0
工商银行	-0.0393	0	1.9119	-0.4396	12.3540	5027.714	0
交通银行	-0.0638	0	2.4493	-0.6430	12.6040	5347.817	0
北京银行	-0.0467	0	2.7547	-1.2682	13.8955	7128.027	0
兴业银行	-0.0811	-0.08	3.6877	-5.9530	101.208	557423.5	0
南京银行	-0.0186	0	2.6701	-0.4703	11.0724	3762.003	0
招商银行	-0.0662	-0.08	2.7236	-0.8891	11.6206	4412.896	0
民生银行	-0.0323	0	2.7160	-0.6911	11.9780	4699.922	0
华夏银行	-0.0296	0	2.9245	-1.2493	18.3160	13716.87	0
浦发银行	-0.0895	-0.1	3.2163	-2.2101	25.6848	30423.68	0
宁波银行	-0.0137	0	2.8675	-0.5165	14.0045	6958.375	0
平安银行	-0.0664	0	3.3977	-3.5708	56.5900	166483.1	0
东北证券	-0.0683	0	4.3275	-3.0349	53.6861	148429.2	0
国元证券	-0.0092	0	3.6450	-0.1779	7.2095	1016.482	0
长江证券	-0.0619	0	4.2944	-4.3479	71.7720	273696.4	0
中信证券	-0.0720	0	3.8443	-3.8453	57.4648	172330.5	0
国金证券	-0.0676	-0.07	4.7208	-4.4856	67.2298	239564	0
西南证券	0.0566	0.093	3.3061	-0.0159	6.0993	547.1701	0
海通证券	-0.0608	0	4.2908	-4.2180	73.3679	286090.3	0
太平洋证券	-0.0794	0	3.8137	-1.6809	21.5050	20148.18	0
平安保险	-0.0199	0	2.9195	-0.4114	6.7790	851.9694	0
中国太保	-0.0264	0	2.8838	-0.0275	5.3448	313.3455	0
中国人寿	-0.0295	-0.05	2.9145	-0.5623	10.8788	3607.764	0
金融系统	-0.0499	-0.09	2.4185	-0.1896	10.0650	2851.216	0

资料来源：根据上市机构收盘价整理而得，上市机构收盘价数据来源于同花顺炒股软件。

从上表对 26 个金融序列的描述性统计结果看，收益率序列均值均在 0 值左侧，中位数在 0 附近波动，从偏度、峰度及正态性检验 J-B 统计量的 P 值上看，均拒绝正态分布的假设。这 25 家金融机构加权构造的金融系统收益率序列同样表现出"尖峰厚尾"的特征。本章我们主要研究金融系统中的银行业机构对金融系统的风险溢出强度，因此下面建立 GARCH-CoVaR 模型重点分析 14 家银行机构对系统的风险溢出程度。

2. 模型的适应性检验

由于 14 家银行及金融系统的收益率序列均为具有典型"尖峰厚尾"特征的时间序列数据，我们需要对其进行单位根检验，只有在通过平稳性检验的基础上才能建立 GARCH-CoVaR 模型。同时对序列进行 ARCH 效应检验，只有收益率序列存在 ARCH 效应时，才能建立 GARCH 模型。

ADF 检验通过在回归方程右边加因变量的滞后差分项控制高阶序列相关：

$$\Delta y_t = \gamma y_{t-1} + \sum_{i=1}^{p} \beta_i \Delta y_{t-1} + \mu_t \tag{4-25}$$

$$\begin{cases} H_0 : \gamma = 0 \\ H_1 : \gamma < 0 \end{cases} \tag{4-26}$$

通过计算 γ 的估计值 $\hat{\gamma}$，判断序列是否存在单位根。

ARCH-LM 检验是考察误差项序列的自回归特征，检验的假设：

$$H_0 : \alpha_1 = \alpha_2 = \cdots = \alpha_q，H_1 : \alpha_1, \alpha_2, \cdots, \alpha_q \text{ 不全为 0} \tag{4-27}$$

对银行收益率序列建立一元回归方程：

$$r_t^i = \beta_0 + \beta_1 r_t^{hs} + u_t^i \tag{4-28}$$

得到方程的残差序列 u_t，对 u_t 进行 ARCH-LM 检验，构造检验的辅助回归：

$$u_t^2 = \alpha_0 + \sum_{s=1}^{p} \alpha_s u_{t-s}^2 + \varepsilon_t \tag{4-29}$$

构造 LM 统计量：

$$\text{LM} = nR^2 \sim \chi^2(p) \tag{4-30}$$

检验的原假设为：残差序列中直到 q 阶都不存在 ARCH 效应。通过检验回归得到两个统计量，分别为 F 统计量和 LM 统计量。F 统计量是所有残差平方滞后的联合显著性所作的省略变量检验。LM 检验统计量的计算根据 Engle 的样本量 n 乘辅助回归的可决系数 R^2。在一定置信水平下，通过比较 LM 统计量与 $\chi^2(p)$ 的临界值，可以判断序列 i 是否存在 ARCH 效应。

将沪深 300 指数收益率序列作为描述市场波动的因子，与 25 家金融机构的收益率序列建立一元回归方程，所得方程如式（4-31）所示：

$$r_t^i = \beta_0 + \beta_1 r_t^{hs} + u_t^i \qquad (4-31)$$

对各样本序列单位根检验及方程残差的 ARCH 效应检验，表 4-2 只给出 14 家银行的收益率的检验结果。

表 4-2　单位根检验及 ARCH 效应检验结果

机构名称	单位根检验		ARCH 效应检验	
	ADF 值	P 值	F 统计量	P 值
宁波银行	-18.832	0	3.103	0.027
平安银行	-18.035	0	2.476	0.024
南京银行	-18.452	0	3.164	0.076
工商银行	-18.607	0	47.487	0.000
民生银行	-18.041	0	3.352	0.068
华夏银行	-20.002	0	2.870	0.091
交通银行	-18.510	0	2.870	0.091
招商银行	-19.245	0	6.982	0.001
建设银行	-17.249	0	3.123	0.078
中信银行	-18.456	0	5.355	0.021
北京银行	-17.834	0	2.391	0.093
浦发银行	-19.636	0	2.078	0.084
兴业银行	-18.371	0	3.361	0.036
中国银行	-18.815	0	34.945	0.000
金融系统	-17.867	0	7.529	0.006

资料来源：根据上市机构收盘价整理而得，上市机构收盘价数据来源于同花顺炒股软件。

由表 4-2 看出，在 5% 的显著性水平下，上市银行收益率与金融系统的收益率序列拒绝存在单位根的原假设，因此满足建模的基本平稳性要求。对序列进行的多阶 ARCH 效应检验，得出了收益率序列分别在滞后多阶的情况下通过 10% 的显著性水平检验，因此数据满足建立 GARCH 模型的要求。

3. GARCH 模型设定及风险溢出强度计算

因为金融收益率序列的相关性，我们选择 AR（p）、MA（q）或者 ARMA

（p，q）模型对原 GARCH 模型的均值方程进行修正，比较 GARCH 类模型均值方程与方差方程的参数显著性，同时比较各滞后阶数下的模型 AIC、SC 信息准则，选择最优模型。根据所选模型计算出 14 家银行及金融系统的在险价值 VaR、14 家银行对系统的联合在险价值 CoVaR、风险贡献强度％CoVaR$_t^{sys|i}$，结果如表 4-3 所示。

表 4-3　各机构对金融系统风险贡献结果

机构名称	所选模型	VaR	CoVaR	％CoVaR	排名
中国银行	ARMA(2,1)-GARCH	-0.6244	-4.3804	29.590%	1
工商银行	ARMA(1,1)-GARCH	-1.0248	-4.3723	29.350%	2
建设银行	ARMA(1,1)-GARCH	-0.6707	-4.3210	27.835%	3
交通银行	ARMA(1,1)-GARCH	-0.9379	-4.1401	22.481%	4
华夏银行	ARMA(1,1)-GARCH	-0.8388	-4.1096	21.580%	5
浦发银行	AR(1)-GARCH	-0.7805	-4.0647	20.250%	6
中信银行	AR(1)-GARCH	-1.7161	-3.9285	16.221%	7
南京银行	ARMA(1,1)-GARCH	-1.4226	-3.4261	13.592%	8
民生银行	GARCH	-2.0410	-3.7539	11.057%	9
宁波银行	ARMA(1,1)-GARCH	-1.9933	-3.7438	10.757%	10
平安银行	AR(1)-GARCH	-1.3238	-3.5921	6.271%	11
北京银行	ARMA(1,1)-GARCH	-0.8672	-3.5853	6.068%	12
招商银行	GARCH	-1.2678	-3.3986	5.458%	13
兴业银行	ARMA(1,1)-GARCH	-1.1387	-3.2842	2.838%	14
金融系统	ARMA(1,1)-GARCH	-3.3802	—	—	—

资料来源：根据模型实证结果整理而得。

为了防止序列中出现的极端值的影响，我们采用 VaR 或 CoVaR 序列的中位数而并非平均数作为最终结果进行比较。

表 4-3 第 2 列给出了对上市银行收益率序列计算风险溢出所选的含有自回归、移动平均滞后项的 GARCH 模型种类，第 3 至第 5 列为上市银行自身的在险价值 VaR、上市银行对金融系统的条件在险价值 CoVaR 及风险贡献强度％CoVaR。从 14 家银行自身的在险价值 VaR 看，民生银行、宁波银行、中信银行、南京银行、平安银行自身的风险较高，绝对值均在 1.2 以上；而中国银行、建设银行、浦发银行、北京银行的自身在险价值较小，绝对值均在 1.0

以下。从 14 家银行对金融系统的风险贡献强度%CoVaR（%）来看，我国目前规模最大的前 3 家国有银行的条件在险价值最高，相应地它们对金融系统的风险贡献强度也很高。

对 14 家银行自身在险价值及对金融系统的条件在险价值的度量，我们发现资产规模排在前 3 的是我国的三大国有股份制银行——工商银行、中国银行和建设银行。这 3 家银行自身的在险价值相对较低，分别在 14 家上市银行中排第 7 位、第 14 位和第 13 位；而比较单个机构对金融系统的风险贡献值时，我们发现这 3 家银行对系统的影响非常大，分别在 14 家上市银行中排第 2 位、第 1 位和第 3 位。说明资产规模雄厚的工商银行、中国银行及建设银行自身能抵抗较高的风险，在金融市场上有一定的风险抵御能力；但是由于这 3 家银行规模巨大，其余银行与之均有密切的业务往来，一旦这类银行风险发生，它们对其余银行将产生巨大的波及，所以相应地其条件风险价值相较其他银行来说表现得比较高。而再看其余 11 家银行在市场上的风险表现，它们自身 VaR 值较高，但是%CoVaR 排名偏后，说明这 11 家银行自身抵御风险的能力一般，但是风险发生时，他们对整个金融系统的风险贡献相对也不大。从这个角度看，中国银行、建设银行及工商银行表现出类似的风险溢出特点，而其余 11 家银行的风险溢出特点与之截然相反。

将银行规模及银行间基于相关性的距离关系考虑在内，我们可以将中国银行、建设银行和工商银行作为第一类银行，而将其余的 11 家银行作为第二类银行，以分别研究两类银行之间的波动性与相关性。

二、基于相关系数的上市银行聚类分析

截至 2008 年 1 月，在沪深证交所上市的银行有 14 家，本书选取这些上市银行自 2008 年 1 月 1 日至 2015 年 7 月 16 日的日度收盘价数据进行分析，以描述各银行机构在此期间的波动相关性。该时间段包括了 2008 年席卷全球的金融危机，以及金融危机过后的平稳发展期，具有代表性。另外，以沪深 300 指数作为表征市场波动的因子，选取的 14 家银行包括 3 家国有大型股份制银行、3 家地方性银行及 8 家股份制银行。剔除样本时间段内 15 个时间序列数据不相重合的日期，最终得到 1448 个样本，数据来源于同花顺股票软件。

为度量样本期内上市的银行的整体相关性，计算 14 家银行两两之间的皮尔森相关系数，所得结果如表 4-4 所示。

表4-4　上市银行收益率的相关系数矩阵

	中国银行	建设银行	工商银行	交通银行	中信银行	北京银行	兴业银行	南京银行	招商银行	民生银行	华夏银行	浦发银行	宁波银行	平安银行
建设银行	0.819													
工商银行	0.784	0.849												
交通银行	0.772	0.826	0.777											
中信银行	0.723	0.753	0.705	0.804										
北京银行	0.678	0.723	0.698	0.767	0.770									
兴业银行	0.602	0.633	0.600	0.725	0.707	0.730								
南京银行	0.688	0.687	0.650	0.721	0.715	0.769	0.713							
招商银行	0.684	0.734	0.700	0.795	0.733	0.708	0.683	0.692						
民生银行	0.682	0.702	0.689	0.733	0.702	0.659	0.569	0.645	0.725					
华夏银行	0.663	0.721	0.673	0.752	0.732	0.725	0.671	0.714	0.760	0.707				
浦发银行	0.583	0.602	0.580	0.716	0.650	0.699	0.746	0.680	0.698	0.623	0.671			
宁波银行	0.698	0.721	0.676	0.777	0.817	0.798	0.736	0.808	0.738	0.663	0.738	0.687		
平安银行	0.582	0.647	0.604	0.682	0.672	0.630	0.589	0.605	0.703	0.681	0.676	0.608	0.668	
平均	0.689	0.724	0.691	0.757	0.730	0.719	0.670	0.699	0.720	0.675	0.708	0.657	0.733	0.642

资料来源：根据收益率序列计算整理而得。

从表 4-4 中可以看出，3 家大型国有银行之间的相关系数普遍比 3 家大型国有银行与其余 11 家银行间的相关系数高；11 家银行中的地方性银行之间相关系数也比较高，如南京银行、宁波银行与北京银行之间表现出较高的相关性。通过银行收益间的相关系数，我们便能得到 14 家银行的相对位置，以 14 家银行的股本数为权重表示银行规模的大小，便能直观地展现银行间波动的相关关系。14 家银行之间以相关系数为基础的距离位置关系如图 4-1 所示。

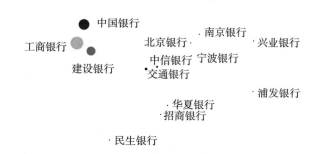

图 4-1　14 家银行基于相关系数的位置

资料来源：根据银行间相关系数矩阵由笔者绘制。

图 4-1 更直观地展现了银行间的距离关系。3 家大型国有银行处于地图的左上角，且 3 家银行间距离很近，而与其他 11 家银行间的距离相对较远；另外，散点的大小表示的各银行的相对规模，图 4-1 显示 3 家国有银行的规模实力远远大于另外 11 家银行。而 11 家银行中，交通银行与中信银行间距离非常近；华夏银行与招商银行间距离也非常近；南京银行、北京银行与宁波银行这三家地方性银行的距离也很近，说明这几类银行间相关系数较大，存在一定的相似性。

由于 3 家国有银行聚在一起独占地图一隅，且它们的规模相对较大，其因市场原因产生风险将会对整个银行系统产生巨大传染效应。对 14 家上市银行的资产规模进行比较，将每年股本数最小的南京银行的资产规模设定为 1，则各上市银行的年末相对资产规模如表 4-5 所示。

表4-5 2008~2015年我国上市银行相对资产规模

机构名称	2008年	2009年	2010年	2011年	2012年	2013年	2014年	2015年
工商银行	181.85	181.85	117.56	117.58	117.70	118.36	119.06	120.05
中国银行	138.20	138.20	94.02	94.02	94.02	94.10	97.25	98.46
建设银行	127.23	127.23	84.21	84.21	84.21	84.21	84.21	84.21
交通银行	26.67	26.67	18.95	20.84	25.01	25.01	25.01	25.01
中信银行	21.25	21.25	13.15	15.76	15.76	15.76	15.76	15.76
民生银行	10.25	12.12	9.00	9.00	9.55	9.55	11.50	11.50
招商银行	8.01	10.41	7.27	7.27	7.27	8.49	8.49	8.49
兴业银行	2.72	2.72	2.02	3.63	3.63	6.42	6.42	6.42
浦发银行	3.08	4.81	4.83	6.28	6.28	6.28	6.28	6.28
平安银行	1.69	1.69	1.17	1.73	1.73	2.76	3.85	3.85
北京银行	3.39	3.39	2.10	2.10	2.96	2.96	3.56	3.56
华夏银行	2.72	2.72	1.68	2.31	2.31	3.00	3.00	3.00
宁波银行	1.36	1.36	0.97	0.97	0.97	0.97	1.09	1.09
南京银行	1.00	1.00	1.00	1.00	1.00	1.00	1.00	1.00

资料来源：国泰安数据服务中心：http://www.gtarsc.com/。

表4-5显示，中国银行、建设银行、工商银行3大国有银行的资产规模远远大于其余11家上市银行。资产规模越大的银行在市场出现风险时对金融系统维稳将产生巨大的作用；相反，资产规模越大的银行在出现危机时对系统的波及幅度也将比其他银行大。

因此，我们初步将14家上市银行分成两类：中国银行、建设银行及工商银行为第一类，其余的11家银行为第二类。

三、基于经营指标的上市银行聚类分析

下面我们使用14家银行的截面数据进行聚类分析，选取2014年12月31日报告的14家银行截至9月30日的21项指标数据。对我国14家上市银行选择多项指标先进行主成分分析，再以提取的主成分为依据对它们进行聚类分析。

选取的指标包括：x_1——收盘价、x_2——流通市值、x_3——总市值、x_4——每股收益、x_5——每股净资产、x_6——每股营业收入、x_7——每股营业利润、x_8——每股经营现金流、x_9——每股投资现金流、x_{10}——每股筹资现金流、x_{11}——每股资本公积、x_{12}——每股盈余公积、x_{13}——营业总收入、x_{14}——营业总成本、x_{15}——营业利润、x_{16}——净利润、x_{17}——净现金流、x_{18}——经营活动净现金流、x_{19}——投资活动净现金流、x_{20}——筹资活动净现金流、x_{21}——净资产收益率 TTM。下面对 21 个指标进行主成分分析，得到总方差解释表，为了表格简洁，此处只给出前 10 个主成分的相关信息，如表 4-6 所示。

表 4-6　总方差解释

成分	初始特征值			提取载荷平方和		
	总计	方差百分比	累积（%）	总计	方差百分比	累积（%）
1	11.220	53.431	53.431	11.220	53.431	53.431
2	3.402	16.201	69.632	3.402	16.201	69.632
3	2.091	9.957	79.589	2.091	9.957	79.589
4	1.501	7.150	86.738	1.501	7.150	86.738
5	1.085	5.166	91.904	1.085	5.166	91.904
6	0.701	3.338	95.242			
7	0.513	2.445	97.687			
8	0.239	1.139	98.827			
9	0.101	0.479	99.306			
10	0.085	0.405	99.711			

资料来源：根据实证结果整理而得。

从表 4-6 看出，14 家银行的 21 个经营指标，提取的第一主成分其方差贡献度为 53.431%，第二主成分为 16.201%，第三主成分为 9.957%，第四主成分为 7.150%，第五主成分为 5.166%。前 5 个主成分累计贡献度为 91.904%，大于要求的 80% 的贡献度，因此我们对 21 个指标提取 5 个主成分为最佳。21 项指标的描述性统计以及 5 个主成分主要包含的 21 项指标信息如表 4-7 所示。

表 4-7　14 家银行指标的描述性统计

主要信息所在	变量	平均值	标准偏差
第一主成分	收盘价	7.4000	2.92897
第一主成分	每股收益	1.2051	0.50063
第一主成分	每股净资产	8.4592	3.22391
第一主成分	每股营业收入	3.1254	1.37058
第一主成分	每股营业利润	1.5663	0.64747
第一主成分	每股经营现金流	5.0144	8.88091
第一主成分	每股筹资现金流	1.1309	1.20837
第一主成分	每股资本公积	2.1981	1.30393
第一主成分	筹资活动净现金流	5920077465.1429	38138545381.35010
第二主成分	营业总收入	142114450657.6430	153978933096.52400
第二主成分	营业总成本	68152305885.0000	66426543931.66100
第二主成分	营业利润	77789891522.2143	90858456981.50720
第二主成分	净利润	59335311534.4286	69511269767.29050
第二主成分	净资产收益率 TTM	0.1916	0.01998
第三主成分	总市值	212668244483.5710	248745626220.16200
第三主成分	每股盈余公积	0.7744	0.66755
第四主成分	每股投资现金流	−6.0270	9.14911
第四主成分	净现金流	33501051447.0000	124923870240.43800
第四主成分	经营活动净现金流	113246438379.9290	153670992714.05900
第五主成分	流通市值	201923236485.0000	251990200982.98000
第五主成分	投资活动净现金流	−86658028054.0000	70825484607.22420

资料来源：国泰安数据服务中心：http://www.gtarsc.com/。

从表 4-7 中可以看出，第一主成分主要概括了上市银行的每股资产价值情况；第二主成分主要概括了上市银行的经营收入、成本、利润状况；第三主成分则包括了总市值及每股盈余公积信息；第四主成分可以作为银行现金流状况的描述指标；第五主成分则可以作为上市银行的资本流通情况的描述指标。

由主成分分析得到的因子得分系数矩阵 A 及各指标的标准化变量 $stdx$ 可

以计算 5 个主成分的变量得分 fac_1，fac_2，$\cdots$，fac_5。5 个主成分的表达式为：

$$\begin{cases} fac_1 = \alpha_{1,1}stdx_1 + \alpha_{1,2}stdx_2 + \cdots + \alpha_{1,14}stdx_{14} \\ \vdots \\ fac_5 = \alpha_{5,1}stdx_1 + \alpha_{5,2}stdx_2 + \cdots + \alpha_{5,14}stdx_{14} \end{cases} \quad (4-32)$$

下面根据 5 组变量得分对 14 家银行进行聚类分析。

1. 系统聚类法

系统聚类法是聚类分析中最常用也是精确度最高的方法，对 14 家银行使用系统聚类法得到使用平均连接的谱系图与聚类的冰柱图，结果如图 4-2 和图 4-3 所示。

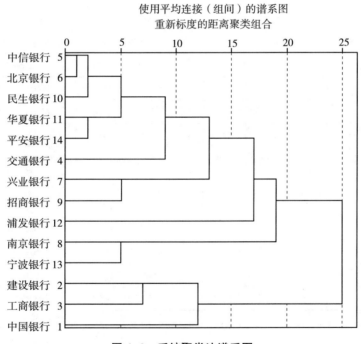

图 4-2　系统聚类法谱系图

资料来源：本图来源于实证结果。

以上谱系图与冰柱图均表示，若将 14 家银行分成两类，则中国银行、建设银行、工商银行为第一类，其余 11 家银行为第二类；如果将 14 家银行分成三类，则中国银行、建设银行、工商银行为第一类，南京银行与宁波银行为第二类，其余 9 家银行为第三类。

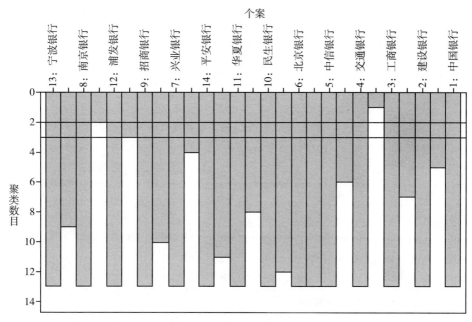

图 4-3　系统聚类法冰柱图

资料来源：本图来源于实证结果。

2. K-均值聚类法

对 14 家银行使用 K-均值聚类法，所得结果如表 4-8 所示。

表 4-8　K-均值聚类法的聚类结果

个案号	名称	聚类	距离	个案号	名称	聚类	距离
1	中国银行	2	1.525	8	南京银行	1	2.874
2	建设银行	2	1.840	9	招商银行	1	1.627
3	工商银行	2	1.357	10	民生银行	1	0.628
4	交通银行	1	2.123	11	华夏银行	1	1.288
5	中信银行	1	1.501	12	浦发银行	1	2.435
6	北京银行	1	0.685	13	宁波银行	1	1.545
7	兴业银行	2	2.224	14	平安银行	1	1.724

资料来源：根据实证结果整理而得。

K-均值聚类法又称快速聚类法，该结果显示，中国银行、建设银行、工商银行及兴业银行为第一类，其余 10 家银行为第二类。且快速聚类的方差分析表给出了 5 个主成分作为聚类变量所对应的 F 检验及检验的 P 值，如表 4-9 所示。

表 4-9　K-均值聚类的方差分析

聚类变量	聚类		误差		F	显著性
	均方	自由度	均方	自由度		
REGR factor score　1 for analysis 1	6. 346	1	0. 555	12	11. 444	0. 005
REGR factor score　2 for analysis 1	2. 032	1	0. 914	12	2. 223	0. 162
REGR factor score　3 for analysis 1	4. 569	1	0. 657	12	6. 957	0. 022
REGR factor score　4 for analysis 1	4. 886	1	0. 571	12	8. 553	0. 013
REGR factor score　5 for analysis 1	1. 385	1	0. 968	12	1. 431	0. 255

资料来源：根据实证结果整理而得。

方差分析表显示，在 95% 的显著性水平下，第二主成分与第五主成分均未通过显著性检验，即该两项聚类变量不具有统计学意义。说明 K-均值聚类法对我国 14 家银行的聚类效果欠佳。

3. 二阶段聚类法

对 14 家上市银行使用二阶段聚类法，固定聚类数目为二类，则结果为中国银行、建设银行、工商银行为第一类，其余 11 家银行为第二类；若固定聚类数目为三类，则第一类不变，11 家银行中南京银行、宁波银行、浦发银行为第二类，其余 8 家银行为第三类。此处只给出固定聚类数目为两类的二阶段聚类结果表，如表 4-10 所示。

表 4-10　二阶段聚类样本频率（聚类数目=2）

名称	北京银行		工商银行		华夏银行		建设银行		交通银行		民生银行		南京银行	
项目类别	频率	百分比	频率	百分比	频率	百分比	频率	百分比	频率	百分比	频率	百分比	频率	百分比
1	0	0	1	1	0	0	1	1	0	0	0	0	0	0
2	1	1	0	0	1	1	0	0	1	1	1	1	1	1
组合	1	1	1	1	1	1	1	1	1	1	1	1	1	1

名称	宁波银行		平安银行		浦发银行		兴业银行		招商银行		中国银行		中信银行	
项目 类别	频率	百分比	频率	百分比	频率	百分比	频率	百分比	频率	百分比	频率	百分比	频率	百分比
1	0	0	0	0	0	0	0	0	0	0	1	1	0	0
2	1	1	1	1	1	1	1	1	1	1	0	0	1	1
组合	1	1	1	1	1	1	1	1	1	1	1	1	1	1

资料来源：根据实证结果整理而得。

二阶段聚类法同时测度了聚类质量，对凝聚与分离的轮廓测量结果显示如图 4-4 所示。

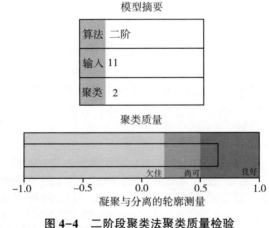

图 4-4　二阶段聚类法聚类质量检验

资料来源：本图来源于实证结果。

图 4-4 结果显示：平均轮廓为 0.7，大于 0.5，表示聚类质量良好。

综上所述，基于 14 家银行的资产负债表的数据指标，中国银行、建设银行、工商银行 3 家银行更为相近，其余 11 家银行更为相近。因此，我们选择将 14 家银行聚成两类：中国银行、建设银行、工商银行为第一类，其余 11 家银行为第二类。这一结果也正能解释本章第一节里对 14 家银行建立 GARCH-CoVaR 模型计算各银行风险特点时得出的结论。

第四节　不同类别商业银行发展状况及存在问题

一、不同类别商业银行发展状况

1. 我国商业银行经营状况

根据中国银行业监督管理委员会 2014 年公布的年报显示，我国银行业金融机构目前包括 3 家政策性银行、5 家大型商业银行、12 家股份制商业银行、133 家城市商业银行、665 家农村商业银行、89 家农村合作银行、1596 家农村信用社、1 家邮政储蓄银行、4 家金融资产管理公司、41 家外资法人金融机构、1 家中德住房储蓄银行、68 家信托、196 家企业财务公司、30 家金融租赁公司、5 家货币经纪公司、18 家汽车金融公司、6 家消费金融公司、1153 家村镇银行、14 家贷款公司、49 家农村资金互助社等。近年来，我国银行业金融机构资产总额获得了稳步增长，大型商业银行、股份制商业银行的资产规模占银行业金融机构资产份额的比重最大。图 4-5 详细展示了银行业各类机构的市场份额状况。

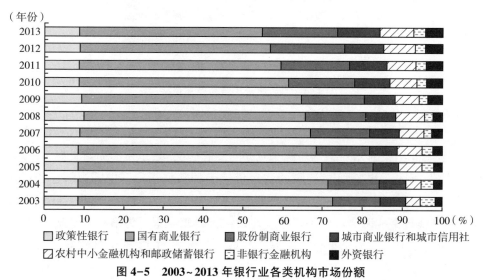

图 4-5　2003~2013 年银行业各类机构市场份额

资料来源：根据《中国金融年鉴》数据由作者绘制。《中国金融年鉴》来源于中国人民银行官网：http://www.pbc.gov.cn/。

5 家大型商业银行具有悠久的历史，都曾为国家经济建设承担了不同的职能。改革开放初期，由于受到体制环境制约，经营活动往往易受行政干扰，存在不良贷款比例高、经营效率低等问题。后来 5 家银行相继推进了股份制改造，2005 年后陆续上市。5 大商业银行营业网点众多，客户基础深厚，再加上建立初期都承担过不同的专业银行的职能，在某些分工领域上还是占有一定的优势。例如，中国银行长期作为国家外汇外贸专业银行，统一管理国家外汇，开展国际贸易结算等业务，后来也成为国家利用外资的主要渠道；农业银行前身是农业合作银行，改革转型后还是致力于面向"三农"、城乡联动等业务发展方向；工商银行继承了当时人民银行的工商信贷及城镇储蓄业务，拥有广泛的客户群体；建设银行较为偏重国家基建贷款等项目类型。1986 年，国务院批准恢复设立了交通银行。后来又陆续成立了 12 家全国性的股份制商业银行。股份制银行的设立将竞争机制引入我国银行体系中，改善了银行的经营管理，提高了资本的运行效率，促进金融体系的不断完善。股份制商业银行按照商业银行的运营原则灵活经营，虽然成立较晚但发展迅速。1995 年，国务院决定城市信用社在清产核资的基础上吸引了地方企业入股，借助地方政府财政组建城市合作银行，旨在为中小企业发展解决资金难题，进而反哺地方经济。1998 年城市合作银行改名为城市商业银行。城市商业银行通常都与地方政府有着千丝万缕的联系，其主要经营绩效依赖于当地经济的发展状况。

2. 我国商业银行整体资本结构状况

商业银行的资本结构主要从商业银行的股权结构、债权结构、附属资本和负债结构四个方面进行分析。

根据《巴塞尔新资本协议》中对于核心资本的规定，商业银行的核心资本也被称为股权资本，对于股权结构主要从股权构成和股权集中度两个方面进行度量，如表 4-11 和表 4-12 所示。

表 4-11　2014 年末我国上市商业银行前 10 名股东的股权构成

机构名称	第一大股东名称	性质	国家股		国有法人股		境内非国有法人股		境外法人	
			股东数量	比例（%）	股东数量	比例（%）	股东数量	比例（%）	股东数量	比例（%）
中国银行	中央汇金投资有限责任公司	国家	1	65.5	2	0.06	4	0.22	3	28.56

续表

机构名称	第一大股东名称	性质	国家股		国有法人股		境内非国有法人股		境外法人	
			股东数量	比例（%）	股东数量	比例（%）	股东数量	比例（%）	股东数量	比例（%）
建设银行	中央汇金投资有限责任公司	国家	1	57.3	3	2.39	2	1.03	4	36.63
工商银行	中央汇金投资有限责任公司	国家	2	70			6	1.83	2	24.58
交通银行	财政部	国家	2	31	5	5.32	1	0.97	2	38.79
中信银行	中信集团	国有			8	68.46	1	0.14	1	25.86
北京银行	ING BANK N. V.	外资	2	13.9			7	18.17	1	13.64
兴业银行	福建省财政厅	国有	2	19	6	26.37	1	0.99	3	10.87
南京银行	南京紫金投资集团有限公司	外资			1	1.44	7	15.78	3	28.91
招商银行	香港中央结算代理人有限公司	境外法人			7	29.96	2	12.43	1	17.97
民生银行	香港中央结算代理人有限公司	境外法人					9	33.47	1	20.19
华夏银行	首钢公司	国有法人			4	44.32	3	4.23	3	19.99
浦发银行	中国移动通信集团广东有限公司	国有法人			5	39.417	3	3.363	2	6.027
宁波银行	OVERSEA – Chinese BANKING CORPO-RATION LIMITED	境外法人			2	20	6	29.67	2	20
平安银行	中国平安保险股份公司	境内法人					10	64.51		

资料来源：根据各上市银行 2014 年年报整理而得；各上市银行年报来源于上海证券交易所官网：http：//www. sse. com. cn/assortment/stock/list/info/announcement/index. shtml。

表 4-12　2014 年末我国上市商业银行股权集中度

单位:%

银行名称	CR1	CR5	CR10	银行名称	CR1	CR5	CR10
中国银行	65.52	94.15	94.36	南京银行	12.73	41.58	46.13
建设银行	57.26	95.49	97.31	招商银行	17.97	50.43	60.36
工商银行	35.12	96.08	96.41	民生银行	20.19	38.78	53.66
交通银行	26.53	71.42	76.03	华夏银行	20.28	60.38	68.54
中信银行	67.13	94.04	94.46	浦发银行	20	45.2	48.807
北京银行	13.64	35.91	45.73	宁波银行	18.58	55.66	69.67
兴业银行	17.86	39.42	47.56	平安银行	50.2	62.6	64.51

注:CR1、CR5、CR10 分别表示各上市银行前 1、5、10 位股东持股比例之和。

资料来源:根据各上市银行 2014 年年报整理而得;各上市银行年报来源于上海证券交易所官网:http://www.sse.com.cn/assortment/stock/list/info/announcement/index.shtml。

从表 4-11 和表 4-12 中能够看出,我国上市银行股权机构较为多元化,第一大股东的性质也比较丰富,既有国有股东也有公司法人股东,还包括外资股东。股份制商业银行股权构成的差异性较为明显。

商业银行的资产主要来源于存款,负债是获取利润的基础,负债质量的好坏决定着资金的流动性和安全性。图 4-6 和表 4-13 分别展示了我国银行资产负债总量的状况和 2014 年商业银行资产负债情况。图 4-7 显示了 2014 年商业银行不良贷款比例的上升状况,创出了 2009 年以来的新高。表 4-14 中同样显

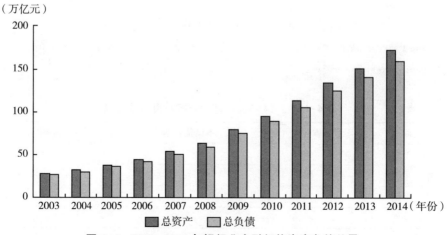

（万亿元）

图 4-6　2003~2014 年银行业金融机构资产负债总量

资料来源:本图根据《中国金融年鉴》数据由笔者绘制。http://www.pbc.gov.cn/。

示了我国商业银行 2014 年的不良贷款状况，可以发现 2014 年不良贷款余额持续呈现增长态势。但是拨备覆盖率始终保持在 200% 以上，较为充足。

表 4-13   2014 年我国商业银行资产负债情况

时间	总资产（亿元）	比上年同期增长（%）	总负债（亿元）	比上年同期增长（%）	资产负债率（%）
第一季度	1254828	13.33	1170052	13.06	93.24
第二季度	1309319	15.78	1222897	13.06	93.40
第三季度	1311044	13.89	1220334	13.55	93.08
第四季度	1347978	13.47	1250933	12.88	92.80

资料来源：根据各上市银行 2014 年年报整理而得；各上市银行年报来源于上海证券交易所官网：http：//www. sse. com. cn/assortment/stock/list/info/announcement/index. shtml。

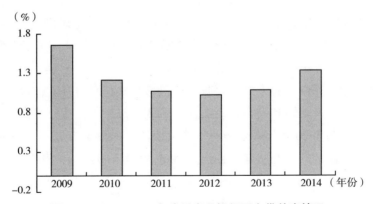

图 4-7   2009~2014 年我国商业银行不良贷款率情况

资料来源：本图根据《中国金融年鉴》数据由笔者绘制。《中国金融年鉴》来源于中国人民银行官网：http：//www. pbc. gov. cn/。

表 4-14   2014 年我国商业银行不良贷款情况

时间	不良贷款余额（亿元）	不良贷款率（%）	拨备覆盖率（%）
第一季度	6461	1.04	273.66
第二季度	6944	1.08	262.88
第三季度	7669	1.16	247.15
第四季度	8426	1.25	232.06

资料来源：根据《中国金融年鉴》数据由笔者整理而得。《中国金融年鉴》来源于中国人民银行官网：http：//www. pbc. gov. cn/。

《巴塞尔协议》规定商业银行的资本由核心资本和附属资本组成，其中核心资本包含公开储备、实收资本，附属资本包含次级债务、混合资本工具、资产重估储备、非公开储备以及普通储备金等。银行业资本中核心资本不得低于50%，核心资本充足率要求在4.5%以上。附属资本作为商业银行的补充资本，在一定的时间内可以起到吸收银行损失的作用，缺乏附属资本也会影响商业银行，如表4-15所示。

表4-15　2013~2014年我国上市银行负债结构情况

机构名称	年份	总额（百万元）				比例（%）			
		负债总计	吸收存款	同业及其他金融机构存放入款项	卖出回购款项	吸收存款比例	同业及其他金融机构存放入款项比例	卖出回购款项比例	合计
中国银行	2014	14067954	10885223	1780247	37061	77.4	12.7	0.3	90.3
	2013	12912822	10097786	1551624	71360	78.2	12.0	0.6	90.8
建设银行	2014	15491767	12898675	1206520	181528	83.3	7.8	1.2	92.2
	2013	14288881	12223037	848012	61873	85.5	5.9	0.4	91.9
工商银行	2014	19072649	15556601	1539239	380957	81.6	8.1	2.0	91.6
	2013	17639289	14620825	1269255	299304	82.9	7.2	1.7	91.8
交通银行	2014	5794694	4029668	1022037	89570	69.5	17.6	1.5	88.7
	2013	5539453	4157833	756108	155368	75.1	13.6	2.8	91.5
中信银行	2014	3871469	2849574	688292	41609	73.6	17.8	1.1	92.5
	2013	3410468	2651678	559667	7949	77.8	16.4	0.2	94.4
北京银行	2014	1428293	922813	313203	59527	64.6	21.9	4.2	90.7
	2013	1258458	834480	315098	29853	66.3	25.0	2.4	93.7
兴业银行	2014	4145303	2267780	1268148	98571	54.7	30.6	2.4	87.7
	2013	3476264	2170345	1007544	81781	62.4	29.0	2.4	93.8
南京银行	2014	540366	368329	84573	30907	68.2	15.7	5.7	89.5
	2013	407201	260149	94380	27327	63.9	23.2	6.7	93.8
招商银行	2014	4416769	3304438	697448	66988	74.8	15.8	1.5	92.1
	2013	3750443	2775276	514182	153164	74.0	13.7	4.1	91.8
民生银行	2014	3767380	2433810	848671	83291	64.6	22.5	2.2	89.3
	2013	3021923	2146689	544473	64567	71.0	18.0	2.1	91.2

机构名称	年份	总额（百万元）				比例（%）			
		负债总计	吸收存款	同业及其他金融机构存放入款项	卖出回购款项	吸收存款比例	同业及其他金融机构存放入款项比例	卖出回购款项比例	合计
华夏银行	2014	1749529	1303216	284340	40202	74.5	16.3	2.3	93.0
	2013	1586428	1177592	278986	59884	74.2	17.6	3.8	95.6
浦发银行	2014	3932639	2724004	761531	68240	69.3	19.4	1.7	90.4
	2013	3472898	2419696	712517	79557	69.7	20.5	2.3	92.5
宁波银行	2014	519948	306532	86634	28155	59.0	16.7	5.4	81.0
	2013	442251	255278	89987	37140	57.7	20.3	8.4	86.5
平安银行	2014	2055510	1533183	385451	22568	74.6	18.8	1.1	94.4
	2013	1779660	1217002	450789	36049	68.4	25.3	2.0	95.7

资料来源：根据各上市银行 2014 年年报整理而得；各上市银行年报来源于上海证券交易所官网：http：//www. sse. com. cn/assortment/stock/list/info/announcement/index. shtml。

总体来看，我国上市银行的股权资本占比和债务资本占比相对都比较稳定。上市银行资本结构表现出债务规模大、资产负债率高的特征，债权资本仍然是我国银行经营活动重要的资金来源。2014 年四个季度我国商业银行的资产和负债都呈现上涨态势，负债规模日益庞大。

3. 不同类别商业银行资本差异状况

不同类别商业银行资本状况差异是资本监管差异化政策的实施基础，监管政策只有以资本现状差异切入才能具有针对性、有效性。2013 年开始我国商业银行正式执行《商业银行资本管理办法（试行）》，2014 年底，我国商业银行核心一级资本充足率 10.56%，较年初上升了 0.61 个百分比；一级资本充足率 10.76%，较年初上升了 0.81 个百分比；资本充足率为 13.18%，较年初上升了 0.99 个百分比。表 4-16 和图 4-8 是在上文中对我国上市银行分类的基础上又将地方性银行单独作为一类进行分析。[1]

---

[1] 第一类银行包括了中国银行、工商银行、建设银行，地方银行包括北京银行、南京银行和宁波银行，第二类银行包括了剩余的 8 家银行。

表 4-16　2007~2014 年不同类别商业银行资本充足率平均值

单位:%

年份	第一类银行	第二类银行	地方性银行
2007	13.0	14.3	23.9
2008	12.9	13.5	20.0
2009	11.7	11.1	13.0
2010	12.5	12.1	14.5
2011	13.3	12.4	14.1
2012	13.9	12.8	14.5
2013	13.0	11.1	12.0
2014	14.4	11.8	11.8

资料来源:根据各上市银行 2014 年年报整理而得;各上市银行年报来源于上海证券交易所官网:http://www.sse.com.cn/assortment/stock/list/info/announcement/index.shtml。

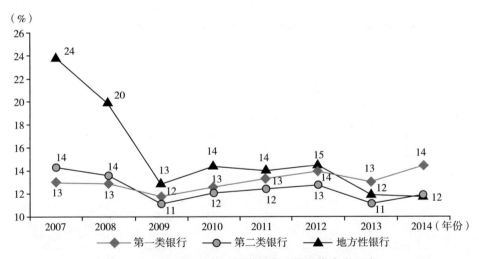

图 4-8　2007~2014 年不同类别商业银行资本充足率

资料来源:本图根据《中国金融年鉴》数据由笔者绘制。《中国金融年鉴》来源于中国人民银行官网:http://www.pbc.gov.cn/。

通过分析上市银行的数据,我们发现 2009 年以后三类银行资本充足率呈现出趋同的态势,2013 年商业银行的资本充足率整体水平虽处高位但出现了小幅下降,截至 2014 年底,上市银行资本充足率平均值为 12.67,第一类银行的资本充足率是略高于其他两类银行的。对于上市银行而言,仍可以通过提高资本量或是调整资产结构以提升资本充足率。

不同类别商业银行资本构成比例如表4-17和图4-9所示。

表4-17　不同类别商业银行资本构成比例（核心资本/附属资本）

年份	第一类银行	第二类银行	地方性银行
2007	4.8	—	8.1
2008	5.0	3.9	6.8
2009	5.1	4.9	8.6
2010	4.9	4.4	8.0
2011	4.0	3.3	3.8
2012	3.9	3.4	4.2
2013	1.2	1.6	3.4
2014	0.0	0.6	0.6

资料来源：根据各上市银行2014年年报整理而得；各上市银行年报来源于上海证券交易所官网：http：//www.sse.com.cn/assortment/stock/list/info/announcement/index.shtml。

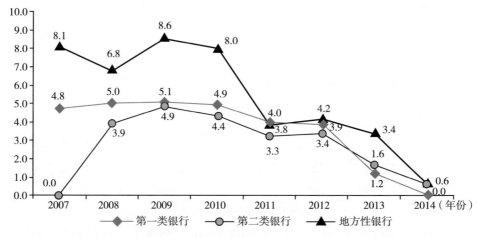

图4-9　不同类别商业银行资本构成比例（核心资本/附属资本）

资料来源：本图根据《中国金融年鉴》数据由笔者绘制。《中国金融年鉴》来源于中国人民银行官网：http：//www.pbc.gov.cn/。

不同类别商业银行核心资本净额如表4-18和图4-10所示。

表 4-18 不同类别商业银行核心资本净额

单位：亿元

年份	第一类银行	第二类银行	地方性银行
2007	4236.5	402.1	148.8
2008	4619.6	474.5	167.8
2009	5269.6	595.2	190.8
2010	6567.5	842.5	250.5
2011	7671.7	1080.6	291.8
2012	8937.0	1370.6	384.9
2013	3045.5	373.8	426.6
2014	—	328.3	98.4

资料来源：根据各上市银行 2014 年年报整理而得；各上市银行年报来源于上海证券交易所官网：http://www.sse.com.cn/assortment/stock/list/info/announcement/index.shtml。

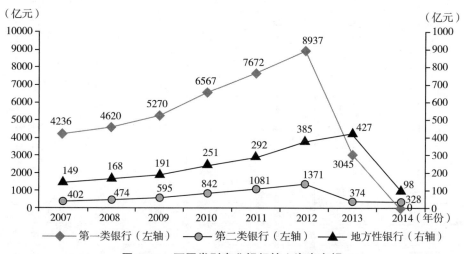

图 4-10 不同类别商业银行核心资本净额

资料来源：根据《中国金融年鉴》数据由笔者绘制。《中国金融年鉴》来源于中国人民银行官网：http://www.pbc.gov.cn/。

　　从资本构成看，三类银行的核心资本占总资本的比例是较为接近的，并且都符合了监管当局的要求，但是通过对比也可以发现核心资本和附属资本的组成比例也是略有不同。

二、不同类别商业银行发展中存在的问题

1. 同类同质发展问题

我国大型国有商业银行和中小银行的市场定位基本是一致的。一些中小商业银行缺乏自身特色，一味追随模仿大型银行，在复杂的环境中很难找到自己的定位。表4-19从银行客户贷款集中度方面展示了我国上市银行的同质化问题。

表4-19　2012~2014年上市商业银行客户贷款集中度

	最大单一客户贷款比例（%）			最大十家客户贷款比例（%）		
	2014年	2013年	2012年	2014年	2013年	2012年
中国银行	2.40	2.10	2.60	14.70	14.20	16.90
建设银行	5.05	4.51	3.86	13.42	14.80	14.76
工商银行	4.80	4.20	4.00	14.90	16.20	17.90
交通银行	1.50	1.55	1.71	11.46	13.67	14.22
中信银行	2.75	3.41	3.80	12.14	14.68	20.98
北京银行	5.77	6.54	9.23	28.42	30.81	36.36
兴业银行	8.26	7.06	4.34	20.44	23.72	21.81
南京银行	2.68	3.46	4.37	14.31	20.47	21.96
招商银行	2.02	2.23	2.66	12.99	12.87	14.24
民生银行	2.11	2.59	2.97	13.6	14.44	16.10
华夏银行	4.55	5.59	6.23	17.93	23.84	27.38
浦发银行	1.54	1.92	2.17	11.69	13.01	13.97
宁波银行	2.56	3.08	2.44	12.70	15.54	16.10
平安银行	2.93	4.73	2.95	19.77	20.88	15.60

资料来源：根据各上市银行2014年年报整理而得；各上市银行年报来源于上海证券交易所官网：http://www.sse.com.cn/assortment/stock/list/info/announcement/index.shtml。

我国银行业的发展战略、经营模式、市场定位、发展途径都极其相似，彼此间竞争十分激烈，致使出现资源过度使用、重复建设等问题，多层次、多样化的银行体系难以充分发挥出应有的职能。当前，银行业主营营业务单一，主要是以资产负债业务为主，银行业利润主要依靠利差收入，表外业务发展缓慢，

差异化发展战略形同虚设，严重制约了我国经济发展方式的转变。理财产品的设计也是以吸收存款为目的，脱离了财富管理的初衷。战略趋同导致银行在服务对象、市场定位以及服务功能等方面都在向同一个方向发展，不仅难以满足多层次、多元化的客户需求，更重要的是当单个银行出现风险时极易引发整个银行体系的系统性风险。各个银行的发展模式基本都是高压力、高激励、高任务的发展模式，不是价值导向型的激励模式，而是实施以任务导向型模式，业绩指标层层加码。

2. 竞争对手问题

大型国有银行资本充足、规模较大、营业网点众多、客户群稳定、享受国家支持力度较大，中小银行相对来说资本充足率低、规模小、分支少、客户数量少、更易受到地域制约。我国商业银行基本遵循的发展途径就是专转全、小转大、跨区域发展。例如，城市商业银行最初是从城市信用社转型，最初定位是为中小企业提供金融服务，为地方经济解决资金问题，为本地居民提供服务，初衷是专业化、差异化、特色化的金融机构，最终却也走上了股份制、综合化、跨区域的道路。现在许多城商行也开始在全国大中型城市布局，加剧了金融服务的过度化竞争。

3. 风险处置问题

中小商业银行的经营中面临的风险比大型商业银行更多。我国中小型商业银行起步晚，在发展过程中，组织框架和管理机制一直在变革当中，非常容易导致操作风险的发生。同时，中小型商业银行的服务对象中，中小企业占比较大，这些企业的资产负债比较高，经营稳定性也差，这些企业的存在客观上也增加了中小商业银行的经营风险。再加上有些中小商业银行盲目扩张，也会使得风险快速积累。另外，地域差距对于商业银行风险的影响也是不能忽视的。截至 2015 年 9 月，10 余个省银行业不良率超过 2%。其中，山西、内蒙古银行业不良率均超过 4%，山西甚至逼近 5%。相关数据显示截至 2015 年 9 月末，山西省的不良贷款余额达 887 亿元，比年初增加了 128.97 亿元，不良贷款率为 4.93%，比年初上升了 0.35%。东北地区银行业不良率也普遍偏高，截至 2015 年 9 月末，黑龙江银行业金融机构不良贷款率为 3.6%，吉林银行业金融机构不良贷款率为 3.67%。山东、浙江、福建、广西等沿海地区的不良率也都超过了 2%。福建、广西、云南等地区的不良率上升较快，从 2014 年末至 2015 年第三季度末，上升了 0.5% 以上。其中，福建银行业不良率从 2014 年末不到 2% 升至 2015 年 9 月末的 3% 左右，广西、云南不良率从 2014 年末的 1% 上升至 2015 年第三季度末的 2%。北京、上海、海南、重庆等地的不良率低于 1%。

4. 资本结构不合理

我国上市银行经历了几年快速的发展，整体上各类银行的盈利能力都得到了提高，上市银行的综合竞争力也有了明显的增强，但也存在不少的问题：

第一，股权结构较为集中。第一大股东是国有性质的商业银行尤为明显，股权集中度较高。

第二，资本结构中附属资本占比较低。根据《巴塞尔新资本协议》要求，商业银行资本中附属资本占核心资本的比例不得超过 100%，从我国上市银行的附属资本来看，还有着很大的提升空间，完全可以通过加强附属资本管理提高商业银行的资本充足率，改善资本结构。

第三，债权资本以吸收存款为主，结构单一化。我国上市银行的负债总额中还是以吸存、同业业务为主，创新型业务占比明显较小。

第五节 小 结

本章对 14 家银行进行聚类分析的实证结果显示，第一，无论是基于 14 家银行资产负债表数据的聚类分析还是基于市场高频数据的聚类分析，中国银行、建设银行及工商银行倾向于分在第一类中，其余 11 家银行则为第二类。第二，第一类银行自身及对金融系统的风险特点是：机构自身在险价值低，但是对金融系统的风险贡献偏高，说明中国银行、建设银行、工商银行 3 家银行自身抵御风险的能力较强，但是它们对金融系统的影响力很大，自身风险的暴露极易传染给整个金融系统；其余 11 家银行作为第二类银行，其风险特点是：自身在险价值较高，但是对整个金融系统的风险贡献强度偏低，说明这 11 家银行自身抵御风险的能力较弱，但是当风险发生时它们对整个金融系统的影响力并不大。在对我国上市银行进行分类的基础上，本章最后对不同类别的上市银行的发展状况及当前银行业存在的问题进行了详细描述。近几年地方性银行及股份制银行的市场份额迅速崛起，挤占了部分国有商业银行的市场份额，而第一类中的 3 家银行、3 家地方性银行以及剩余 8 家银行的资本充足率、资本构成比例等风险指标也有相互接近的趋势；而当前商业银行也存在同类同质发展、竞争对手问题、风险处置问题以及资本结构不合理的问题。

第五章 中国上市银行波动非对称性研究

市场上某家银行暴露于风险之下时，其余银行很难做到置身事外，不受影响。因此，研究银行间的风险联动关系变得极为必要。金融理论研究中的期限结构、资本资产定价、期权定价、动态避险模型等都会牵涉到对金融资产价格波动性的估计。好消息、坏消息影响的非对称性会直接影响到投资者对市场波动性的预测，从而影响资产定价。另外，研究"利好"和"利空"消息对市场波动性的不同影响，同样有助于政策制定者进行有效的宏观调控政策的制定，包括选择合适的时机推出合适的政策，并准确地预测政策所产生的效果等。

第一节 上市银行收益率描述性统计

本书选取截至 2008 年上市的 14 家银行自 2008 年 1 月 1 日至 2015 年 7 月 16 日的收盘价日度数据进行分析，以沪深 300 指数作为表征市场波动的因子，对数据进行同样的处理，剔除样本时间段内 15 个时间序列数据不相重合的日期，最终得到 1448 个样本数据。通过对该时间段 14 家银行收益数据进行分析以详细刻画市场的波动情况。

令 p_t^i（$i=1, 2, \cdots, 14$；$t=1, 2, \cdots, 1448$）分别表示 14 家银行在 t 期的收盘价，则构造各银行的收益率序列 r_t^i：

$$r_t^i = 100\left[\ln(p_t^i) - \ln(p_{t-1}^i)\right] \tag{5-1}$$

沪深 300 指数在 t 期的收盘价则为 p_t^{hs}，其对应的表征市场状况的收益率为 r_t^{hs}。

对 14 家银行收益率以及市场收益率的描述性统计结果见表 5-1。

表 5-1 14 个样本银行收益率描述性统计

机构名称	均值	中位数	标准差	偏度	峰度	J-B 统计量	P 值
中国银行	-0.016	0.000	2.022	0.279	10.268	3205.853	0
建设银行	-0.027	0.000	2.166	-0.009	9.502	2550.305	0
工商银行	-0.030	0.000	1.954	-0.324	11.319	4200.606	0
交通银行	-0.046	0.000	2.539	-0.509	11.550	4472.798	0
中信银行	-0.003	0.000	2.770	-0.629	12.928	6042.321	0
北京银行	-0.035	0.000	2.802	-1.111	12.760	6044.419	0
兴业银行	-0.076	-0.080	3.680	-5.644	96.513	535283.1	0
南京银行	-0.005	0.000	2.770	-0.474	10.000	3010.875	0
招商银行	-0.052	-0.076	2.753	-0.790	10.917	3931.953	0
民生银行	-0.029	0.000	2.725	-0.634	11.370	4323.777	0
华夏银行	-0.027	0.000	3.019	-1.496	19.356	16679.61	0
浦发银行	-0.079	-0.094	3.202	-2.115	24.857	29902.62	0
宁波银行	-0.024	0.000	2.996	-0.916	16.173	10671.74	0
平安银行	-0.071	0.000	3.427	-3.368	52.315	149464.4	0
沪深 300	0.014	0.058	1.891	-0.269	5.750	473.599	0

资料来源：根据上市机构收盘价整理而得，上市机构收盘价数据来源于同花顺炒股软件。

从表 5-1 的统计结果来看，14 家银行收益率的均值均在 0 值以下，中位数在 0 值附近，偏度显著不为 0，峰度显著大于 3，说明各收益率序列存在金融时间序列常出现的"尖峰厚尾"现象，且与正态分布下的偏度为 0，峰度为 3 相去甚远；同时，J-B 统计量显著大于 1% 水平下的临界值，也拒绝样本收益率正态性的原假设。

中国股票市场波动如图 5-1 所示。

对我国股票市场的波动性进行初步探索，图 5-1 绘制了自 2008 年 1 月至 2015 年 7 月的沪深 300 日度收盘价数据及沪深 300 收益率的方差与均值的比值，该图反映了市场处于不同状态下时的波动情况。具体说来，2008 年，沪深 300 的收盘价大幅下降，这使测度股市波动状况的股市收益率方差与均值的比值指数上下波动剧烈，且明显高于波动的平均水平；2011 年，沪深 300 指数收盘价波动中有明显的下降趋势，而对应时间段的波动指数也随之达到很低的水平；2015 年，沪深 300 指数收盘价大幅上涨，波动指数也随之上升。这

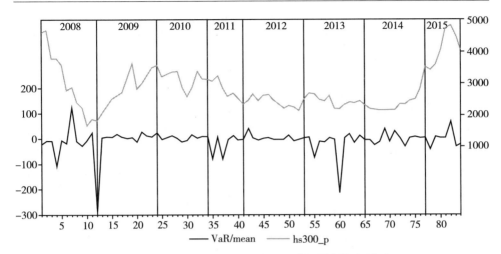

图 5-1　2008 年 1 月~2015 年 7 月中国股票市场波动

资料来源：数据来源于同花顺炒股软件；本图根据计算结果由笔者绘制。

说明我国股市波动状况在不同的市场行情下存在非对称效应，即在研究我国股市时同样需要考虑波动的非对称因素。

第二节　单变量波动非对称性研究

一、基于 GJR-GARCH 模型的波动非对称性研究

对 14 家银行建立 GARCH 模型研究其波动性，需要对样本进行模型适用性进行检验。单位根检验及 ARCH 效应检验的原理在计算银行在险价值时已经给出，此处不再赘述。

1. 单位根检验

为了防止金融时间序列的"虚假回归"现象发生，需要对样本序列进行平稳性检验。各样本时间序列单位根检验结果如表 5-2 所示。

表 5-2 序列单位根检验结果

机构名称	ADF	1%临界值	5%临界值	机构名称	ADF	1%临界值	5%临界值
中国银行	−28.449***	−3.4347	−2.8633	南京银行	−38.055***	−3.4347	−2.8633
建设银行	−28.350***	−3.4347	−2.8633	招商银行	−38.067***	−3.43467	−2.8633
工商银行	−37.436***	−3.4347	−2.8633	民生银行	−36.398***	−3.4347	−2.8633
交通银行	−36.618***	−3.4347	−2.8633	华夏银行	−38.474***	−3.4347	−2.8633
中信银行	−37.058***	−3.4347	−2.8633	浦发银行	−37.527***	−3.4347	−2.8633
北京银行	−39.487***	−3.4347	−2.8633	宁波银行	−38.167***	−3.4347	−2.8633
兴业银行	−36.207***	−3.4347	−2.8633	平安银行	−37.426***	−3.4347	−2.8633

注：＊、＊＊、＊＊＊分别表示在10%、5%、1%的显著性水平下拒绝原假设。

资料来源：根据实证结果整理而得。

从表 5-2 可知，14 家银行收益序列在 1%显著性水平下拒绝存在单位根的原假设，因此序列平稳。

2. ARCH 效应检验结果

ARCH 效应检验结果如表 5-3 所示。

表 5-3 ARCH-LM 检验结果

机构	F 统计量	LM 统计量	机构	F 统计量	LM 统计量
中国银行	112.248***	104.3013***	南京银行	5.0873***	5.0765***
建设银行	30.81***	30.2086***	招商银行	7.4401***	7.3751***
工商银行	118.163***	109.3827***	民生银行	15.2503***	15.2503***
交通银行	3.6569**	3.6224**	华夏银行	2.2844*	2.2838*
中信银行	9.4728***	9.4242***	浦发银行	4.390***	4.3884***
北京银行	2.782*	2.7712*	宁波银行	8.7711***	8.7624***
兴业银行	3.8803**	3.875**	平安银行	2.4817	2.4701

注：＊、＊＊、＊＊＊分别表示在10%、5%、1%的显著性水平下拒绝原假设。

资料来源：根据实证结果整理而得。

从序列的残差平方相关图检验结果来看，各银行收益率序列在不同滞后阶数下大部分存在 ARCH 效应，除华夏银行、北京银行在 10%的显著性水平下拒绝直到 p 阶都不存在 ARCH 效应的原假设外，平安银行的收益序列放松到 15%的显著性水平后也拒绝不存在 ARCH 效应的原假设，其余 11 家银行的收益率序列在 5%的显著性水平下 ARCH 效应显著。

同时，对序列进行残差平方相关图检验，残差平方相关图检验显示残差的平方序列 $\hat{u}_i^2$ 直到任意指定的滞后阶数的自相关系数与偏自相关系数，并计算相应滞后阶数的 Ljung-Box Q 统计量。如果残差序列不存在 ARCH 效应，则自相关与偏自相关系数在所有的滞后阶数下都为 0，且 Q 统计量不显著，否则说明存在 ARCH 效应。我们选择滞后 6 阶和滞后 12 阶的 Q 统计量反映其是否存在 ARCH 效应。各样本残差平方相关图检验 Q^2（6）、Q^2（12）的统计结果如表 5-4 所示。

表 5-4　各收益率序列的残差平方相关图检验

机构	Q^2（6）	Q^2（12）	机构	Q^2（6）	Q^2（12）
中国银行	328. 60 ***	351. 32 ***	南京银行	34. 62 ***	39. 85 ***
建设银行	110. 40 ***	126. 38 ***	招商银行	25. 072 ***	29. 45 ***
工商银行	146. 86 ***	166. 49 ***	民生银行	97. 106 ***	104. 54 ***
交通银行	11. 106 **	26. 48 ***	华夏银行	8. 891 *	10. 07 *
中信银行	31. 105 ***	40. 07 ***	浦发银行	17. 214 ***	19. 02 ***
北京银行	14. 281 *	19. 40 *	宁波银行	33. 038 ***	37. 01 ***
兴业银行	10. 01 *	13. 31 *	平安银行	4. 221	8. 79

注：* 、** 、*** 分别表示在 10%、5%、1%的显著性水平下拒绝原假设。
资料来源：根据实证结果整理而得。

对各时间序列数据进行残差平方相关图检验，选取滞后 6 阶及 12 阶的 Q 统计量为代表，同样显示 14 家银行的大部分样本收益率序列在 10%的显著性水平下存在 ARCH 效应，即各收益率残差的波动具有集聚性。因此满足对序列建立 GARCH 模型的要求。

3. 非对称模型的参数估计

为了捕捉市场上存在的波动非对称性，我们分别建立含有杠杆项的 GJR-GARCH 模型和 EGARCH 模型，以沪深 300 指数的收益率作为表征市场波动状况的变量，将 14 家银行收益与市场收益建立一元回归方程，作为非对称 GARCH 模型的均值方程。则估计 GJR-GARCH 模型均值方程与方差方程各参数所得结果如表 5-5 所示。

表 5-5　14 家银行收益的 GJR-GARCH 模型估计结果

机构名称	HS	C	c	α	g	γ
中国银行	0.5744 ***	-0.014	0.126 ***	0.2054 ***	-0.3464 ***	0.7769 ***
建设银行	0.6936 ***	-0.043	0.316 ***	0.2694 ***	-0.1727 ***	0.7143 ***
工商银行	0.6013 ***	-0.023	0.203 ***	0.2344 ***	-0.1881 ***	0.7104 ***
交通银行	0.8556 ***	-0.028	0.339 ***	0.2426 ***	0.0259	0.6654 ***
中信银行	0.9200 ***	-0.037	0.284 ***	0.0988 ***	-0.0449 ***	0.8014 ***
北京银行	0.9750 ***	0.064 **	0.003 ***	0.0042 ***	-0.0116 ***	0.9929 ***
兴业银行	1.1217 ***	-0.204 **	0.7973 ***	0.0379 ***	0.0358 ***	0.9241 ***
南京银行	0.9284 ***	0.045	0.002 ***	0.0317 ***	-0.0282 ***	0.9486 ***
招商银行	0.9780 ***	0.007	0.002	0.0402 ***	-0.0422 ***	0.9378 ***
民生银行	0.9896 ***	-0.047	0.403 ***	0.1390 ***	-0.1954 ***	0.7829 ***
华夏银行	1.0874 ***	-0.178 **	1.332 ***	0.1015 ***	-0.1068 ***	0.8681 ***
浦发银行	1.0655 ***	-0.005	1.329 ***	0.1787 ***	-0.0768 ***	0.7075 ***
宁波银行	1.1173 ***	0.042	-0.001	0.0312 ***	-0.0377 ***	0.9489 ***
平安银行	1.0584 ***	-0.047	0.001	0.0643 ***	-0.0663 ***	0.9188 ***

注：*、**、*** 分别表示在 10%、5%、1% 的显著性水平下拒绝原假设。

资料来源：根据实证结果整理而得。

从模型估计结果看，除交通银行及各方程常数项外，模型的其余所有参数均通过 1% 的显著性水平检验，且约束条件 α、γ 均大于 0，$\alpha + \gamma < 1$，说明模型正确设定，各参数均具有经济意义。交通银行的非对称项系数 g 未通过 5% 的显著性检验。

从均值方程看，中国银行、建设银行及工商银行 3 家国有大型银行与沪深 300 指数收益率的一元线性回归系数明显普遍小于剩余 11 家银行的一元回归系数，说明 11 家非国有大型股份制银行的波动受市场影响较大，其中兴业银行与沪深 300 指数收益率的均值方程中，沪深 300 指数收益率前的系数为 1.1217，表示市场收益率上升 1 个百分点，则兴业银行的收益率平均将上升 1.1217 个百分点；而 3 家大型国有银行收益的波动受市场影响较小，如市场收益率同样上升 1 个百分点，将只会影响中国银行的收益率平均上升 0.5744 个百分点。这也说明我国的 3 家大型国有银行收益率的波动受市场影响较小，对风险的抵抗能力较强，而其余 11 家银行的风险抵御能力相对较弱。

方差方程的估计结果中，α、γ分别表示影响本期方差的上一期的波动信息（ARCH项）的系数和上一期的预测方差（GARCH项）的系数，g表示上一期波动信息中负向消息对本期方差的影响异于正向消息对本期方差影响的虚拟变量系数。14家银行收益序列的方差方程系数均通过1%的显著性水平检验。α、γ显著有效，分别说明上一期的残差信息与上一期的波动情况对本期波动能产生显著影响，其中γ值普遍较大，说明收益率序列残差的波动存在较长的持续性。g显著不为0，说明市场上存在信息对波动影响不对称的"杠杆效应"。除交通银行以及兴业银行外，其余12家银行的非对称系数g均小于0，说明市场上消息利空时（$u_{t-1} < 0$），本期的方差趋于变小，即波动变小；相反，当市场上消息利好时（$u_{t-1} \geqslant 0$），本期方差趋于变大，即波动增大。因此，可以得出结论，上市银行的收益率序列存在反向的杠杆效应。兴业银行的非对称系数g大于0，说明其收益率的波动存在正向的杠杆效应。

表5-5显示，第一类银行在面对市场"利好"与"利空"消息时的非对称性普遍较大，中国银行、建设银行、工商银行的非对称系数分别为-0.3464、-0.1727和-0.1881，3家银行中，中国银行的非对称系数绝对值最大，且远远大于另外两家银行。第二类银行中的民生银行和华夏银行非对称系数绝对值远远大于其余银行，这两家银行的非对称系数分别为-0.1954和-0.1068。这说明这5家银行面对市场"利好"与"利空"消息时引发的收益率的波动比其余银行的波动更大。第一类银行中的中国银行其规模庞大，资产雄厚，而且作为我国的大型国有股份制银行，面对市场上的景气状况时，由于房地产业等资金密集型产业的"利好"行情，而引发银行股票收益率发生巨大波动。民生银行在我国中小微企业贷款项目上处于领先地位，自2009年至今，民生银行在小微金融方面经历了3次重大调整，使其成为我国银行业小微金融服务领域的龙头。而且，近年来在我国信贷政策不断致力于金融支持中小微企业发展的背景下，民生小微企业贷款的增长速度在所有企业中是最快的。近年来，央行通过存款准备金率、再贷款、再贴现等多种货币政策工具，鼓励金融机构增加小微企业信贷供给，因此市场上的"利好"消息也引发民生银行巨大的股票收益率波动。

4. GJR-GARCH 模型拟合效果检验

对模型的残差分别再次进行ARCH效应检验，结果如表5-6所示。

表 5-6　模型残差的 ARCH 效应检验结果

模型	EGARCH		GJR-GARCH	
机构名称	LM 统计量	Q^2（12）	LM 统计量	Q^2（12）
中国银行	0.0656（0.76）	2.0817（0.99）	0.1007（0.751）	2.3557（0.99）
建设银行	0.0059（0.938）	2.2721（0.99）	0.2379（0.627）	2.4417（0.99）
工商银行	0.6973（0.404）	2.0451（0.99）	0.3499（0.554）	2.2105（0.98）
交通银行	0.0768（0.782）	7.4749（0.82）	0.1129（0.736）	4.8898（0.96）
中信银行	0.0038（0.951）	3.7739（0.98）	0.0019（0.965）	2.739（0.99）
北京银行	0.0324（0.857）	0.8947（1.00）	2.2063（0.138）	3.0614（0.99）
兴业银行	0.0374（0.846）	0.224（1.00）	0.0728（0.787）	0.1118（1.00）
南京银行	2.1670（0.141）	11.914（0.45）	1.9767（0.159）	19.274（0.08）
招商银行	0.0372（0.847）	6.995（0.86）	0.4655（0.495）	8.9815（0.71）
民生银行	0.0315（0.869）	1.6019（1.00）	0.0191（0.890）	1.3654（1.00）
华夏银行	0.0300（0.862）	0.5066（1.00）	0.3573（0.550）	0.4783（1.00）
浦发银行	0.0006（0.980）	0.4499（1.00）	0.0196（0.888）	0.246（1.00）
宁波银行	1.7030（0.192）	3.615（0.98）	1.1240（0.289）	5.9211（0.92）
平安银行	0.0418（0.838）	0.6669（1.00）	0.0104（0.919）	0.4343（1.00）

注：括号内为对应统计量的 P 值

资料来源：根据实证结果整理而得。

从表 5-6 中看出，在 5% 的显著性水平下各银行收益率建立非对称的 GARCH 模型后残差均不能拒绝，直到 p 阶都不存在 ARCH 效应，即非对称的 GARCH 模型充分地捕捉了 14 家银行收益序列残差中的波动信息，很好地拟合了时间序列中的波动集聚现象。

二、基于 EGARCH 模型的波动非对称性研究

对 14 家银行收益率序列建立的非对称 EGARCH 模型同样说明序列的波动受市场信息的冲击是非对称的。为防止重复，表 5-7 只给出 EGARCH 模型的方差方程参数估计结果。

表 5-7　14 家银行 EGARCH 模型的方差方程估计结果

机构名称	c	α	g	β	机构名称	c	α	g	β
中国银行	-0.18	0.258	0.144	0.723	南京银行	-0.04	0.062	0.023	0.902
建设银行	-0.14	0.206	0.075	0.731	招商银行	-0.06	0.095	0.027	0.994
工商银行	-0.20	0.202	0.090	0.714	民生银行	-0.07	0.193	0.118	0.803
交通银行	-0.13	0.133	0.044	0.759	华夏银行	0.01	0.011	0.065	0.998
中信银行	-0.09	0.320	0.027	0.810	浦发银行	-0.05	0.099	0.041	0.897
北京银行	0.09	0.087	0.011	0.901	宁波银行	-0.02	0.036	0.066	0.941
兴业银行	0.17	1.286	-0.659	0.816	平安银行	-0.02	0.035	0.011	0.951

注：以上参数估计结果均在 1% 的显著性水平下有效。

资料来源：根据实证结果整理而得。

表 5-7 的估计结果显示，EGARCH 模型同 GJR-GARCH 模型的绝大部分结果一致，GJR-GARCH 模型中，交通银行收益的方差方程非对称参数 g 未通过 5% 的显著性水平检验，EGARCH 模型显示其具有波动的非对称性。兴业银行在两个非对称 GARCH 模型中均表现出与其余银行不一致的非对称，即其余 13 家银行均存在反向的非对称，而兴业银行则表现为正向的非对称，这说明兴业银行受市场负面消息冲击时其收益率的波动要大于市场正面消息冲击时的波动。

比较 14 家银行的非对称性，系数 g 反映中国银行、建设银行、工商银行及民生银行、华夏银行的非对称性很强，同 GJR-GARCH 模型所得结果一致。

三、中国银行业非对称信息冲击曲线

对 14 家银行分别刻画其非对称信息冲击曲线，此处我们分别绘制 14 家银行的非对称的信息冲击曲线，展示其非对称现象，如图 5-2~图 5-15 所示。

图 5-2 与图 5-3 分别为中国银行和建设银行的非对称信息冲击曲线。两条曲线具有大致相同的趋势，x 轴上 0 值左侧对应的波动低于同等幅度 x 轴上 0 值右侧对应的波动，也就是说市场上正向的"利好"消息相较于同等大小的负向"利空"消息对市场波动的影响更大，即银行收益序列存在反向的杠杆效应。

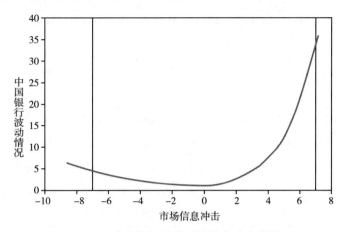

图 5-2　中国银行的非对称信息冲击曲线

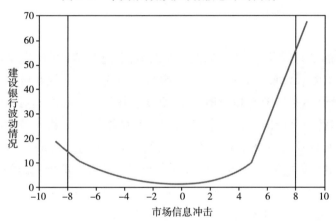

图 5-3　建设银行的非对称信息冲击曲线

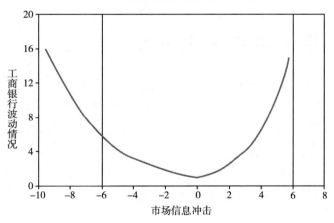

图 5-4　工商银行的非对称信息冲击曲线

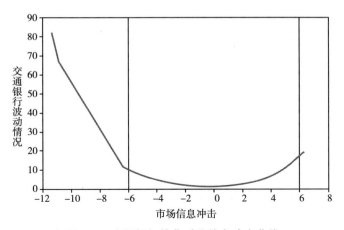

图 5-5　交通银行的非对称信息冲击曲线

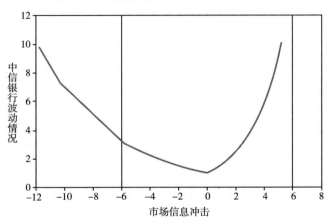

图 5-6　中信银行的非对称信息冲击曲线

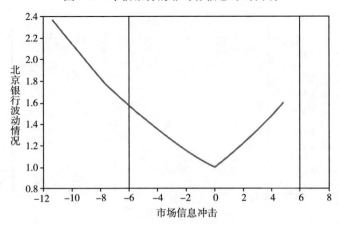

图 5-7　北京银行的非对称信息冲击曲线

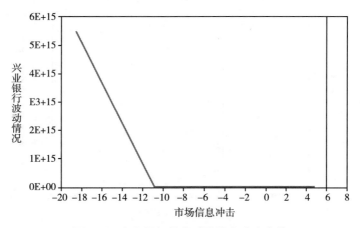

图 5-8　兴业银行的非对称信息冲击曲线

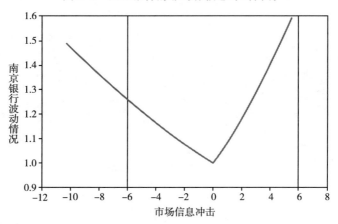

图 5-9　南京银行的非对称信息冲击曲线

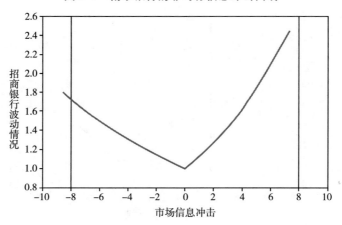

图 5-10　招商银行的非对称信息冲击曲线

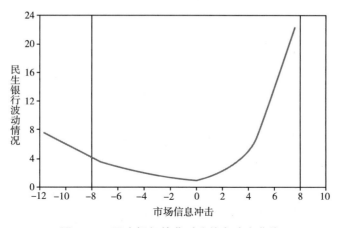

图 5-11 民生银行的非对称信息冲击曲线

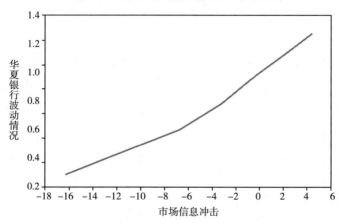

图 5-12 华夏银行的非对称信息冲击曲线

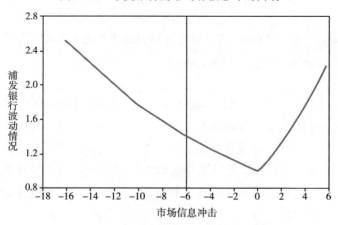

图 5-13 浦发银行的非对称信息冲击曲线

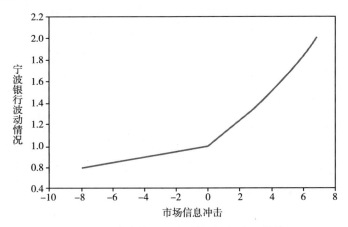

图 5-14　宁波银行的非对称信息冲击曲线

资料来源：本图根据实证结果由笔者绘制。

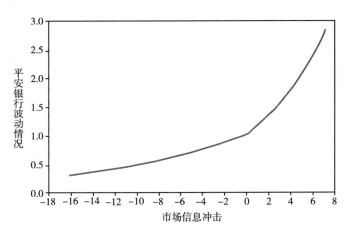

图 5-15　平安银行的非对称信息冲击曲线

资料来源：本图根据实证结果由笔者绘制。

　　图 5-7 与图 5-8 分别为北京银行和兴业银行的非对称信息冲击曲线。北京银行的信息冲击曲线同样表现出反向的杠杆效应。兴业银行的收益序列存在正向的杠杆效应，即负向消息对波动的冲击大于正向消息对波动的冲击。

　　一般情况下，当市场上股票价格大跌时，会因此造成市场出现一定程度的恐慌心理，参与者对该只股票的预期和行动会产生一定的趋同现象，进而引起市场波动的大幅增加。但是，我们通过对 14 家上市银行的波动性进行分析研究，发现 14 家银行中有 13 家银行出现了与市场反应不一致的反向的杠杆效应，这可能是因为银行业本身作为金融系统的重要组成部分，其在金融业中的地位及盈利模式与其他机构存在差异导致这一现象的发生。另外，我国银行业与作为金融密集型产业的房地产市场关系密切，我国信贷政策致力于金融支持房地产市场调控，不断加大对中小户型住房及保障性安居工程的支持力度。而房地产业一直是我国经济的支柱型产业，尤其自 2008 年以来我国房地产业发展势头良好。当市场上消息"利好"时，房地产业将发展迅速，银行业作为房地产业发展过程中密不可分的一部分，其股价也会随着房地产业的发展跟进上升，使得股票波动也随之放大。样本期内，我国房地产业正处于上升发展期，因此助推了银行收益波动的反向非对称性。

第三节　双变量波动溢出效应研究

为了研究两变量之间的波动溢出效应，我们对 14 家银行建立两两之间的非对称 BEKK-GARCH 模型。但是由于样本较多，我们需要用该模型计算 14 家银行的两两组合，即需要计算 $C_{14}^2 = 14 \times 13 \div 2 = 91$ 组两两间的模型系数及对估计参数进行检验，考虑到待估参数数量庞大且检验准则繁多，因此需要简化样本数量，使用随机抽样的方法从两类银行中分别选择几家银行，然后进行两两间的模型分析，以对抽取的样本进行建模分析上市银行的波动溢出特点。

一、数据选取

在第三章中我们发现 14 家银行中的中国银行、建设银行、工商银行 3 家银行的基于相关系数的相关性距离最近，而通过计算得出 14 家银行的自身在险价值及对金融系统的条件在险价值存在以下特点：中国银行、建设银行、工商银行 3 家银行自身的在险价值比较低，但是对金融系统的条件在险价值及风险贡献都较高；其余 11 家银行的自身在险价值与对系统的风险贡献特点与此 3 家银行完全相反。同时我们基于 14 家银行的截面数据，使用 21 个指标对样本进行聚类分析，也发现中国银行、建设银行、工商银行 3 家银行为第一类，其余 11 家银行为第二类。因此接下来对 14 家上市银行进行非对称的波动溢出分析时，按照银行分类对样本再次抽样。从第一类的 3 家银行中，我们选择 2

家银行，子样本占该层样本比例为 67%；从第二类银行中我们选择 6 家银行，子样本占该层样本比例为 55%。两个子样本的样本量占比均在 50% 以上，因此可以对此 8 家银行建立两两之间的波动溢出模型，以代表 14 家上市银行相互之间的波动溢出情况。

子样本的抽取方法选择随机抽样，具体操作过程为：准备大小、形状、质量均相同的 3 个小球，分别标上 1 号、2 号和 3 号放入不透明盒子中摇散。第一次抽样对 3 家银行进行排序，即随机有序不放回地抽取 3 只小球，记录 3 只小球的序号，令其分别为中国银行、建设银行、工商银行 3 家银行的序号；第二次抽样，将 3 只小球放回不透明盒子中并摇散，一次性随机抽取 2 只，其序号代表的银行就组成了我们从第一类银行中抽取的子样本。对第二类银行进行抽样，我们同样准备 11 只小球，序号分别为 1~11，放入不透明盒子中摇散，然后不放回地依次抽取 11 只小球，按顺序记录小球的序号，即为 11 家银行（交通银行、中信银行、北京银行、兴业银行、南京银行、招商银行、民生银行、华夏银行、浦发银行、宁波银行、平安银行）的序号；再次将 11 只小球放入盒子中摇散，随机一次性取出 6 只小球，那么 6 只小球上的序号所代表的银行即组成了我们从第二类银行中选择的子样本。下面给出两个子样本的抽取过程，如表 5-8 和表 5-9 所示。

表 5-8　第一类银行子样本抽样过程

第一类银行	中国银行	建设银行	工商银行
第一次抽取	2	3	1
第二次抽取	3	2	

资料来源：根据实证结果整理而得。

对第一类银行，子样本的抽取结果为：中国银行、建设银行。

表 5-9　第二类银行子样本抽样过程

第二类银行	交通银行	中信银行	北京银行	兴业银行	南京银行	招商银行	民生银行	华夏银行	浦发银行	宁波银行	平安银行
第一次抽取	2	7	3	11	4	8	5	6	10	1	9
第二次抽取	1	8	4	9	6	10					

资料来源：根据实证结果整理而得。

对第二类银行，子样本的抽取结果为：宁波银行、招商银行、南京银行、平安银行、华夏银行、浦发银行。

二、基于 BEKK-GARCH 模型的银行间波动溢出效应研究

对抽取的两个子样本中的 8 家银行两两之间建立非对称 BEKK-GARCH 模型，表 5-10 给出了模型中各参数的估计结果。

表 5-10 中国银行（1）与其余银行（2）的 BEKK-GARCH 模型结果

	参数	建设银行	南京银行	招商银行	华夏银行	浦发银行	宁波银行	平安银行
均值方程	β_{11}	−0.098 **	−0.013	−0.069 *	−0.051	−0.149 ***	−0.042	−0.020
	β_{12}	0.091 ***	−0.030	0.050 **	0.045 *	0.070 ***	0.042 *	0.019
	α_1	−0.072 **	−0.077 ***	−0.010	−0.016	−0.017	−0.034	−0.032
	β_{21}	−0.041	−0.053	−0.049	−0.049	−0.040	−0.108 *	0.030
	β_{22}	0.050	−0.020	−0.009	0.023	−0.029	0.027	−0.032
	α_2	−0.048	−0.060	−0.037	−0.006	−0.058	−0.029	−0.088
方差方程	$C(1,1)$	0.305 ***	0.451 ***	0.261 ***	0.063	−0.29 ***	0.251 ***	0.234 ***
	$C(2,1)$	−0.027	0.034 ***	−0.039	−0.402 ***	−0.073	−0.091	−0.158
	$C(2,2)$	0.134 ***	0.000	0.075	0.000	0.060	0.000	0.760 ***
	$A(1,1)$	0.428 ***	0.591 ***	0.507 ***	0.151 ***	0.711 ***	0.439 ***	0.218 ***
	$A(1,2)$	−0.62 ***	0.079 *	−0.18 ***	−0.177 ***	0.036 *	−0.03 ***	−0.455 ***
	$A(2,1)$	−0.103 **	−0.149 ***	−0.18 ***	0.111 ***	−0.26 ***	−0.048 **	0.046 *
	$A(2,2)$	0.302 ***	0.191 ***	0.142 ***	0.220 ***	0.128 ***	0.156 ***	0.514 ***
	$B(1,1)$	0.859 ***	0.707 ***	0.865 ***	0.025 **	0.824 ***	0.869 ***	0.957 ***
	$B(1,2)$	0.054 **	−0.075 ***	0.086 **	0.229 ***	0.464 ***	−0.15 ***	0.215 ***
	$B(2,1)$	0.084 ***	0.100 ***	0.058 ***	−0.069 ***	0.053 ***	0.046 ***	−0.098 ***
	$B(2,2)$	0.918 ***	1.008 ***	0.986 ***	0.874 ***	0.989 ***	0.984 ***	0.800 ***
	$D(1,1)$	0.111 **	0.262 ***	0.274 ***	0.097 *	0.047	0.114 ***	0.121 **
	$D(1,2)$	−0.38 ***	0.079 **	0.137 ***	0.200 ***	0.009	−0.23 ***	0.777 ***
	$D(2,1)$	−0.69 ***	−0.387 ***	−0.126 *	−0.075 ***	0.025	−0.13 ***	0.093 **
	$D(2,2)$	0.189 ***	0.098 **	0.415 ***	0.281 **	0.008	0.077 *	0.502 ***
	似然值	−4896.59	−5668.98	−5645.76	−5904.97	−5945.48	−5794.97	−6112.65

注：①*、**、***分别表示在10%、5%、1%的显著性水平下拒绝原假设；②待估参数下标1表示中国银行，下标2分别表示建设银行、南京银行、招商银行、华夏银行、浦发银行、宁波银行、平安银行。

资料来源：根据实证结果整理而得。

从表 5-10 中可以看出，在 95% 的置信水平下，中国银行与其余 7 家银行两两间的非对称 BEKK-GARCH 模型大部分参数均通过了 10% 的显著性水平检验。均值方程中，β_{11} 是表示银行 1 本期收益率受其本身上一期收益率影响大小的回归系数；β_{12} 则表示银行 1 本期收益率受银行 2 上一期收益率影响的大小；α_1 表示银行 1 均值方程中的常数项。方差方程中的回归系数 A（1，1）、A（2，2）分别表示银行 1 和银行 2 收益率的本期条件方差受自身上一期残差影响的程度；回归系数 B（1，1）、B（2，2）则分别表示银行 1 和银行 2 的收益率的本期条件方差受上一期条件方差影响的大小。表 5-10 显示在 99% 的置信水平下，代表 ARCH 项系数矩阵的主对角元素 A（1，1）、A（2，2）及代表 GARCH 项系数矩阵的主对角元素 B（1，1）、B（2，2）均通过显著性检验，说明中国银行与进入子样本的其余 7 家银行本期收益率的波动均受到自身上一期波动的影响，表现出波动的集聚性特征。D（1，1）、D（2，2）显著，则表示银行 1 与银行 2 收益率的波动受自身上期波动的影响是非对称的。表 5-10 显示，中国银行与其余银行之间建立非对称 BEKK-GARCH 模型时，自身波动存在非对称性；建设银行、南京银行、招商银行、华夏银行、宁波银行、平安银行自身也存在波动的非对称性，即它们自身收益率本期的波动性因上一期波动的正负性而存在不一致现象。另外，代表自身具有非对称的系数 D（1，1）、D（2，2）均为正数，表明进入子样本的 8 家银行上一期收益的正向冲击会加大本期收益的波动性，即银行机构的波动存在反向的非对称，这与单变量非对称 GARCH 模型所得的回归结果一致，这也进一步证实了所选模型的有效性。

下面分析非对称 BEKK-GARCH 模型交叉项系数的经济意义。方差方程中的回归系数 A（1，2）表示银行 1 收益率的本期条件方差受银行 2 上期残差影响的程度；A（2，1）则表示银行 2 收益率的本期条件方差受银行 1 上一期残差影响的程度。回归系数 B（1，2）表示银行 1 收益率本期的条件方差受银行 2 上一期条件方差的交叉影响的大小；B（2，1）则表示银行 2 收益率本期的条件方差受银行 1 上一期条件方差的交叉影响的大小。表示非对称项的参数 D（1，2）显著，表明银行 2 向银行 1 的波动的传染是非对称的；参数 D（2，1）显著，则表示银行 1 向银行 2 的波动的传染是非对称的。表 5-10 显示，在 95% 的置信水平下，中国银行与建设银行之间存在相互的非对称的波动溢出效应，即市场上既存在中国银行收益的波动向建设银行收益波动的传染，也存在建设银行收益的波动向中国银行收益的波动的传染，这种现象称为两银行收益波动的双向传染，且传染具有非对称性。同理，中国银行与其余银行之间也存在相互的非对称的波动溢出效应。在95%的显著性水平下，中国银行与建设银行、南京银行、平安银行的非对称BEKK-GARCH模型各参数均通过显著性检验；在90%的显著性水平下，中国银行与招商银行、华夏银行、宁波银行之间的非对称BEKK-GARCH模型各参数均通过显著性检验；中国银行与浦发银行之间的非对称BEKK-GARCH模型参数估计结果中表示非对称项的参数均通不过显著性检验，因此说明中国银行与浦发银行之间的波动溢出并不存在非对称性。表示两银行之间交叉的非对称的系数D（1，2）、D（2，1）部分为正数，部分为负数，说明银行之间的非对称方向有正有反，如中国银行与建设银行交叉的非对称参数D（1，2）、D（2，1）均小于0，即两银行的波动溢出非对称性均为正向的，其经济意义为，来自中国银行收益率的上一期的负向消息会加剧建设银行本期收益率的波动；反之，建设银行上一期收益率波动的负向消息也会加剧中国银行本期收益的波动。而中国银行与南京银行、招商银行、华夏银行的交叉非对称方向有正有反，其经济意义类似于中国银行与建设银行的分析，此处不再赘述。

运用同样的方法，下面分析建设银行与其余银行间的波动溢出效应，如表5-11所示。

表5-11　建设银行（1）与其余银行（2）的非对称BEKK-GARCH模型结果

	参数	南京银行	招商银行	华夏银行	浦发银行	宁波银行	平安银行
均值方程	β_{11}	0.031	−0.003	0.018	0.008	0.033	0.028
	β_{12}	0.019	0.026	0.051 **	0.027	0.017	0.050 ***
	α_1	−0.037	−0.029	−0.024	−0.010	−0.028	−0.066 **
	β_{21}	0.093 *	0.063	0.068	0.179 ***	−0.031	−0.152 ***
	β_{22}	−0.063	−0.038	−0.013	−0.163 ***	0.004	0.270 ***
	α_2	0.003	−0.002	−0.051	−0.168 ***	0.003	−0.222 ***
方差方程	C(1,1)	0.392 ***	−0.547 ***	0.407 ***	0.256 ***	0.405 ***	0.106 *
	C(2,1)	−0.117 **	0.246 ***	−0.435 ***	0.087	−0.159 ***	0.744 ***
	C(2,2)	0.000	0.135 **	0.619 ***	0.921 ***	0.000	−0.003
	A(1,1)	0.319 ***	0.646 ***	0.491 ***	0.245 ***	0.343 ***	0.255 ***
	A(1,2)	−0.157 ***	−0.081 ***	−0.558 ***	0.960 ***	0.031	0.004 *
	A(2,1)	−0.069 **	−0.260 ***	−0.134 **	0.111 ***	0.061 ***	0.077 ***

续表

	参数	南京银行	招商银行	华夏银行	浦发银行	宁波银行	平安银行
方差方程	A(2,2)	0.284 ***	0.228 ***	0.532 ***	−0.952 ***	0.131 ***	−0.244 ***
	B(1,1)	0.822 ***	0.605 ***	0.753 ***	0.988 ***	0.827 ***	0.865 ***
	B(1,2)	0.079 ***	0.112 ***	0.438 ***	0.521 ***	0.011 ***	0.773 ***
	B(2,1)	0.088 ***	0.233 ***	0.142 ***	0.116 **	0.069 ***	0.067 ***
	B(2,2)	0.931 ***	0.912 ***	0.662 ***	0.528 ***	0.980 ***	0.331 ***
	D(1,1)	0.114 **	0.090 ***	0.042 **	0.138 **	0.073	0.237 ***
	D(1,2)	−0.283 ***	−0.123 ***	0.292 **	0.501 ***	0.040	0.931 ***
	D(2,1)	−0.374 ***	−0.288 ***	0.150 ***	−0.087 **	−0.218 ***	0.128 ***
	D(2,2)	0.287 ***	0.124 ***	0.221 ***	0.484 ***	0.078 **	0.362 ***
	似然值	−5810.99	−5678.85	−5899.77	−6038.1	−5922.77	−6220.39

注：① * 、 ** 、 *** 分别表示在 10%、5%、1%的显著性水平下拒绝原假设。②待估参数下标 1 表示建设银行，下标 2 分别表示南京银行、招商银行、华夏银行、浦发银行、宁波银行、平安银行。

资料来源：根据实证结果整理而得。

观察表 5-11，分析方差方程中代表各银行收益的波动受自身影响系数的显著性。建设银行与其余 6 家银行（中国银行除外，中国银行与建设银行间的波动的相互影响在表 5-10 中已做分析，此处不再赘述）两两之间建立的非对称的 BEKK-GARCH 模型中，方差方程中的参数 A（1，1）、B（1，1）均通过显著性检验，即建设银行本期的条件方差受其本身上一期残差与条件方差的共同影响。D（1，1）绝大部分通过显著性检验，即自身波动受市场信息的影响具有非对称性。A（2，2）、B（2，2）、D（2，2）绝大部分通过显著性检验，说明其余 6 家银行的绝大部分的收益率 t 时期的波动性受自身上一期的残差及条件方差的影响是显著的，且受到非对称的市场信息的冲击。

模型中各交叉项系数的经济意义在对表 5-10 所进行的分析中已经给出，此处不再赘述。建设银行与子样本内的 6 家银行的交叉项系数大部分通过了显著性检验，说明建设银行与各银行之间存在非对称的波动溢出效应。

南京银行与其余银行之间的非对称 BEKK-GARCH 模型参数估计结果如表 5-12 所示。

表 5-12 南京银行（1）与其余银行（2）间的模型参数估计结果

	系数	招商银行	华夏银行	浦发银行	宁波银行	平安银行
均值方程	β_{11}	−0.048	−0.112 ***	−0.126 ***	−0.083 ***	−0.037
	β_{12}	0.001	0.036	0.073 **	0.052 **	0.003
	α_1	−0.008	−0.013	−0.024	0.007	0.038
	β_{21}	0.015	−0.100 **	0.047	−0.055 ***	−0.224 ***
	β_{22}	−0.025	0.082 **	−0.041	0.029 ***	0.361 ***
	α_2	−0.014	0.007	−0.010 ***	0.003	0.106
方差方程	C(1,1)	−0.094 **	0.212 ***	−0.178 ***	−0.151 ***	−0.148 ***
	C(2,1)	−0.242 ***	−0.176 **	0.328 ***	−0.398 ***	−0.910
	C(2,2)	0.121	−0.345 ***	0.215	0.000	−0.452
	A(1,1)	0.180 ***	0.418 ***	0.372 ***	0.123 ***	0.221 ***
	A(1,2)	0.873 ***	−0.169 ***	−0.343 ***	−0.105 **	−0.539 ***
	A(2,1)	−0.201 ***	−0.101 **	−0.166 ***	0.079	−0.033
	A(2,2)	0.287 ***	0.286 ***	0.393 ***	0.277 ***	1.026 ***
	B(1,1)	0.990 ***	0.896 ***	0.921 ***	1.014 ***	0.976 ***
	B(1,2)	0.016 **	0.107 ***	0.191 ***	0.066 ***	0.276 ***
	B(2,1)	−0.019 ***	0.069	0.057 ***	−0.044 ***	0.004
	B(2,2)	0.944 ***	0.867 ***	0.812 ***	0.897 ***	0.584 ***
	D(1,1)	0.178 ***	−0.092 **	0.128 **	0.155 ***	0.116 ***
	D(1,2)	0.208 ***	0.564 ***	−0.692 ***	0.531 ***	0.450 ***
	D(2,1)	−0.184 ***	0.265 ***	−0.122 ***	−0.075 **	−0.037
	D(2,2)	−0.166 ***	−0.144 ***	0.581 ***	−0.247 ***	−0.919 ***
	似然值	−6154.460	−6261.000	−6226.470	−5926.000	−6743.810

注：①＊、＊＊、＊＊＊分别表示在 10%、5%、1%的显著性水平下拒绝原假设。②待估参数下标 1 表示南京银行，下标 2 分别表示招商银行、华夏银行、浦发银行、宁波银行、平安银行。

资料来源：根据实证结果整理而得。

表 5-12 显示，在 90%的置信水平下，南京银行与其余 5 家银行的模型中均值方程、方差方程的参数估计结果大部分为显著，说明南京银行与其余子样本内的银行收益率的波动溢出效应显著，非对称性显著。南京银行与平安银行的波动溢出模型参数中 A（2，1）、B（2，1）、D（2，1）通不过 90%的显著性水平检验，说明南京银行与平安银行的波动溢出方向是单向的，即只存在由

平安银行到南京银行的波动溢出，且溢出是非对称的，而不存在由南京银行到平安银行的波动溢出。

限于篇幅，招商银行、华夏银行、浦发银行、宁波银行、平安银行与其余银行的非对称 BEKK-GARCH 模型参数估计结果此处不再一一列出。对这几家银行两两间建立的非对称 BEKK-GARCH 模型参数估计结果显示，在 95% 的置信水平下，所建模型的参数大部分通过 10% 的显著性水平检验，也说明除个别银行组合通不过显著性检验之外，绝大部分银行两两之间存在非对称的波动溢出效应。

第四节　小　结

本章首先对 14 家上市银行的波动情况进行研究，检验了银行收益率波动的非对称性的存在；其次对银行进行了非对称波动溢出效应分析。限于样本数量，从第一类银行中随机选取了 2 家银行，从第二类银行中随机选择 6 家银行，使用这 8 家银行的日度市场数据进行交叉分析，以代表 14 家银行间两两的波动溢出情况。实证结果显示：在 5% 的显著性水平下，绝大部分银行之间存在两两的波动溢出效应，大部分银行间的波动溢出效应是非对称的，且市场上"正向""负向"的信息冲击对波动交叉溢出程度的影响具有非对称性。第一类银行与其余银行间的波动溢出效应明显，且具有显著的非对称性。第二类银行在 90% 的置信水平下，大部分银行间存在非对称的波动溢出效应，且这种波动溢出效应是非对称的。第二类银行间的波动溢出效应的非对称性符号有正有负，说明市场上信息冲击对波动的影响有正有负。对两类银行随机选择样本组成子样本，两两间建立非对称的 BEKK-GARCH 模型研究非对称的波动溢出，实证结果显示：子样本内的绝大部分银行间存在双向的非对称的波动溢出效应。因此我们可以得出，14 家上市银行间存在非对称的双向的波动溢出效应。当市场上一家银行出现信息冲击时，不仅会引起当事银行的收益率的波动，也会引起其余银行的收益率的波动。

第六章　中国上市银行非对称相关性研究

在前面的分析中，我们对 14 家银行求解了无条件相关系数，结果显示 3 家大型国有银行间的相关性普遍比 3 家大型国有银行与其余 11 家银行间的相关性高；11 家银行中的地方性银行之间相关系数也比较高。这在一定程度上反映了14 家银行间的紧密关系。在研究单个银行收益率的波动性时，我们发现市场上"利好"与"利空"的消息对波动的影响存在杠杆效应，因此接下来在研究银行间联动关系时，我们通过 GJR-GARCH 模型所得的各银行收益率的标准化残差计算上市银行间的动态条件相关系数。在第四章我们已经将 14 家银行分别使用市场数据根据风险溢出特点和使用截面数据根据资产负债指标进行了聚类，下面对两类银行按照类别内部相关性及类别间的相关性两条思路分别进行研究。

第一节　类别内的银行非对称相关性研究

对中国银行、建设银行、工商银行 3 家银行之间建立非对称的动态条件相关系数模型，研究在风险溢出特点及聚类结构表现均非常相似的 3 家银行的动态相关性特征。模型回归系数及检验结果如表 6-1 所示。

表 6-1　第一类银行动态相关模型参数估计结果

机构名称	θ	ϑ	η
中国银行和工商银行	0.082 ***	0.900 ***	− 0.012 **
中国银行和建设银行	0.059 ***	0.934 ***	− 0.005 *
建设银行和工商银行	0.077 ***	0.908 ***	− 0.003 **

注：* 、 ** 、 *** 分别表示在 10%、5%、1% 的显著性水平下拒绝原假设。

资料来源：根据实证结果整理而得。

上表显示了中国银行、建设银行、工商银行 3 家银行之间的非对称动态条件相关模型参数估计结果。结果显示，在 95% 的置信水平下，三家银行之间两两的模型参数 θ_m 与 ϑ_m 均通过显著性检验，表征非对称的参数 η 同样通过了显著性检验，说明模型设定良好，3 家银行之间存在两两非对称动态相关关系。

$\theta_m > 0$ 说明滞后一期的标准化残差乘积对动态相关系数有影响，影响为正；$\vartheta_m > 0$ 说明银行间两两动态条件相关系数受前期影响较大；$\theta_m + \vartheta_m < 1$，且其和非常接近于 1，说明参数均通过了模型设定性检验，且两家银行间的相关关系具有较强的连续性特征。表征相关性非对称的系数项 η 均通过显著性检验，且均小于 0，说明银行间相关性是非对称的，两家银行之间的相关系数在收益率同涨状态下比两家银行收益率同消状态下大。应用此模型，我们还得到了银行之间两两非对称时变条件相关系数序列。

为详细分析两类银行在市场上的相关性，将第一类银行与第二类银行两两间依次建模。表 6-2 给出了包含在第一类中的 3 家银行与包含在第二类中的 11 家银行间的非对称动态条件相关模型参数估计结果。

表6-2　两类银行的 ADCC-模型参数估计结果

中国银行与 11 家银行的 ADCC-模型参数估计结果

机构名称	θ	ϑ	η	机构名称	θ	ϑ	η
交通银行	0.089 ***	0.874 ***	−0.008 **	民生银行	0.001 *	0.992 ***	0.01 ***
中信银行	0.042 **	0.942 ***	−0.005 *	华夏银行	0.032 ***	0.755 ***	−0.014 ***
北京银行	0.033 ***	0.943 ***	−0.005 *	浦发银行	0.003 ***	0.990 ***	−0.002 ***
兴业银行	0.028 ***	0.953 ***	−0.002 *	宁波银行	0.095 ***	0.845 ***	−0.023 ***
南京银行	0.062 ***	0.920 ***	−0.004	平安银行	0.078 ***	0.812 ***	0.01 ***
招商银行	0.111 ***	0.645 ***	−0.038 **				

建设银行与 11 家银行的 ADCC-模型参数估计结果

机构名称	θ	ϑ	η	机构名称	θ	ϑ	η
交通银行	0.059 ***	0.921 ***	−0.002 *	民生银行	0.002 **	0.993 ***	0.007 **
中信银行	0.012 ***	0.967 ***	0.002 ***	华夏银行	0.020 ***	0.966 ***	—
北京银行	0.047 ***	0.929 ***	−0.007 *	浦发银行	0.004 ***	0.801 ***	−0.006 **
兴业银行	0.014 ***	0.861 ***	—	宁波银行	0.071 ***	0.764 ***	−0.036 **
南京银行	0.051 ***	0.927 ***	0.003	平安银行	0.054 **	0.875 ***	−0.004 *
招商银行	0.141 ***	0.780 ***	−0.031 **				

机构名称	θ	ϑ	η	机构名称	θ	ϑ	η
交通银行	0.023 ***	0.961 ***	-0.004 ***	民生银行	0.001 *	0.992 ***	0.004 ***
中信银行	0.023 ***	0.971 ***	-0.007 ***	华夏银行	0.055 ***	0.874 ***	0.006 *
北京银行	0.020 *	0.884 ***	-0.002 *	浦发银行	0.006 *	0.855 ***	0.005 *
兴业银行	0.003 *	0.975 ***	—	宁波银行	0.032 ***	0.856 ***	-0.011 *
南京银行	0.002 ***	0.997 ***	0.002 *	平安银行	0.020 *	0.842 ***	0.010 *
招商银行	0.082 ***	0.509 ***	-0.036 ***				

工商银行与 11 家银行的 ADCC-模型参数估计结果

注：①＊、＊＊、＊＊＊分别表示在 10%、5%、1%的显著性水平下拒绝原假设。②表中 0.089 表示中国银行与交通银行间的非对称动态条件相关模型待估参数 θ 的值为 0.089，其余以此类推。

资料来源：根据实证结果整理而得。

从表 6-2 可得，除少数银行外，中国银行、建设银行、工商银行 3 家银行与第二类银行之间的非对称动态条件相关模型待估参数大部分通过了 10%的显著性水平下的统计学检验。中国银行与南京银行之间的动态条件相关非对称项不显著；中国银行与中信银行、兴业银行、北京银行、建设银行间在 10%的显著性水平下存在非对称的动态相关性；中国银行与其余银行间动态非对称的参数估计值均在 5%显著性水平下通过检验。建设银行与兴业银行、华夏银行间不存在非对称的动态相关关系；建设银行与南京银行间的相关模型非对称项也未通过显著性检验；建设银行与其余银行间的非对称动态条件相关参数估计均通过 10%的显著性水平检验。工商银行与兴业银行间也不存在相关的非对称性，其与北京银行、南京银行、华夏银行、宁波银行之间的非对称项在 10%的显著性水平下有效，其余参数均通过 5%的显著性水平检验。

表 6-2 显示，银行间非对称动态条件相关模型的参数估计结果符合要求，参数非负、参数有界的约束条件：$\theta_m > 0$，$\vartheta_m > 0$，$\theta_m + \vartheta_m < 1$，因此说明模型设定良好。参数 θ_m 显著但普遍较小，说明银行收益率序列滞后一期的标准化残差乘积对动态相关系数有影响，但影响较小；参数 ϑ_m 也显著，但是数值普遍较大，说明银行间两两动态条件相关系数受前期影响较大。参数 θ_m 与 ϑ_m 之和非常接近于 1，说明两类银行间的相关性具有较强的持续性特征。表征相关性非对称的系数项 η 大部分为负，说明相关性存在显著的非对称，且两家银行之间的相关系数在收益率同涨状态下比两家银行收益率同消状态下大。这是因

为银行作为金融系统的核心机构，在市场利好时，业务往来频繁，相关性随之增加。应用此模型我们同样得到了两类银行间的动态条件相关系数序列。

下面对包含在第二类银行内的 11 家银行两两之间同样建立非对称动态条件相关模型，表 6-3 给出了这 11 家银行两两间的动态条件相关模型参数估计结果。

表 6-3　第二类银行 ADCC-模型参数估计结果

交通银行与其余 10 家银行的 ADCC-模型参数估计结果						
机构名称	θ	ϑ	η	机构名称	θ	ϑ	η
中信银行	0.059 ***	0.921 ***	−0.006 ***	民生银行	0.126 ***	0.831 ***	−0.013 *
北京银行	0.078 ***	0.602 ***	−0.037 **	华夏银行	0.062 ***	0.880 ***	−0.010 *
兴业银行	0.042 **	0.954 ***	−0.003 ***	浦发银行	0.005 ***	0.805 ***	0.000 ***
南京银行	0.059 ***	0.905 ***	0.001	宁波银行	0.063 ***	0.823 ***	−0.008 *
招商银行	0.075 ***	0.705 ***	−0.022 *	平安银行	0.043 *	0.862 ***	0.001

中信银行与其余 9 家银行的 ADCC-模型参数估计结果						
机构名称	θ	ϑ	η	机构名称	θ	ϑ	η
北京银行	0.070 ***	0.517 ***	−0.026 **	华夏银行	0.002 ***	0.780 ***	0.008 ***
兴业银行	0.026 **	0.958 ***	−0.002 *	浦发银行	0.007 ***	0.800 ***	−0.001 ***
南京银行	0.058 ***	0.873 ***	0.003 ***	宁波银行	0.050 ***	0.935 ***	−0.006 ***
招商银行	0.098 ***	0.714 ***	0.033 **	平安银行	0.095 ***	0.814 ***	−0.023 **
民生银行	0.138 ***	0.827 ***	−0.015 *				

北京银行与其余 8 家银行的 ADCC-模型参数估计结果						
机构名称	θ	ϑ	η	机构名称	θ	ϑ	η
兴业银行	0.023 *	0.944 ***	−0.002	华夏银行	0.184 ***	0.601 ***	−0.097 ***
南京银行	0.069 ***	0.908 ***	−0.014 **	浦发银行	0.056 **	0.898 ***	−0.005 *
招商银行	0.181 ***	0.765 ***	−0.167 ***	宁波银行	0.090 ***	0.701 ***	−0.066 ***
民生银行	0.002 ***	0.968 ***	—	平安银行	0.167 ***	0.741 ***	−0.074 ***

兴业银行与其余 7 家银行的 ADCC-模型参数估计结果						
机构名称	θ	ϑ	η	机构名称	θ	ϑ	η
南京银行	0.023 ***	0.867 ***	—	浦发银行	0.008 ***	0.920 ***	−0.009 ***
招商银行	0.112 ***	0.861 ***	−0.056 ***	宁波银行	0.048 *	0.691 ***	−0.002
民生银行	0.165 ***	0.748 ***	—	平安银行	0.192 ***	0.717 ***	−0.050 ***
华夏银行	0.088 ***	0.813 ***	−0.013 *				

续表

南京银行与其余 6 家银行的 ADCC–模型参数估计结果						
机构名称	θ	ϑ	η	机构名称	θ	ϑ	η
招商银行	0.112 ***	0.661 ***	−0.056 ***	浦发银行	0.013 ***	0.954 ***	0.002 ***
民生银行	0.028 ***	0.898 ***	0.007 **	宁波银行	0.030 ***	0.948 ***	0.002 ***
华夏银行	0.076 ***	0.746 ***	−0.009 *	平安银行	0.141 ***	0.814 ***	−0.024 *

招商银行与其余 5 家银行的 ADCC–模型参数估计结果						
机构名称	θ	ϑ	η	机构名称	θ	ϑ	η
民生银行	0.250 ***	0.613 ***	−0.055 **	宁波银行	0.095 ***	0.736 ***	−0.033 ***
华夏银行	0.095 ***	0.763 ***	−0.009	平安银行	0.170 ***	0.699 ***	−0.047 ***
浦发银行	0.166 ***	0.756 ***	−0.043 **				

民生银行与其余 4 家银行的 ADCC–模型参数估计结果						
机构名称	θ	ϑ	η	机构名称	θ	ϑ	η
华夏银行	0.038 *	0.744 ***	0.009 ***	宁波银行	0.123 ***	0.784 ***	0.000
浦发银行	0.153 ***	0.461 ***	0.006 ***	平安银行	0.166 ***	0.710 ***	−0.032 ***

华夏银行与其余 3 家银行的 ADCC–模型参数估计结果						
机构名称	θ	ϑ	η	机构名称	θ	ϑ	η
浦发银行	0.114 ***	0.856 ***	−0.014 **	平安银行	0.040 ***	0.898 ***	−0.033 ***
宁波银行	0.061 ***	0.871 ***	0.006				

浦发银行与其余 2 家银行的 ADCC–模型参数估计结果						
机构名称	θ	ϑ	η	机构名称	θ	ϑ	η
宁波银行	0.011 **	0.983 ***	0.002 ***	平安银行	0.003 ***	0.791 ***	0.008 ***

宁波银行与其余 1 家银行的 ADCC–模型参数估计结果			
机构名称	θ	ϑ	η
平安银行	0.082 ***	0.687 ***	−0.127 ***

注：① * 、 ** 、 *** 分别表示在 10%、5%、1% 的显著性水平下拒绝原假设。②表中 0.059 表示交通银行与中信银行间的非对称动态条件相关模型待估参数 θ 的值为 0.059，其余以此类推。

资料来源：根据实证结果整理而得。

从表 6-3 中可以看出，第二类中的 11 家银行两两之间建立的非对称动态条件相关模型，大部分的参数估计通过了 10% 的显著性水平检验。银行间的动态条件相关系数模型参数 θ_m 与 ϑ_m 回归结果均为显著。$\theta_m > 0$ 说明滞后一期的标准化残差乘积对动态相关系数有影响，影响为正；$\vartheta_m > 0$ 说明银行间两两动态条件相关系数受前期影响较大；$\theta_m + \vartheta_m < 1$，且其和非常接近于 1，说明待估参数均通过了模型设定性检验，且各银行间的相关性具有较强的连续性特征。表征相关性非对称项的系数 η 大部分通过了 5% 的显著性水平检验，且通过检验的参数 η 大部分为负数，说明相关性存在显著非对称性，且两家银行收益率同涨状态下相关性总比两家银行收益同消状态下的相关性大。划分为第二类的 11 家银行中，中信银行与华夏银行、南京银行、招商银行之间的动态相关模型，其非对称项参数为正，南京银行与浦发银行、宁波银行、民生银行之间非对称的参数也为正，民生银行与华夏银行、浦发银行间的非对称项也为正，说明这几家银行间相关关系在它们的收益率序列同消时比同涨时更为紧密。同样，应用此模型我们得到了第二类银行间的两两非对称动态条件相关系数序列。

第二节　类别间的银行相关性研究

根据银行截面数据及市场高频数据，我们将 14 家上市银行聚成了两类，分别为包含了中国银行、建设银行、工商银行这 3 家大型国有商业银行的第一类银行和包含了 11 家股份制商业银行的第二类银行。对于银行内部的相关性，我们通过建立具有非对称的 DCC-GARCH 模型进行一一探究。但是银行间风险的联动是复杂多向的，两类银行中内部银行两两间的联动关系是对一家银行与另一家银行相关性的具体描述。同时，我们也想把握两类银行总体上的相关关系，因为若两类银行间的相关关系越大，就意味着在我国的银行体系中，若危机在一类银行中爆发，那么基于较高的相关系数，危机就会快速扩散至另一类银行，若在两类银行之间及时调整业务往来，就可以适当遏制风险的传染范围。此处我们将用于研究两组变量之间相关关系的典型相关分析法引进来，对两类银行之间的相关性以整体数量化的描述，得到两类银行总体上的相关程度。

典型相关分析是研究两组变量之间相关关系的一种统计方法。在实际研究中，经常会有需要研究两组变量总体相关关系的情况，而典型相关分析法的目的就是找出第一组变量的加权值与第二组变量的加权值，使这两组变量的线性组合的相关性达到最大。

典型相关分析的基本思想为：假设有两组变量，一组变量为 $x_1, x_2, \cdots,$ x_p，另一组变量为 $y_1, y_2, \cdots, y_p$，且 $q > p$，为研究 x 变量与 y 变量之间的线性相关关系，可根据它们之间的 n 组观测值 x_{ji} 和 y_{ji} 或经过标准化变换后变量 x_j' 和 y_j' 的 n 组观测值 x_{ji}'、y_{ji}'（$j=1$，2，…，p 或 q，$i=1$，2，…，n），求出系数 a_{jk} 和 b_{jk}（$k=1$，2，…，q），得到 x_j' 和 y_j' 的线性组合所表示的新变量 u_k 及 v_k：

$$u_k = \sum_j a_{jk} x_j' = a_{1k} x_1' + a_{2k} x_2' + \cdots + a_{pk} x_p' \tag{6-1}$$

$$v_k = \sum_j b_{jk} y_j' = b_{1k} y_1' + b_{2k} y_2' + \cdots + b_{pk} y_p' \tag{6-2}$$

如果存在 a_{jk} 和 b_{jk}（$k=1$，$2\cdots q$），使得：

$$\rho(u_k, v_k) = \max_{\mathrm{var}(u_k)=1,\mathrm{var}(v_k)=1} \rho(u_k, v_k) \tag{6-3}$$

则称 u_k 及 v_k 为 X 和 Y 的典型相关变量，它们之间的相关系数 γ_k 称为典型相关系数。

对于 a_{jk} 和 b_{jk} 有如下要求：

使各个 u_k 及 v_k 的算术平均数为 0，标准差为 1。

使任意两个 u_k 彼此独立或不相关，任意两个 v_k 彼此独立或不相关，且当 $k_1 \neq k_2$ 时，u_k 及 v_k 彼此独立或不相关。

使 u_k 及 v_k 的相关系数 γ_k（$k=1$，2，…，p）满足关系式 $1 \geqslant \gamma_1 \geqslant \gamma_2 \geqslant \cdots \geqslant \gamma_p \geqslant 0$。

理论上，典型变量的对数和相对应的典型相关系数的个数可以等于两组变量中数目较少的那一组变量的个数。其中，u_1 及 v_1 的相关系数 γ_1 反映的相关成分最多，称为第一对典型变量；u_2 及 v_2 的相关系数 v_k 反映的相关成分次之，称为第二典型相关变量，以此类推。

本书引入典型相关分析法，主要目标是寻找分到第一类中的 3 家银行的加权值与分到第二类中的 11 家银行的加权值，使这 3 家银行的线性组合与另外 11 家银行的线性组合的相关性达到最大，那么我们就获得了我国两类银行分别进行了线性组合之后的最大相关系数。我们称对第一类银行进行加权组合之后所获得的 u_1 为第一类银行的典型相关指数；称对第二类银行进行加权组合之后所获得的 v_1 为第二类银行的典型相关指数；对两类银行求得的相关系数 γ_1 称为两类银行间的第一典型相关系数。若典型相关系数很大，则说明两类银行间存在密切的相关关系，当市场上风险发生时，需要及时采取措施，避免危机传染的发生。下面我们对两类银行进行典型相关分析。

首先，SPSS 分别给出了两类银行内部的无条件相关系数，以及第一类与第二类银行的相关系数。本书在对 14 家银行进行聚类分析时已经求得了银行间无条件相关系数，此处只给出分析结论：结果显示，与跨类别的银行间相关系数相比，类内银行间的相关性较高。

下面给出了分别对两类银行进行加权之后得到的两类银行典型相关指数的前三典型相关系数及典型相关系数的假设检验，结果如表6-4所示。

表6-4　典型相关系数及假设检验

r	Canonical Correlations	Wilk's	Chi−SQ	DF	Sig.
1	0.886	0.202	2304.072	33.000	0.000
2	0.227	0.936	94.904	20.000	0.000
3	0.114	0.987	18.763	9.000	0.027

资料来源：根据实证结果整理而得。

表6-4显示，对两类银行分别进行加权之后得到的两个典型相关指数之间存在很大的相关关系。求三组典型相关指数的相关系数，得到第一、第二、第三典型相关系数分别为0.886、0.227和0.114，且检验结果显示，三大典型相关系数均通过了5%的显著性水平检验。说明三大系数均具有统计学意义。而且第一典型相关系数远远大于后两个典型相关系数，说明两类银行分别加权得到的第一组的两个典型相关指数足以表达两类银行的相关信息。因此，此处仅选取两类银行的第一对典型相关指数作为两类银行信息的概述。两类银行总体间的相关系数达到0.886，说明我国这两类银行之间的相关性很强，一类银行风险的爆发，极易传染给另一类银行。

表6-5给出了组成两类银行典型相关指数的各银行的权重数。SPSS给出了标准化和原始的典型变量，我们选择标准化的典型指数。

表6-5　两类银行典型相关系数权重

机构名称	1	2	3	机构名称	1	2	3
中国银行(a1)	−0.291	1.781	0.130	交通银行(d1)	−0.500	−0.093	−0.341
建设银行(b2)	−0.514	−0.973	−1.829	中信银行(e2)	−0.200	1.096	−0.387
工商银行(c3)	−0.257	−0.739	1.800	北京银行(f3)	−0.102	−0.834	0.826
				兴业银行(g4)	0.035	−0.177	0.333
				南京银行(h5)	−0.120	0.742	−0.398
				招商银行(i6)	−0.105	−0.173	0.235

续表

机构名称	1	2	3	机构名称	1	2	3
				民生银行(j7)	-0.170	0.267	1.121
				华夏银行(k8)	-0.072	-0.900	-0.935
				浦发银行(l9)	0.106	0.192	0.319
				宁波银行(m10)	0.019	0.247	-0.321
				平安银行(n11)	0.015	-0.419	-0.396

注：1、2、3分别表示第一、第二、第三典型相关指数。

资料来源：根据实证结果整理而得。

由于第一典型相关系数远远大于后两个典型相关系数，我们选取第一对典型相关指数来探索两类银行的相关信息。根据上表我们给出两类银行的第一典型相关系数为：

$$u_1 = -0.291a_1 - 0.514b_2 - 0.257c_3$$

$$v_1 = -0.5d_1 - 0.2e_2 - 0.102f_3 + 0.035g_4 - 0.12h_5 - 0.105i_6 - 0.17j_7 -$$
$$0.07k_8 + 0.106l_9 + 0.019m_{10} + 0.015n_{11}$$

u_1 受建设银行收益率序列影响最大，权重为-0.514。但是，由于方向相反，表明同等条件下建设银行的收益越高，第一类银行的第一典型相关指数越小；工商银行的权重为-0.257，说明工商银行的收益率越高，第一类银行的第一典型相关指数下降的幅度小于工商银行的下降幅度。同理，v_1 受交通银行的收益率影响最大，权重为-0.5，表明同等条件下，交通银行收益率越高，第一典型相关指数越低。而交通银行的收益率越低，第一典型相关指数就越高。

表6-6分别给出两类银行的原始收益率序列与三组典型相关指数收益率序列的相关程度。

表6-6　两类银行原始收益率与其典型相关指数收益率的相关系数

机构名称	1	2	3	机构名称	1	2	3
中国银行(a1)	-0.911	0.410	0.038	交通银行(d1)	-0.957	-0.044	-0.033
建设银行(b2)	-0.970	-0.144	-0.198	中信银行(e2)	-0.883	0.247	-0.081
工商银行(c3)	-0.919	-0.176	0.352	北京银行(f3)	-0.839	-0.195	0.178
				兴业银行(g4)	-0.744	-0.064	0.095
				南京银行(h5)	-0.798	0.161	-0.107

续表

机构名称	1	2	3	机构名称	1	2	3
				招商银行（i6）	−0.855	−0.139	0.056
				民生银行（j7）	−0.838	0.019	0.327
				华夏银行（k8）	−0.829	−0.321	−0.226
				浦发银行（l9）	−0.711	−0.038	0.175
				宁波银行（m10）	−0.806	0.115	−0.133
				平安银行（n11）	−0.729	−0.220	−0.117

资料来源：根据实证结果整理而得。

  表6-6显示，第一类的3家银行与第一典型相关指数的相关性非常强，而第二、第三典型相关指数与3家银行的相关关系较小，说明第一典型相关指数包含了3家银行中的绝大多数信息。同理，第二类银行与第一典型相关指数的相关程度非常强，绝对值均在0.70以上，而11家银行与第二、第三典型相关指数的相关程度不高，也说明对第二类中的11家银行进行加权后得到的第一典型相关指数已经包含了11家银行的绝大部分信息。

  表6-7给出了典型冗余分析结果，分析样本原始收益率序列被各典型相关指数解释的程度。

表6-7　两类银行被第一典型相关指数解释的比例

第一类银行		第二类银行	
第一典型指数	解释比例	第一典型指数	解释比例
CV1-1	0.872	CV2-1	0.672
CV1-2	0.073	CV2-2	0.029
CV1-3	0.055	CV2-3	0.026

资料来源：根据实证结果整理而得。

  表6-7给出了两类银行分别被自身典型相关指数解释的比例，第一类银行被第一典型相关指数解释的比例为87.2%，被第二典型相关指数解释的比例为7.3%，被第三典型相关指数解释的比例为5.5%；同样地，第二类银行被第一、第二、第三典型相关指数解释的比例分别为67.2%、2.9%和2.6%。说明第一典型指数解释了两类银行的绝大多数信息，模型设定良好。

总之，通过对两类银行进行线性加权组合，最大化提取两类银行收益率序列内的信息，得到的两类银行的典型相关指数间的相关性达到88.6%，即对两类银行总体相关关系的度量结果显示，相关程度达到88.6%，说明我国这两类银行之间的相关性很强，一类银行风险的爆发，极易传染给另一类银行。

第三节 银行间时变相关关系研究

为了刻画自2008年以来上市的14家银行间的时变联动关系，下面我们给出时变的动态相关系数图。由于本书对14家银行进行了聚类分析，聚类结果表示中国银行、建设银行、工商银行3家银行为第一类，其余11家银行为第二类。

我们以中国银行为例，在两类银行间选择几家银行以展示时变的联动关系，此处选择第二类银行里的股份制银行——中信银行和平安银行，地方性银行——北京银行，以及第一类银行中的一家——建设银行，给出中国银行与所选银行之间的时变条件相关系数图（见图6-1）。

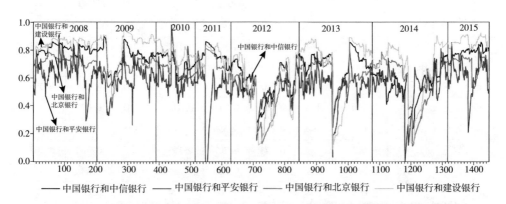

图6-1 中国银行与4家银行间的动态条件相关系数

资料来源：本图根据实证结果由作者绘制。

图6-1分别列出了中国银行与同类银行中的建设银行间的时变条件相关系数，中国银行与第二类银行中的中信银行及平安银行间的时变条件相关系数，中国银行与第二类银行中的地方性银行——北京银行的时变相关系数。很明显，中国银行与建设银行间的相关系数序列大部分时候处于高位，而在

2012 年相关系数整体较低时，又处在其他曲线之下，说明第一类银行间的时变相关系数较高，能反映出第一类的三家银行内部共振性较强，且相关的波动较为剧烈。

从时间点上看，银行间的动态条件相关性在 2008 年、2009 年下半年、2013 年的年初和年末及 2015 年上半年相对较高，反映这段时间银行间具有较强的共振性特征。而在这些时间段内恰好我国金融市场波动较为剧烈，这充分说明我国上市银行之间的动态相关性在市场波动剧烈时表现趋于一致。因此一家银行风险的扩大需要得到高度重视，否则其余银行也将暴露在风险之中。

一、时变相关系数均值和中位数

分别计算银行间时变的动态条件相关系数，研究中国银行、建设银行、工商银行 3 家银行分别与第二类银行间的动态条件相关系数序列，并对此 36 组动态相关系数序列进行描述性统计，所得结果如表 6-8 所示。

表 6-8　第一类银行与第二类银行间时变相关系数简单描述性统计

机构名称	中国银行			建设银行			工商银行		
	均值	中位数	标准差	均值	中位数	标准差	均值	中位数	标准差
交通银行	0.744	0.772	0.134	0.763	0.805	0.135	0.740	0.772	0.085
中信银行	0.688	0.727	0.131	0.738	0.745	0.077	0.669	0.705	0.112
北京银行	0.626	0.670	0.135	0.662	0.698	0.143	0.651	0.661	0.056
兴业银行	0.720	0.760	0.116	0.703	0.712	0.047	0.681	0.693	0.042
南京银行	0.639	0.679	0.166	0.627	0.656	0.148	0.656	0.635	0.060
招商银行	0.663	0.677	0.083	0.671	0.707	0.143	0.699	0.708	0.067
民生银行	0.645	0.607	0.109	0.694	0.676	0.086	0.670	0.638	0.077
华夏银行	0.631	0.627	0.058	0.693	0.702	0.094	0.654	0.669	0.112
浦发银行	0.667	0.657	0.060	0.636	0.641	0.032	0.632	0.629	0.025
宁波银行	0.675	0.705	0.123	0.675	0.689	0.072	0.661	0.669	0.047
平安银行	0.562	0.573	0.136	0.628	0.651	0.120	0.599	0.596	0.059
工商银行	0.725	0.782	0.189	0.764	0.829	0.186			
建设银行	0.726	0.796	0.175				0.725	0.782	0.189

注：表中 0.744 表示中国银行与交通银行的时变条件相关系数序列均值为 0.744，其余依此类推。

资料来源：根据实证结果整理而得。

统计结果显示，划分到第一类中的 3 家大型国有银行间的相关系数仍比第二类银行间的相关系数高，这与前文给出的皮尔森无条件相关系数所得结果高度一致，因此 ADCC-GJR-GARCH 模型不仅正确捕捉了银行波动受市场不同信息冲击影响的非对称性，而且给出了随时间变化的银行间相关性的具体情况，在刻画金融时间序列的相关性上表现优良。

从时变相关系数的标准差来看，表 6-8 同时显示，第一类中 3 家大型国有银行间的两两时变动态相关系数序列的标准差普遍大于第二类银行间的时变相关系数序列的标准差，说明第一类银行间的动态条件相关性受市场影响较大，波动剧烈，而第二类银行间的两两相关性波动较小，相关关系维持在一个稳定的水平上。

将第一类银行之间及第一类银行与第二类银行之间的时变动态条件相关系数序列取平均值，获得这 36 个时间序列的均值，并将该平均值序列与沪深300 指数收盘价进行比较，结果如图 6-2 所示：

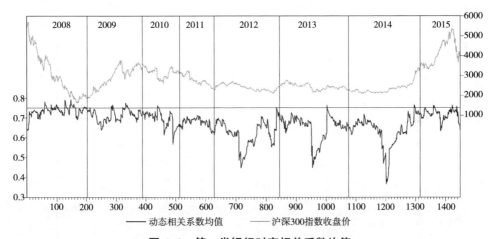

图 6-2　第一类银行时变相关系数均值

资料来源：本图根据实证结果由笔者绘制。

从图 6-2 看出，第一类银行内部的及第一类银行与第二类银行间的动态相关系数总体均值的绝大部分时间在 0.75 以下。2008 年金融危机席卷全球，沪深 300 指数收盘价大幅下跌，相对应地，第一类银行内部的动态相关系数在0.75 附近波动，甚至有部分时间点，相关系数超过 0.75。2009 年股市开始调整向好，沪深 300 指数收盘价大幅拔高，而沪深 300 处于最高位时，银行相关

表6-9 第一类银行间时变相关系数简单描述统计

机构名称	交通银行			中信银行			北京银行			兴业银行			南京银行			招商银行			民生银行			华夏银行			浦发银行			宁波银行		
	均值	中位数	标准差	均值	中位数	标准差	均值	中位数	标准差	均值	中位数	标准差	均值	中位数	标准差	均值	中位数	标准差	均值	中位数	标准差	均值	中位数	标准差	均值	中位数	标准差	均值	中位数	标准差
中信银行	0.801	0.828	0.091																											
北京银行	0.767	0.783	0.072	0.793	0.806	0.050																								
兴业银行	0.798	0.826	0.117	0.801	0.825	0.082	0.828	0.870	0.113																					
南京银行	0.704	0.726	0.115	0.712	0.731	0.102	0.743	0.800	0.155	0.792	0.794	0.020																		
招商银行	0.776	0.785	0.050	0.730	0.738	0.047	0.693	0.724	0.110	0.786	0.801	0.072	0.786	0.801	0.072															
民生银行	0.685	0.734	0.206	0.679	0.735	0.218	0.575	0.563	0.200	0.667	0.699	0.200	0.619	0.630	0.121	0.686	0.721	0.165												
华夏银行	0.723	0.740	0.081	0.707	0.701	0.023	0.707	0.729	0.110	0.752	0.774	0.095	0.710	0.722	0.068	0.738	0.743	0.054	0.678	0.680	0.066									
浦发银行	0.768	0.767	0.015	0.703	0.704	0.054	0.714	0.751	0.126	0.868	0.894	0.075	0.709	0.718	0.070	0.729	0.766	0.162	0.623	0.620	0.121	0.726	0.780	0.198						
宁波银行	0.767	0.777	0.051	0.780	0.811	0.091	0.755	0.778	0.093	0.818	0.824	0.039	0.807	0.831	0.097	0.749	0.763	0.068	0.627	0.653	0.176	0.713	0.724	0.094	0.720	0.735	0.089			
平安银行	0.669	0.684	0.105	0.690	0.718	0.127	0.694	0.729	0.166	0.765	0.793	0.156	0.669	0.708	0.177	0.727	0.753	0.128	0.716	0.743	0.124	0.644	0.669	0.103	0.587	0.583	0.027	0.640	0.680	0.142

注：表中 0.801 表示交通银行与中信银行的时变条件相关系数序列均值为 0.801，其余依此类推。

资料来源：根据实证结果整理而得。

系数再次冲向 0.75。此后，沪深 300 指数稳定在 2800 点左右，而银行间相关系数也维持在 0.75 以下。直到 2014 年末，沪深 300 指数收盘价再次大幅拔高，相应地，银行间相关系数均值再次冲向 0.75 这个高位。这一现象的出现，需要市场参与者高度重视。

对第二类银行的收益序列的时变相关系数进行相同处理，表 6-9 给出了第二类银行内部两两之间的非对称动态条件相关系数简单描述性统计结果。

从表 6-9 中可以看出，第二类银行间的动态条件相关系数也有一定规律性，地方性银行之间的相关系数普遍较高；交通银行与中信银行间也表现出较高的相关性。而华夏银行与招商银行之间、兴业银行与浦发银行之间同样均表现出较高的相关性，这与常相关系数的结果一致。

从标准差看，第二类银行间的动态相关性的波动有高有低，但总体小于第一类银行间相关性的波动以及第一类银行与第二类银行间相关性的波动，说明 11 家银行两两间的相关性较为稳定。从单个银行看，平安银行与其余银行间的相关系数标准差较高。

将第二类银行之间的时变动态条件相关系数序列取平均值，获得这 55 个时间序列的均值，同样将该时变相关系数平均值序列与沪深 300 指数收盘价进行比较，结果如图 6-3 所示。

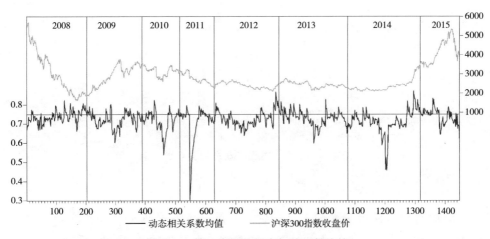

图 6-3　第二类银行时变相关系数均值

资料来源：本图根据实证结果由笔者绘制。

从图 6-3 看出，第二类银行间时变相关系数的均值明显大于图 6-2 所描述的第一类银行间及第一类银行与第二类银行间的动态条件相关系数。从曲线波动性看,第二类银行间时变相关系数波动性同样大于后者的波动性。第二类银行间的动态相关系数达到 0.75 甚至高于 0.75 的时间点同样发生在 2008 年金融危机时期,即沪深 300 指数收盘价大跌时期以及 2009 年末沪深 300 指数收盘价拔到最高位时期,2012 年末及 2014 年末,第二类银行间时变条件相关系数的均值同样达到并超过 0.75。

二、整体动态条件相关系数

下面研究 14 家银行两两之间的整体动态条件相关系数,并取全部样本动态相关系数在每个时点上的平均值,便得到我国上市银行整体间的平均动态相关性水平。同样将整体相关系数平均值与沪深 300 指数收盘价进行对比研究,如图 6-4 所示。

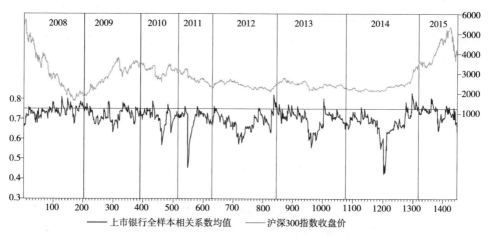

图 6-4　中国上市银行动态相关系数均值

资料来源:本图根据实证结果由笔者绘制。

根据图 6-4 所得的我国上市银行整体的动态相关性变化趋势,我们可以得出如下结论:从整个样本期间看,银行间动态条件相关系数波动较大,最小值为 0.42,最大值为 0.83,根据各时间点上银行整体的动态条件相关系数,我们能够识别并判断出银行间的风险状况,并实时监测因为风险传染和信息不对称等造成的系统性风险的产生。

首先，2008 年中的一段时间，银行间动态相关系数一直处在高位，2008 年的金融危机使得银行间的时变条件相关系数升至 0.75 以上，这段时期的相关系数也是整个研究期间的较高水平。危机过后到 2009 年初的一小段时间里，相关系数有所下降，随后又上升至 0.75 以上并保持了较长时间，说明金融危机的发生使银行间的风险传染效应有所加强，市场预期的银行间内部风险联动性有所上升。

其次，2010 年第一季度，我国上市银行间整体的动态条件相关系数开始下降，并降到 0.75 以下，这一状态一直持续到 2012 年末，这段时间正是我国经历了金融危机后，经济调整向好，成为我国经济发展的平稳期。综观国际金融市场，2012 年国内外的金融市场整体较为平稳发展，与相关系数反映的状况一致；2012 年末、2013 年初及 2014 年末、2015 年初，整体相关系数值一度到达 0.75 以上，说明银行间整体动态条件相关存在一定的季节性因素。

再次，从 2014 年 11 月到样本截止的 2015 年 7 月，相关系数处于 0.75 以上的时点比较长。回望沪深 300 指数，2014 年 11 月 6 日为 2506 点，从此处开始，沪深 300 指数一直处于上升趋势，且上升幅度较大，到 2014 年 12 月 26 日达到 3346 点，涨幅 33.52%。中间沪深 300 指数有短暂停留，到 2015 年 2 月开始继续上涨，到 2015 年 6 月 8 日达到 5353.75 点，不到 4 个月，指数涨幅 52%。此后沪深 300 指数开始下滑，到样本截止日的 2015 年 7 月 16 日，沪深 300 收盘价为 3997.36，这一个多月的跌幅为 25.34%。可见，股市振幅巨大，上市银行整体动态条件相关系数也表现为处于高位。

最后，银行间相关性存在一定周期性特征。在我们的样本期内，2009 年、2010 年、2011 年、2012 年、2013 年及 2014 年的年中，银行间相关系数平均值均降至最低，我们猜测可能是每年的年中，银行业务达到常态化水平，不受极端事件影响，因此银行间相关性随之下降。

由此可得，我国上市银行整体动态条件相关系数的波动与市场上宏观经济变动大致趋于一致，当市场波动剧烈时，反映在银行间相关性上则为系数值明显的上升，因此银行间整体的时变相关系数能够实时识别并预测市场风险，可以作为监测市场上因为风险传染和信息不对称等造成的系统性风险的指标因子。

第四节　小　结

本章对 14 家银行分别建立非对称的动态条件相关系数进行相关性研究，同时引入典型相关分析研究类别间的整体相关性，最后使用基于非对称 DCC-GARCH 模型得到的银行间时变动态条件相关系数，建立市场预警因子，对金融系统的风险状况进行监测。

对 14 家银行非对称相关性的实证结果显示，无论是两类银行类别内的动态相关性，还是类别间的相关性，在 5% 的显著性水平下，动态条件相关模型待估参数 θ_m 与 ϑ_m 大部分为显著，说明滞后一期的标准化残差乘积对动态相关系数有正向影响，而且银行间的动态条件相关系数受前期影响较大，相关性具有较强的连续性特征。表征相关性非对称项的系数 η 大部分通过了 5% 的显著性水平检验，且通过检验的参数 η 大部分为负数，说明相关性存在显著非对称性，两家银行收益率同涨状态下的相关性总比两家银行收益同消状态下的相关性大。

对两类银行引入典型相关分析法的思路，度量两类银行的整体相关程度，实证结果显示：通过构造的一组典型相关指数计算的典型相关系数达到 0.886，说明两类银行总体间的相关性很强，一类银行风险的爆发，极易传染给另一类银行。

对 14 家银行基于非对称 DCC-GARCH 模型得到的银行间时变动态条件相关系数建立市场预警因子的实证结果显示，第一类银行间的相关系数比第二类银行间的平均相关系数高；第一类银行间的动态条件相关性受市场影响较大，波动剧烈，而第二类银行间的相关性波动较小，相关关系维持在一个稳定的水平上。我国上市银行整体动态条件相关系数的波动与市场上宏观经济变动大致趋于一致，当市场波动剧烈时，反映在银行间相关性上，表现为系数序列的均值水平明显上升；因此，我国上市银行整体动态条件相关系数可以作为银行系统性风险的指标因子。

第七章 基于市场结构特征的银行系统性风险非对称性研究

资产收益的波动相关性具有非对称还可能体现在，当市场行情好与市场行情坏时，资产收益间的相关关系明显存在一定差异。当前学者对资产收益波动非对称性的研究发现，市场行情对波动非对称有显著的影响。具体说来，就是牛市中存在正向波动非对称性，熊市中存在负向波动非对称性。同样的信息在不同市场行情下产生的冲击也是不一致的。

本书通过对我国金融市场的结构变化特征进行研究，发现我国股市存在显著的高、低波动两种状态，在两种状态下的收益率均值、方差等基本指标也都存在显著差异。为了研究不同状态下的我国两类银行的非对称的相关性，有必要对股票市场的结构进行分析。因为当市场结构表现为波动剧烈时，由于市场参与主体并不能达到完全的理性，在市场信息流动不充分时，市场的参与者极易表现出趋同性；市场在正常情况下时，参与者的行动更有规律可循。在不同市场状态下，银行收益率波动必定有所差异。将市场分成多种区制，分别在不同状态下研究银行间的相关性特征，可以更有针对性地对不同市场状况下我国银行间的风险进行识别与监控。

第一节 马尔科夫区制转移（MRS）模型

马尔科夫区制转移（Markov Regime Switching）模型最早由 Hamilton (1989) 提出，该模型包含三条基本假设：首先，经济变量存在多种状态，我们无法直接观察到变量所处的状态；其次，在不同的状态下，变量服从不同的分布，可直接观测的变量会随着所处状态的不同而异；最后，不同状态之间能发生转换，其转换的概率由经济变量和经济预期决定。MRS 模型将外部环境的转换包括进来，因此对波动的描述更加贴切。马尔科夫区制转移模型应用到股票市场中能够检测危机的发生。其基本思想是：虽然我们无法直接观察到股市是否处于危机状态，但处于不同状态下的股市其相应状态变量的取值不同，股票市盈率的大小会表现出显著差异，通过状态变量在高低风险之间的转换能实时检测股票市场所处的风险等级。运用最大似然法估计模型，便可得到不同风险等级出现的具体时间及风险状态之间相互转化的概率，同时计算出不同状态下的持续时间。

对 MRS 模型的扩展应用，能够将市场划分成服从不同分布的多个区制，在不同的区制下分别研究经济现象，更具准确性。Gulko（2002）采用了 MRS 模型研究了 1987~2000 年股票、债券间的相关性，发现在金融危机前后这两种资产间的相关性存在剧烈波动。汪冬华（2012）指出，不同的市场状况下的投资者的交易行为、偏好及投资心理都会对市场间的波动和相关性产生影响，因此根据不同的市场状态的划分研究我国银行间市场的动态相关性和波动性更全面。

经济环境复杂多变，而传统的线性或非线性金融时间序列模型假定残差服从同一个正态分布，Hamilton 认为，经济状态可能服从一个不可观测的离散马尔科夫过程，用带有马尔科夫转换的方法建模能更好地拟合金融时间序列的波动情况。

马尔科夫区制转换模型的应用主要包括两方面：在均值项上建立马尔科夫形成 MS-AR 模型，以刻画市场某一变量的均值随区制发生变动的情况；在方差项上建立马尔科夫形成 MS-ARCH 模型，以刻画市场波动性随区制发生变动的情况。

基本的转移模型假定一个随机变量 y_t 服从一个不可观测的区制变量 ϑ_t，假定有 M 个可能的区制，在时间点 t 时处于区制 m 下，即 $\vartheta_t = m$，$m = 1$，2，$\cdots$，M。

转移模型假定每个区制下样本的回归模型都不一样。考虑一个回归因子 X_t 和 Z_t，变量 y_t 的条件均值在区制 m 下满足线性模型：

$$\mu_t(m) = X_t'\beta_m + Z_t'\gamma \tag{7-1}$$

β_m 和 γ 是系数矩阵，β_m 是 X_t 的依赖于区制变化的系数，γ 是 Z_t 的不依赖于区制变化的系数。

我们假设回归的残差服从正态分布，各变量依赖于区制。得到模型如下：

$$y_t = \mu_t(m) + \sigma(m)\varepsilon_t \tag{7-2}$$

当 $\vartheta_t = m$ ，ε_t 是独立同分布的标准正态分布。标准差 σ 是区制依赖的，$\sigma(m) = \sigma$ 。

通过对数极大似然法可得到序列 y_t 的条件概率密度函数的联合分布：

$$L_t(\beta, \gamma, \sigma, \delta) = \sum_{m=1}^{M} \frac{1}{\sigma_m} \phi\left(\frac{y_t = \mu_t(m)}{\sigma(m)}\right) \cdot P(\vartheta = m \mid Y_{t-1}, \delta) \tag{7-3}$$

$\beta = (\beta_1, \cdots, \beta_M)$ ，$\sigma = (\sigma_1, \cdots, \sigma_M)$ ，δ 是区制概率参数，$\phi(\cdot)$ 是标准正态密度方程，Y_{t-1} 是 $t-1$ 期的信息集。

马尔科夫区制转移模型给区制概率制定了一个一阶的马尔科夫过程，一阶的马尔科夫假设要求在一个区制下的概率取决于以前的区制，即：

$$P(\vartheta_t = j \mid \vartheta_{t-1} = i) = p_{ij}(t) \tag{7-4}$$

特别地，概率 p 假定不随时间发生变化，那么对所有的 t，$p_{ij}(t) = p_{ij}$ 。写成矩阵形式即为：

$$p(t) = \begin{bmatrix} p_{11}(t) & \cdots\cdots & p_{1M}(t) \\ p_{M1}(t) & \cdots\cdots & p_{MM}(t) \end{bmatrix} \tag{7-5}$$

$p_{ij}(t)$ 表示从时刻 $t-1$ 的区制 i 转移到时刻 t 的区制 j 的概率为 p 。

在实际应用中，我们可能希望模型包含滞后的外生变量，而且市场数据常常伴有序列相关性，因此对马尔科夫区制转移回归模型继续完善，形成了马尔科夫区制转移模型的动态回归模型。

假设市场数据服从一个含有 M 个区制的马尔科夫均值过程区制转移的 p 阶自回归（MRS(M)-AR(p)）模型，其基本原理如下：

$$\left(1 - \sum_{\gamma=1}^{P} \rho_\gamma(\vartheta_t) L^\gamma\right)(y_t - \mu_t(\vartheta_t)) = \varepsilon_t \tag{7-6}$$

$$y_t = \mu_t(\vartheta_t) + \sum_{\gamma=1}^{P} \rho_\gamma(\vartheta_t)(y_{t-\gamma} - \mu_{t-\gamma}(\vartheta_{t-\gamma})) + \varepsilon_t \tag{7-7}$$

在动态状态转移模型中，MSAR 模型被认为是 Hamilton 模型的代表，被广泛应用于金融市场的分析研究中。

由于区制变量不可观测，仅能从可观测序列 $\{y_t\}$ 的历史值中推断出来。使用 Hamilton（1989）提出的非线性滤波法可以估计初模型的一系列参数 μ_i、σ_i^2、p_{ij}，同样可以得到 y_t 的似然函数值：

$$f(y_T, \cdots, y_p) = \prod_{t=p}^{T} f(y_t \mid y_{t-1}, y_{t-2}, \cdots, y_0) \tag{7-8}$$

同时，我们可以得到第 t 期 y_t 和滞后第 p 期 y_{t-p} 所处区制的联合条件概率：

$$\Pr(\vartheta_t, \vartheta_{t-1}, \cdots, \vartheta_{t-p} \mid y_t, y_{t-1}, \cdots, y_1) \tag{7-9}$$

通过加总联合条件概率，便得到滤波概率，即基于时刻 t 的信息所推断出的 y_t 处于某种区制的概率。

$$\Pr(\vartheta_t = m \mid y_t, y_{t-1}, \cdots, y_0) = \sum_{\vartheta=1}^{M} \cdots \sum_{\vartheta=1}^{M} \Pr(\vartheta_t = m, \vartheta_1, \cdots, \vartheta_p \mid y_t, y_{t-1}, y_{t-2}, \cdots, y_0)$$

$$\tag{7-10}$$

滤波概率提供了样本中每一时刻 y_t 最有可能处于哪种区制的信息，将滤波概率与 0.5 进行比较判断市场所处的状态，当 $\Pr(\vartheta_t = m \mid \Omega) > 0.5$ 时，说明处于 m 区制下，否则 $\Pr(\vartheta_t = m \mid \Omega) < 0.5$ 时，市场处于其他状态下。

第二节　实证分析

一、中国金融市场结构特征分析

市场上往往表现出一个现象，即金融处于"牛市"与处于"熊市"的状态下，股市间波动的传染程度存在差异。因此本章考虑将沪深 300 指数收益率作为度量市场状况的状态因子，对其收益率序列建立马尔科夫区制转移均值自回归模型，将市场分成两个区制，研究不同市场状态下第一类银行与第二类银行间的波动传染效应。

我们在沪深 300 指数收益率均值项上建立马尔科夫区制转换，形成 MS-AR 模型，以刻画收益随区制发生变动的金融市场。以 P_t^{hs} 表示沪深 300 指数 t 日收盘价，则表征金融市场收益状况的指标为 R_t^{hs}：

$$R_t^{hs} = 100 [\ln(p_t^{hs}) - \ln(p_{t-1}^{hs})] \tag{7-11}$$

我们将金融市场的收益状况分成两个区制，同时由于金融时间序列一般均存在"尖峰厚尾"的波动集聚性，因此在建立 MS-AR 模型时假定不同区制下存在异方差性。对沪深 300 指数收益率序列进行马尔科夫区制转移均值自回归模型，根据 AIC 及 SC 信息准则，我们选择的滞后阶数为 2 阶，得到两个区制下的转移滤波概率，不同区制下马尔科夫滤波概率如图 7-1 所示。

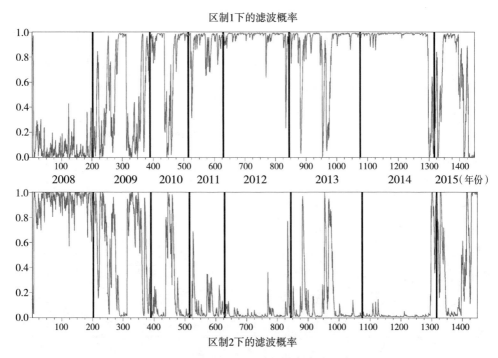

图7-1　不同区制下马尔科夫滤波概率

资料来源：本图根据实证结果由笔者绘制。

从图7-1中我们看出，区制1大部分集中在2009年中、2010年初和年末、2011年、2014年及2015年的年中；区制2下的样本大部分来自2008年、2009年初和年末、2010年中、2013年中及2015年的年初。将区制转移概率与0.5相比，则划在区制1的样本有1024个，划分在区制2的样本有422个。

下面对两个区制下的沪深300指数收益率序列及14家上市银行的收益率序列分别进行描述性统计，所得结果如表7-1所示。

表7-1　两个区制下上市银行及沪深300收益的描述性统计

机构名称	区制1			区制2		
	均值	中位数	标准差	均值	中位数	标准差
沪深300	0.096	0.053	1.268	-0.189	0.075	2.885
中国银行	0.043	0.000	1.437	-0.161	-0.226	3.000
建设银行	0.047	0.000	1.526	-0.205	-0.237	3.229

续表

机构名称	区制 1			区制 2		
	均值	中位数	标准差	均值	中位数	标准差
工商银行	0.042	0.000	1.381	−0.203	0.000	2.906
交通银行	0.077	0.000	1.773	−0.341	−0.292	3.792
中信银行	0.065	0.000	2.131	−0.168	0.000	3.912
北京银行	0.027	0.000	2.201	−0.188	−0.146	3.895
兴业银行	−0.003	−0.072	3.323	−0.250	−0.136	4.432
南京银行	0.046	0.000	2.096	−0.135	0.000	3.953
招商银行	0.033	0.000	1.940	−0.259	−0.257	4.102
民生银行	0.114	0.000	2.008	−0.377	−0.372	3.943
华夏银行	0.122	0.000	2.056	−0.391	−0.118	4.566
浦发银行	0.037	−0.073	2.482	−0.361	−0.168	4.479
宁波银行	0.065	0.000	2.133	−0.243	−0.150	4.441
平安银行	0.018	0.000	2.882	−0.290	−0.259	4.483

资料来源：根据实证结果整理而得。

从表 7-1 中我们发现，沪深 300 指数收益率及 14 家上市银行收益率间的均值、中位数、标准差存在显著性差异。代表市场状况的沪深 300 指数收益率经过区制转换后，分成的两个区从均值上看，区制 1 的收益率为正，大于为负值的区制 2 的收益率；从中位数上看，区制 1 的中位数 0.053 稍微小于区制 2 的 0.075；从标准差看，区制 1 的市场收益标准差明显小于区制 2 下的收益的标准差，说明区制 1 为小幅波动的"牛市"状态，而区制 2 为大幅震荡的"熊市"状态。

观察两个区制下的 14 家上市银行收益的简单描述性统计，在区制 1 下，除兴业银行外，其余 13 家上市银行收益的平均值均大于 0；除兴业银行和浦发银行外，其余 12 家银行收益的中位数也均为正数；区制 2 下的上市银行收益率均不大于 0，因此，无论比较两个区制下 14 家银行收益的均值还是中位数，区制 1 银行的收益总是大于区制 2 银行的收益。而看代表收益波动性的标准差指标，区制 1 银行收益的波动明显小于区制 2 银行收益的波动，这更加验证了沪深 300 指数所反映出的两个区制所代表的市场状态，即区制 1 表示小幅波动的"牛市"状态，区制 2 表示大幅震荡的"熊市"状态。上文指出，样本划分在区制 1 的有 1024 个，划分在区制 2 的样本有 422 个，刻画了我国股票市场大约有将近 1/3 的时间段处在高幅度波动的"熊市"统治下的现状。而划分在区制 1 状态下的时间段也清晰地表示了区制 1 是我国股市低风险运行的景气状态。划分在区制 2 的样本所处时间段则为处于金融危机及高度股市泡沫的阶段。因此，我们将市场处于区制 1 的状态命名为小幅波动的"牛市"，将区制 2 所处状态命名为伴有高幅震荡的"熊市"。

下面给出具体的区制转移概率以及状态持续期。区制转移概率定义为：

$$P(i,j) = P(s(t) = j \mid s(t-1) = i) \tag{7-12}$$

状态持续期的计算公式为：

$$D(s(t) = i) = \frac{1}{P(s(t) = i \mid s(t-1) = i)} \tag{7-13}$$

则区制 1 制与区制 2 下的状态转移概率及期望持续期如表 7-2 所示。

表 7-2 两个区制下状态转移概率及状态持续期

所处状态	t 期状态 $j=1$	t 期状态 $j=2$	期望持续期
$t-1$ 期状态 $i=1$	0.991041	0.008959	111.6241
$t-1$ 期状态 $i=2$	0.018973	0.981027	52.70623

资料来源：根据实证结果整理而得。

从表 7-2 看出，沪深 300 指数所代表的金融市场有很大的概率维持在区制 1 之下。当上一期在区制 1 之下，下一时刻保持在区制 1 的概率为 99.1041%，只有 0.8959% 的可能转移到区制 2；同理，当上一期在区制 2 之下时，本期仍然在区制 2 的概率为 98.1027%，而转移到区制 1 的概率为 1.8973%。可见，金融市场的状态转化具有一定的"黏性①"，即当前处于某一区制下时，极有可能下一时点仍处于该区制，而只有很小的概率发生区制转换，转到其相对的状态下。而从期望持续期看，我国金融市场处在低波动"牛市"的时间长度是处在高幅震荡的"熊市"的两倍多。

---

① 黏性代表着牛市不容易转成熊市，熊市也不容易转成牛市，原市场状态保持下去的概率更大。

二、不同市场状态下银行系统性风险相关性分析

两个区制反映了我国金融市场的结构组成，对两个状态下的 14 家上市银行收益的波动及风险传染的联动性分别进行研究，最后综合比较，能够发现不同状态下市场风险的具体传染机制。

首先，计算 14 家上市银行间"牛市"与"熊市"下的静态皮尔森相关系数，为使数据有可观性，下面省略具体的皮尔森相关系数矩阵，只给出 14 家银行两种状态下基于相关系数的相对位置，如图 7-2 所示。

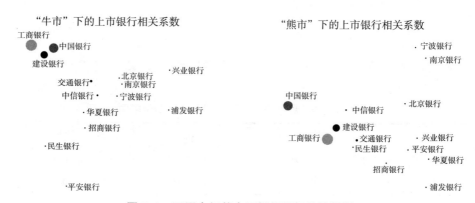

图 7-2　不同市场状态下银行间相关性位置

资料来源：本图根据实证结果由笔者绘制。

从图 7-2 中看出，在金融市场处于"牛市"与"熊市"下 14 家上市银行间的相关性有很大区别。当市场处于低幅波动的"牛市"状态下时，中国银行、建设银行及工商银行 3 家大型国有银行聚成第一类，其余 11 家银行为另一类，布局类似于全样本相关系数的布局；而当市场处于高幅震荡的"熊市"状态下时，银行间距离趋于缩小，第一类银行中的工商银行、建设银行靠近于第二类银行，说明市场处于危机状态下的不景气阶段时，第一类银行与第二类银行间联动性加强，即当一家银行暴露在风险中时，其余银行会受到很大波及。

对上一章 14 家上市银行间动态条件相关系数进行分市场状态的描述性统计，所得结果如表 7-3 所示。

表 7-3　两种市场状态下银行间动态相关系数描述性统计

机构名称		"牛市"			"熊市"		
		均值	中位数	标准差	均值	中位数	标准差
中国银行	交通银行	0.733	0.761	0.141	0.771	0.816	0.111
	中信银行	0.656	0.684	0.133	0.764	0.789	0.089
	北京银行	0.599	0.632	0.146	0.690	0.708	0.071
	兴业银行	0.703	0.738	0.124	0.760	0.787	0.082
	南京银行	0.615	0.657	0.163	0.698	0.755	0.158
	招商银行	0.660	0.674	0.082	0.671	0.686	0.084
	民生银行	0.611	0.583	0.094	0.730	0.727	0.097
	华夏银行	0.621	0.620	0.047	0.655	0.653	0.072
	浦发银行	0.661	0.647	0.061	0.682	0.677	0.054
	宁波银行	0.660	0.691	0.127	0.711	0.735	0.103
	平安银行	0.536	0.556	0.132	0.628	0.642	0.125
	建设银行	0.691	0.756	0.196	0.809	0.853	0.141
	工商银行	0.703	0.758	0.186	0.779	0.817	0.134
建设银行	交通银行	0.739	0.782	0.139	0.821	0.847	0.106
	中信银行	0.714	0.715	0.068	0.798	0.809	0.065
	北京银行	0.631	0.670	0.148	0.736	0.759	0.094
	兴业银行	0.699	0.708	0.044	0.713	0.720	0.051
	南京银行	0.602	0.632	0.134	0.689	0.735	0.161
	招商银行	0.654	0.691	0.150	0.711	0.741	0.113
	民生银行	0.670	0.656	0.074	0.751	0.740	0.087
	华夏银行	0.675	0.686	0.094	0.738	0.759	0.078
	浦发银行	0.641	0.643	0.031	0.624	0.631	0.033
	宁波银行	0.677	0.690	0.068	0.671	0.684	0.081
	平安银行	0.606	0.631	0.120	0.681	0.694	0.100
	工商银行	0.725	0.790	0.197	0.859	0.885	0.108
工商银行	交通银行	0.721	0.752	0.092	0.785	0.791	0.038
	中信银行	0.641	0.651	0.118	0.739	0.738	0.047
	北京银行	0.639	0.653	0.059	0.680	0.679	0.029
	兴业银行	0.675	0.690	0.042	0.696	0.705	0.038
	南京银行	0.633	0.625	0.044	0.712	0.730	0.058

机构名称		"牛市"			"熊市"		
		均值	中位数	标准差	均值	中位数	标准差
工商银行	招商银行	0.698	0.708	0.073	0.702	0.707	0.047
	民生银行	0.645	0.629	0.065	0.731	0.728	0.072
	华夏银行	0.628	0.646	0.112	0.717	0.725	0.083
	浦发银行	0.634	0.630	0.042	0.625	0.625	0.016
	宁波银行	0.657	0.665	0.049	0.671	0.681	0.040
	平安银行	0.585	0.589	0.048	0.633	0.624	0.069

注：表中 0.733 表示中国银行与交通银行在"牛市"状态下的时变条件相关系数序列均值为 0.733，其余依此类推。

资料来源：根据实证结果整理而得。

表7-3统计了我国自2008年1月至2015年7月期间金融市场"牛市"与"熊市"下，第一类银行分别与第二类银行之间的动态条件相关系数均值与中位数。可以看出，无论比较均值还是中位数，建设银行与浦发银行、宁波银行之间及工商银行与浦发银行之间的动态条件相关系数在"牛市"下大于在"熊市"的状态，其余33组动态条件相关系数均表现出"熊市"状态下大于"牛市"状态下，说明银行间的风险联动关系随着市场状态的转变而发生变化，且当市场处于高幅度波动的不景气阶段时，银行间风险联动关系加强。因此，当市场处于高幅波动的"熊市"时，监管机构应当高度重视银行间风险的传染，防止一家银行的危机蔓延到其余银行机构，导致"多米诺骨牌效应"的发生。

比较两种市场状态下银行间相关系数的标准差，大多数情况下"熊市"时相关系数的标准差小于"牛市"时的标准差，因此得出结论，"熊市"时银行间相关性大于"牛市"时银行间的相关性，但是"熊市"时银行间相关性的波动小于"牛市"时银行间相关性的波动。因此，这就是本书对市场进行划分，得出的第三条上市银行自身波动及上市银行间风险联动存在非对称的结论。

第三节　小　结

　　本章将沪深300指数收益率作为度量市场状况的状态因子，对其收益率序列建立马尔科夫区制转移均值自回归模型，将我国的股票市场分成两个区制，研究不同市场状态下第一类银行与第二类银行间的波动传染效应。实证结果显示：第一，我国股票市场明显分为小幅波动的"牛市"状态和大幅震荡的"熊市"状态，且两种状态转变具有一定的"黏性"。第二，不同状态下，14家上市银行间的相关性有很大区别。市场处于高幅震荡的"熊市"状态时，银行间距离趋于缩小，第一类银行中的工商银行、建设银行靠近于第二类银行。说明市场处于危机状态时，第一类银行与第二类银行间联动性是不断加强的，即当一家银行暴露在风险中时，其余银行会受到很大波及。第三，银行间的风险联动关系因市场状态的不同而存在非对称性。"熊市"时银行间相关性大于"牛市"时银行间的相关性；但是"熊市"时银行间相关性的波动小于"牛市"时银行间相关性的波动。因此，当市场处于高幅波动的"熊市"时，监管机构应当高度重视银行间风险的传染，防止一家银行的危机蔓延到其余银行机构，导致"多米诺骨牌效应"的发生。

第八章 基于银行系统性风险非对称性的金融监管研究

我国采用的是市场调节和政府干预相结合的方式从宏观角度对金融体系进行监管。我国具有良好的实践经验，也经历了数次金融危机的考验，但随着经济金融形势的不断发展变化，宏观审慎监管也应该顺应形势不断完善。基于前文对我国银行系统性风险相关特征的描述，本书在进行政策建议时更注重银行系统性风险非对称性等内容，主要围绕差异化监管内容进行论证。

第一节 中国商业银行差异化监管的必要性

历次金融危机事件发生的背后隐藏的是对金融体系系统性风险的监管缺失。我国银行业在金融体系中处于核心地位，而我国上市银行无论从资产规模还是业务范围上来说都处于领先地位。对上市银行的波动及波动相关性进行详细刻画，有助于细致把握我国银行业系统性风险的产生与传染过程。基于前文对我国上市银行收益率的波动性及波动的相关性的研究，本书发现我国银行体系系统性风险存在显著的非对称性的规律，分析了银行间风险的联动关系及银行系统性风险的来源。有关结论启示我们防范银行系统性风险的发生，对银行实施差异化监管势在必行。截至 2008 年 1 月，我国共有 14 家银行上市，其中 3 家大型国有商业银行及 11 家股份制商业银行，11 家股份制商业银行中又有 3 家地方性银行，以上分类的银行在波动溢出及波动相关性上存在明显差异。根据前文对上市银行的实证结果分析，14 家银行收益率的波动均存在显著的非对称性，而银行间的波动溢出也存在非对称性，而且我国的上市银行中，3 家国有商业银行与 11 家股份制银行的非对称波动溢出程度具有明显差异，大型国有银行的波动溢出效应更加明显，在市场上的影响力更强；我国上市银行间的风险联动程度也具有明显的差异。3家大型国有银行间联系密切，3家地方性银行间也表现出非常高的波动相关性，国有银行与股份制商业银行间整体的相关性非常高，说明我国的银行业由于产品设计、制度约束的客观存在容易导致单家银行风险的风险暴露波及其他银行，威胁市场稳定。另外，银行系统性风险在银行类别、信息冲击、市场行情等方面表现出的非对称性也都要求我们应对银行系统进行差异化监管，把控系统性风险，维护金融市场的稳定运行。

我国银监会将风险防范、完善监管制度、提高监管手段作为工作的核心内容，在银行业监管工作中取得了不小的成绩。过去几年银监会通过动态监管措施提升了银行风险管理能力，设置了信贷资产质量分类、风险拨备，设立了基于风险资本充足率的风险控制指标体系；坚持微观审慎和宏观审慎协同作用的监管思路，加强了对重点领域、重点行业的风险管理；加强了逆周期宏观审慎监管；扩大了金融监管的范围；推进银行业全面实施巴塞尔新资本协议等。但长期以来，我国一直实施的是集中统一的监管理念，也就是构建统一的监管指标，统一监管标准，实施统一监管手段的无差别监管。从监管成本而言，实行统一监管有效地降低了成本，然而随着银行业的发展壮大，各家银行的差别性日益明显，这种监管理念存在着明显的弊端，如忽视区域差异的统一监管可能对于欠发达地区形成了无形的金融抑制；伴随中小金融机构的崛起，特色金融创新产品的滞后监管等。监管法制中对金融机构市场退出等方面的要求也存在着明显的法律缺位。随着世界经济的不断变化，金融市场中介机构、产品也都发生了翻天覆地的变化，金融机构监管模式也应做出及时调整。

首先，对商业银行进行差别化监管的前提就是对其进行合理的分类。从发达国家的实践看，最多的方法就是按照资产规模的大小进行分类，然后指定差异化的监管目标，进行差异化的监管方式，然而这种方式在近年来也显露出了许多问题。而且各国的央行机制、监管机制及商业银行体系构成差别也很大，因此分类方法需要进一步的理论讨论和实践证明。其次，银监会对商业银行的差异化监管也缺乏实践经验和相关措施。从前文的检验结果可以看出不同类别的商业银行对风险的偏好是不一致的。各个银行的经营状况也有很大差别，不同类别的银行受到经济下行、政策调控等影响所产生的波动也不同。商业银行应该加强自身经营管理，转变发展方式，逐步向资本节约的内涵发展模式转移，同时充分考虑经营管理所带来的风险和资本占用，将风险收益与成本统一起来。中国差异化监管近些年收效甚微，对经营模式的监管也没有实质性进展，整体的监管导向的差异化也不明显，对不同类别银行的监管仍有较强的同质性，对具有专业性、特色的银行，监管指标和监管政策中也没有明显差别。当前差异化资本监管存在的问题主要是重视资本充足率的数值监管而忽略了机构差异化体征，且缺乏针对资本构成和风险资产调整的差异化政策。

第二节　商业银行差异化监管框架研究

监管框架有狭义和广义之分。广义的监管框架是指银行的监管理念、监管目标、监管内容、监管主体、监管方式、监管体系等问题的体系和制度安排，还包括影响银行监管的外部条件等。狭义的监管框架主要是银行监管的法律框架，内容主要是准入制度和持续性监管。本书对商业银行差异化监管框架的研究重点是考虑差异化监管的设计方案、监管策略和方式等问题。

一、中国商业银行差异化监管的路径设计

差异化监管的路径设计主要包括两种类型：一是限制某类银行只能从事某些业务，要求其承担额外的风险；二是为某类银行提供激励机制，引导该银行，最终使其自身利益与社会公允目标保持一致。

二、中国商业银行差异化监管的规则设计

差别化监管的基本原则就是突出金融机构间的差别。从宏观角度来看，是政策选择的差别化、经济周期的差别化。从微观角度来看，是对银行业的差别化要求，如对系统性资本的要求，根据外部成本内部化的原则，按每个机构对系统性风险贡献度的不同，设置不同的资本金附加要求。

差异化监管对监管者和被监管机构来说都是极为重要的，从监管者的角度来说需要更高和更深的层次去考虑多种因素复杂的相互作用。差异化监管规则的设计主要需要注意三个方面的问题：一是新旧规则间的相互作用，一旦新规则设计得更为宽松，很可能会产生监管套利，从而扭曲市场。有些国家和地区

采取以社会责任为导向的机构进行特别监管的方式，但结果发现这种特别监管会被不同类型的其他机构所利用。二是监管规则和其他制度的配套协调。三是对监管规则的简单性、可比性、适用性的平衡，从而更大限度地降低监管成本，确保监管规则的有效性。

三、中国商业银行差异化监管策略

转变传统的监管理念，树立差异化监管意识；实施动态监管标准满足差异化监管要求；完善监管的法律法规；构建分层次多元化的监管体系，实现差异化监管目标。差异化的监管理念主要包括两个层面：一是央行基于全局的视角设定相应的标准对银行进行分类，按照奖优限劣的原则引导机构合理稳定发展。二是对不同类别内的机构进行差别化的激励或是约束，引导其向基准水平收敛，实现政策效应的最大化。

四、中国商业银行差异化监管方式

我国实施银行业宏观审慎监管，可以监控银行体系的隐性风险头寸，特别是具有系统重要性的银行，需要其披露同业市场头寸来控制系统性风险的积聚。另外，不同类别的商业银行面对的可能是不同的服务对象，同时我国区域经济发展严重不平衡，不同地域的银行所发挥的金融服务作用也不同，央行和银监会应考虑对不同类型的银行实施不同的资本充足率管理。

五、中国商业银行差异化监管模式和工具的选择

银行系统性风险得以扩散和蔓延的根本原因在于系统性风险本身的顺周期性和银行经营的根本属性。顺周期性会加剧银行系统性风险的产生。资本充足率有顺周期性的特点，当经济周期处于上行阶段时，监管当局进行逆周期操作，要求银行针对经济风险提取超额资本金，减缓贷款增长速度；当经济处于下行周期时，采用资本缓冲工具降低银行对资本的依赖性，减少对经济波动的影响。流动性监管工具也就是通过乘数确定对银行流动性的覆盖比率及净稳定资金比率。相应的工具还包括存贷比、外汇贷款限制、币种错配限额等，此外还包括杠杆工具。杠杆率具有明显的周期性特征，经济上行时期，具有过度

杠杆化的趋势，经济下行时又会出现过度去杠杆化；动态拨备工具，经济上行期可以通过提高拨备计提，抑制银行发放贷款，为经济下行可能出现的信贷损失做好准备。

针对银行系统性风险宏观审慎监管逆周期策略的主要方法包括：建立实时反馈的风险预警机制、发挥压力测试的作用、充分借鉴资本充足率、贷款损失拨备等。银行系统性风险有很长的潜伏期，在初期，如果能通过模型检测到系统性风险的影响因子的实时变化，就可以初步判断风险将会如何传染，从而降低银行性风险的大范围的扩散。针对可能爆发系统性风险的机构，构建一套可以实时反馈的风险预警机制，设定相应的预警指标，在系统性风险出现的初期有效隔离就能避免银行系统性风险的发生；作为宏观审慎监管逆周期性策略的一个重要工具，压力测试可以对并未发生的风险场景进行模拟，假设一旦发生了系统性风险，银行是否能够承受风险所带来的冲击。监管部门要根据系统性风险的测试结果，采取措施，及时防范，有效预防和控制风险的形成和蔓延；巴塞尔协议Ⅲ强化了资本管理要求，增加了经济上行时期的资本要求，加强了风险覆盖，同时提高了额度下限。这种预防策略可以调节不同经济周期情况下银行资本周转的盈缺，保证银行体系的平稳运行；贷款损失拨备是银行根据自身业务状况，对可能会发生的贷款损失计提损失准备。

宏观审慎监管更关注机构对市场的稳定性的影响。随着时间的推移，风险不断累积，在一定的诱发因素下就爆发，同时，风险非常容易在机构间传播从而进一步积累扩大。如果能找到风险传播中的一些关键机构或是关键环节，对这些关键机构或环节额外监管就能阻碍风险的继续扩大。因此，宏观审慎监管应该关注分类监管，通过监测对整个金融市场的稳定性产生重要影响的机构，将这些机构确定为特定监管对象，通过建立风险防火墙，对这类机构的业务范围进行限制或是对不同的业务进行隔离。另外，监管当局也可以要求或鼓励不同类别机构差异化发展其业务，这对于宏观审慎监管同样具有很强的意义。实现银行业务的异质化有利于我国防范银行系统性风险。目前，银行数量快速增长，市场定位并不明确，结局是银行业务的严重同质化，大量的信贷资源都集中在大企业、政府项目及房地产商，贷款结构的趋同、业务同质化、贷款集中度高等问题会加剧金融体系的顺周期性。出于宏观审慎监管的要求，可以建议银行根据自身特点，在比较市场同类竞争者的基础上调整发展战略，有效配置资源，加大重组力度，加速业务转型，加快创新型银行的进程。与此同时，银行也应该更加深入地研究市场需求，推动金融产品创新，改革现有的业务模式，建立具有特色的经营策略。在业务异质化的基础上，构建多层次、多样化的金融市场，夯实防范银行系统性风险的基础。

基于我国银行系统性风险的特点，政府在进行监管和调控时应该遵循的原则包括：政策的系统性、实施政策的时机把握、长短期效应的统一性、市场化手段、监管目标的长远性。管理层应该减少政策干预，降低市场波动性，引导市场预期，而不是逆市场而动。对某一类别的银行实施定向的制度工具往往也可以影响银行系统的资源配置。例如，美国曾实行"双线银行制度"，国民银行和州立银行并存的银行制度，商业银行可以注册为国民银行，也可以成为州立银行。在这种制度的刺激下，美国产生了大量的区域性商业银行，这些区域性商业银行主要是为本区域的经济发展服务。美国还制定了《社区再投资法》，其中规定州立银行只能在本州内经营，不能跨区，资金也应该首先满足当地经济的需求。

差异化监管工具主要围绕资本金进行设计。在设计差异化资本金制度时可以考虑针对特定行业的差别资本金要求及针对不同类别银行的差别资本金要求。作为系统性风险监管的核心内容，宏观审慎监管更应该有重点地针对商业银行的市场表现进行持续性监测，紧密跟踪风险因素的动态变化可能对银行系统性风险产生的影响。

第三节　中国商业银行差异化监管方向

未来的差异化监管主要的改革方向是：完善多层次的商业银行体系，推行差异化监管政策；完善监管差异化评价体系，实施动态化监管；综合利用多种监管措施，拓展差异化发展的空间。

监管的根本目的在于引导各类银行遵循各自发展规律，需求各自的市场定位，纠正银行日常经营管理中的弊病。针对商业银行资本状况的差异，资本监管需要做出相应调整，具体措施包括：引导银行资本结构的差异化调整、完善大型银行资本补充机制、加强中小银行股本增资扩股。目前，我国各类银行的资本充足率较高，资本构成结构可以成为差异化监管的一个着力点。大型银行的股本占核心资本比例较高，股份制银行和城市商业银行股本占核心资本比例较低，资本监管针对这一问题也应该存在差异化管理。对于大型银行应该引导其拓展非次级债务类的附属资本融资，发展中间业务，控制风险加权资产数量；对于股份制银行和城市商业银行应该引导其增发股本，吸引优质资本注入。我国商业银行的资本注入主要是通过增发股票以及财政投资。美国银行业的资本注入更倾向于通过发行优先股、次级债等金融创新工具来吸收资本。我国银行业的附属资本利用率较低，监管当局应鼓励和引导大型商业银行创新资本工具从而带动银行业资本机构的多元化。另外，对于城市商业银行的股本结构，也应当考虑民间资本甚至是外资的引入，出台鼓励优质资本进入的相应措施，进一步完善银行的内控机制和公司治理结构。

差异化监管的前提在于对银行监管的定位的重新判定，进一步完善银行分类体系，通过介入性的监管引导为各个银行指明发展方向和划定边界。差异化评价体系的建立应该是综合了风险管理、经营转型、创新和服务等全面的体系，一是要从资本充足率、创新能力、业务和盈利结构、风险管控等多方面着手设计多层次的指标体系对银行实施动态化监测评价。二是对商业银行的进一步细分，在同时考虑评级和类别的基础上进行差异化监管。三是根据经济环境和商业银行发展的变化对银行体系的分类进行及时的动态修正。

我国并有没直接针对中小银行提供资本监管优惠，更多的政策是用于完善中小企业的金融服务体系，如支持商业银行中小企业贷款的资金来源或是放宽中小企业的贷款资本要求，但这种方式主要是针对中小企业贷款的政策支持而非扶持中小银行，凡是针对中小企业的贷款无论哪种类别的银行都可以享受优惠，但由于对中小企业的业务在中小银行占有很大的比重，该比重对大银行来说却低，因此，对中小企业贷款的扶持，间接地扶持了中小银行的业务发展。

监管部门对商业隐含资本充足率的监管应当在制定政策的过程中充分考虑弹性调整的空间，除了加强资本数量的监管，进一步发挥资本结构监管的作用，帮助商业银行形成较为合理的资本结构，同时也促使银行业实现更加公平的竞争，促进银行体系的健康发展，为不同类别的商业银行设定不同的预警阈值，实现差异化监管和金融创新之间的良性互动。

差异化监管需要合理运用监管指标支持特色金融机构，通过各类监管指标的合理运用体现出监管部门对于某些金融机构的政策倾斜。例如，在风险可控的情况下，对于精细化、特色化、专业化银行的资本充足率、不良贷款率、存贷比、存款准备金及市场资格和业务准入等方面给予关照，让这些机构更专注于自身的市场定位，不必随波逐流。通过差异化监管指标还可以有效地引导金融资源的配置方向，改变资源错配、市场错位的情况。

　　同时，还应该加强数据的搜集和分析，加快具有前瞻性的银行系统性风险评估体系的建设。有效识别银行系统性风险的重要前提之一就是加强对银行机构基础性数据的搜集和分析。目前，我国银行系统还缺少能够模拟现实情况并且实施实时监控的分析体系，因此更需要加快推进银行系统性风险识别体系的建立健全，加快建立监管信息数据库，对宏观经济和银行机构反馈信息进行及时动态的识别和整理，提高数据的时效性及适用性。银行系统性风险在不同的时间、不同的地区都具有不同的诱发因素及扩散方式，从实际状况出发建立具有前瞻性的系统性风险的评估体系可以更加有效地防控银行系统性风险的积聚。

　　未来差异化监管改革还需要进一步完善。第一，完善银行分类指标体系建设，实施差异化监管。同质化经营模式改变的关键在于监管部门实施科学化的差异监管政策进行引导，差异化监管引导首要的任务是对机构进行准确分类。监管者在制定政策措施前应该认识到不同类型的商业银行所表现出来的差异性，准确针对不同类型银行的风险特点设定差别化的监管指标，实施差别化监管方式，维护银行业的稳健运行。与此同时，监管体制也需要做出相应的调整，强化对各类银行差异化监管的管控，通过牌照管理、日常监控、市场准入等方式督导银行在既定的方向和边界里发展。第二，完善差异化监管评价体系，实施动态化监管。监管评价体系需要涉及多个层次，从资本充足率、风险控制能力、创新能力、资本节约水平、业务能力和盈利能力、经济贡献度等多个角度对银行进行动态监测，及时关注相关风险变化。同时，根据经济环境的变化对分类体系进行动态的修正，动态调整监管政策。第三，综合应用监管手段。对某些处于转型期的中小银行可以适当调高监管容忍度，如适度放宽市场准入条件、资本充足率、存贷比等要求；对于有特色经营模式的银行给予适当的监管优惠政策。重点是加强对不同类型商业银行发展的导向性规范，防止监管"一刀切"，加强对风险的预判能力，避免出现强制干预等现象。

第四节　小　结

　　监管的差异化是商业银行差异化发展的核心问题。实施差别化监管可以有效降低不良贷款率，控制银行系统性风险。尽管我国银监会成立后就开始实施差异化监管，但是监管更多的是停留在经营理念引导等浅层面，整体监管仍然还是具有较强的同质性，对不同类型银行进行的监管政策并没有明显的差异，在监管指标设定及监管政策上也没有明显差别。未来差异化监管改革还需要进一步完善。

第九章　研究结论与展望

第一节　研究结论

银行系统性风险的问题一直是学术界和实务理论研究及实证研究的热点问题。随着研究内容的不断扩展、研究方法的不断更新，不断涌现出新的研究领域和课题。传统的资本资产定价模型及套利定价理论假设收益率序列独立同分布，标准差服从正态分布，在分析收益率和波动率的时候都是从静态和均衡的角度出发研究的。本书在研究了大量的学术成果和上市银行数据指标的基础之上，力求探索银行系统性风险的发生机制及构建指标对风险的发生进行预警。

本书从理论基础、实证研究和对策建议三个部分对银行系统性风险的非对称性进行了全方位的研究。对银行系统性风险、波动性、波动相关性、非对称性等核心问题的现有研究、欠缺及理论发展脉络进行了详细的阐述，为后续的实证研究奠定了理论基础。

实证研究综合考虑我国上市银行的经营状况及市场波动状况，对它们进行分类研究。分类操作的目的在于方便接下来考察同类银行内部的相关性与波动性及类别之间银行的相关性与波动性。对上市银行分类后，本书从波动和波动相关两个方面对我国上市银行系统性风险进行了考量，更确切地说，本书更注重银行系统性风险的非对称性，以探求银行系统性风险内在不平衡的关系，为监管政策建议提供实证参考。实证过程中本书研究得出的结论包括：

对 14 家银行进行聚类分析的实证结果显示，无论是基于 14 家银行资产负债表数据的聚类分析还是基于高频数据的聚类分析，中国银行、建设银行及工商银行倾向于分在第一类中，其余 11 家银行则为第二类。第一类银行自身在险价值低，但是对金融系统的风险贡献偏高，说明此 3 家银行自身抵御风险的能力较强，但是它们对金融系统的影响力很大，自身风险的暴露将极易传染给整个金融系统；其余 11 家银行作为第二类银行，其自身在险价值较高，但是对整个金融系统的风险贡献强度偏低，说明此 11 家银行自身抵御风险的能力较弱，但是当风险发生时它们对整个金融系统的影响力并不大。

对银行进行非对称波动溢出效应进行建模分析，结果显示绝大部分银行之间存在波动溢出效应，大部分银行间的波动溢出效应是非对称的，且市场上"正向""负向"的信息冲击对波动交叉溢出程度的影响具有非对称性。第一类银行与其余银行间的波动溢出效应明显，且具有显著的非对称性。第二类银行间的波动溢出效应的非对称性符号有正有负，说明市场上信息冲击对波动的影响有正有负。

对银行非对称相关性的实证结果显示，无论是两类银行类别内的动态相关性，还是类别间的相关性，待估参数绝大部分通过显著性检验。第一类中的 3 家大型国有银行间的相关系数比第二类银行间的相关系数高，与无条件相关系数所得结果一致。第一类中 3 家大型国有银行间时变动态相关系数序列的标准差普遍大于第二类银行间的时变相关系数序列的标准差，说明第一类银行间的动态条件相关性受市场影响较大，波动剧烈。第二类银行间的相关性波动较小，相关关系维持在一个稳定的水平上。我国上市银行整体动态条件相关系数的波动与市场上宏观经济变动大致趋于一致，当市场波动剧烈时，反映在银行间相关性上则为系数序列的均值水平明显上升。因此，银行间整体的时变相关系数能够实时识别并预测市场风险，可以作为监测银行系统性风险的指标因子。

对不同市场状态下两类银行波动相关性的研究显示，银行间的风险联动关系因市场状态的不同而存在非对称性。"熊市"时银行间相关性大于"牛市"时银行间的相关性；但是"熊市"时银行间相关性的波动小于"牛市"时银行间相关性的波动。具体表现为：当市场处于高幅度波动时，银行间风险联动关系加强；大多数情况下，"熊市"状态下银行间相关系数的标准差小于"牛市"状态下银行间相关系数的标准差。因此，当市场处于高幅波动的"熊市"时，监管机构应当高度重视银行间风险的传染，防止一家银行的危机蔓延到其余银行机构，导致"多米诺骨牌效应"的发生。

基于前文中对我国银行系统性风险相关特征的描述，在实证研究的基础上，本书在进行政策建议时更注重于银行系统性风险的非对称性内容，对我国差异化监管的具体内容进行了论证。

第二节　研究展望

针对金融资产收益非对称性的研究在最近十几年逐渐成为理论界研究的热点之一。资产收益非对称性扩展了投资组合选择理论、风险价值测度及期权定价理论等传统金融理论，为人们从更广阔的视角研究金融市场投资者微观行为及由此发生变化的金融宏观市场提供更坚实的理论基础，也可以为金融监管当局进行精准化监管提供工具支持。对于风险非对称性形成的微观机制等方面目前还存在很大的争议，但也是未来研究的方向。对于波动和波动相关性的研究未来将会吸引更多研究者的注意。未来的研究会挖掘更多、更好的检测方法和求解方法，也会建立精确的数学模型来描述这种非对称性。同时，当前从物理学界等发展起来的一些模型在金融领域的研究中也闪闪发光，如基于多标度分形理论的金融风险研究，基于随机矩阵理论的金融资产相关性分析也能够精确捕捉金融资产收益率波动的相关程度。当然，对上市银行风险状况的研究理论与模型层出不穷，学术界正不断完善与发展对金融市场风险的捕捉，我们也应与时俱进，不断完善方法，多维度测度风险的发生。

未来值得我们深入研究的问题还有：基于我国上市银行经营指标的风险溢出度量。本书基于股市收益率时间序列数据研究银行间波动，未来还需将各银行的经营状况考虑进来，以综合测度银行间的风险联动关系，为金融市场的预警提供准确的数据支持；另外，也需要对银行尾部风险进行深入研究，极端事件的发生也极有可能引发金融市场的大幅震荡，使用当前适用于金融领域的相关研究理论，将极端事件考虑在内，能够全面监控市场风险的发生，防患未然。

附录 1 非对称 BEKK-GARCH 模型估计结果

附表 1-1 招商银行与其余银行间非对称波动估计结果

	系数	华夏银行	浦发银行	宁波银行	平安银行
均值方程	I6{1}	−0.067	−0.041	0.008	0.004
	J7{1}	0.058	0.007	−0.004	−0.039
	Constant	−0.013	−0.097	−0.042	−0.051
	I6{1}	0.009	0.008	0.004	0.307 ***
	J7{1}	−0.014	−0.095 **	0.004	−0.315 ***
	Constant	−0.035	−0.172 ***	−0.025	−0.270 ***
方差方程	C(1,1)	0.047	0.320 ***	0.099 **	0.132 ***
	C(2,1)	0.208	0.645 ***	0.223 ***	0.256
	C(2,2)	0.197	0.580 ***	0.000	−0.299 ***
	A(1,1)	0.131 ***	−0.095 ***	0.246 ***	0.158 ***
	A(1,2)	0.312 ***	−0.140 ***	0.057	−0.638 ***
	A(2,1)	0.129 ***	0.072 *	−0.113 ***	0.084 **
	A(2,2)	0.060 **	0.414 ***	0.122 ***	0.941 ***
	B(1,1)	0.873 ***	1.040 ***	0.933 ***	0.981 ***
	B(1,2)	−0.162 ***	0.222 ***	−0.058 ***	0.169 ***
	B(2,1)	0.110 ***	−0.073 **	0.054 ***	0.006 ***
	B(2,2)	1.049 ***	0.761 ***	1.015 ***	0.785 ***
	D(1,1)	0.089 *	0.200 ***	−0.187 ***	0.049 ***
	D(1,2)	−0.027	0.087	−0.323 ***	−0.032
	D(2,1)	−0.035	0.004	0.238 ***	−0.015
	D(2,2)	0.072 *	0.116 *	0.251 ***	0.037 ***
	似然值	−6182.600	−6349.620	−6224.560	−6430.690

注:＊、＊＊、＊＊＊分别表示在 10%、5%、1%的显著性水平下拒绝原假设。

附表 1-2　华夏银行、浦发银行、宁波银行分别与其余银行的非对称波动估计结果

	系数	华夏银行			浦发银行		宁波银行
		浦发银行	宁波银行	平安银行	宁波银行	平安银行	平安银行
均值方程	K8{1}	0.010	0.070	−0.026	0.016	0.110 ***	0.054
	L9{1}	−0.019	−0.014	0.016	−0.020	−0.005 ***	−0.025
	Constant	0.053	−0.041	−0.091 ***	−0.100	0.243 ***	0.071
	K8{1}	0.010	0.054	−0.203 ***	0.029	−0.241 ***	−0.137 ***
	L9{1}	−0.006	−0.007	0.225 ***	−0.039	0.571 ***	0.421 ***
	Constant	0.053	0.005	−0.143 ***	−0.058	0.303 ***	0.138 ***
方差方程	C(1,1)	0.683 ***	0.275 ***	2.030 ***	−0.247 ***	0.156 ***	−0.091 *
	C(2,1)	0.661 ***	0.430 ***	2.020 ***	0.260 ***	−1.009 ***	−0.927 ***
	C(2,2)	0.000	0.000	0.000	0.000	0.003	0.000
	A(1,1)	0.328 ***	−0.088 ***	−0.005 ***	−0.340 ***	0.191 ***	0.233 ***
	A(1,2)	0.094 ***	−0.205 ***	−0.791 ***	0.041 *	−0.151 ***	−0.662 ***
	A(2,1)	0.123 ***	−0.175 ***	−0.537 ***	0.126 ***	−0.183 ***	−0.092 *
	A(2,2)	0.367 ***	−0.147 ***	0.507 ***	0.206 ***	0.821 ***	1.319 ***
	B(1,1)	1.109 ***	1.058 ***	0.386 ***	0.881 ***	0.792 ***	0.952 ***
	B(1,2)	0.260 ***	0.127 ***	−0.430 ***	0.046 ***	0.580 ***	0.415 ***
	B(2,1)	−0.327 ***	−0.158 ***	0.114 **	0.122 ***	0.222 ***	0.042 *
	B(2,2)	0.705 ***	0.841 ***	0.718 ***	0.935 ***	0.320 ***	0.435 ***
	D(1,1)	0.028 **	0.009 ***	−0.096 ***	0.112 ***	−0.346 ***	−0.018 ***
	D(1,2)	0.002	−0.131 ***	−0.921 ***	0.090 ***	0.970 ***	0.146
	D(2,1)	0.006	−0.341 ***	0.508 ***	−0.103 **	0.453 ***	−0.070 ***
	D(2,2)	0.031 **	0.021 ***	1.610 ***	−0.173 ***	−1.372 ***	0.498 **
	似然值	−6588.320	−6435.280	−6715.910	−6462.770	−6894.800	−6792.170

注：* 、** 、*** 分别表示在 10%、5%、1% 的显著性水平下拒绝原假设。

附录 2　非对称 BEKK-GARCH 模型回归结果

VAR(1) *model for the mean*, *BEKK for the variance*
VAR-BEKK-GARCH

中国银行 & 建设银行

OPEN DATA "D:\a14banks. xls"
DATA(FORMAT=XLS,NOLABELS,ORG=COLUMNS,TOP=2) 1 1448 A1 B2 C3 D1 E2 F3 G4
H5 I6 J7 K8 L9 M10 N11
system(model=var1)
　variables a1 b2
　system(model=var1)
　variables a1 b2
　lags 1
　det constant
　end(system)
　garch(p=1,q=1, asymmetric, model=var1,mv=bekk,pmethod=simplex,piters=10)
MV-GARCH, BEKK - Estimation by BFGS
Convergence in　　91 Iterations. Final criterion was　0. 0000037 <=　0. 0000100
Usable Observations　　　　　　　　　　1447
Log Likelihood　　　　　　　　　　−4896. 5900

Variable	Coeff	Std Error	T−Stat	Signif
1. A1{1}	−0. 098494575	0. 038697244	−2. 54526	0. 01091962
2. B2{1}	0. 090622558	0. 032490901	2. 78917	0. 00528438
3. Constant	−0. 072097446	0. 030284927	−2. 38064	0. 01728269
4. A1{1}	−0. 041294637	0. 040736252	−1. 01371	0. 31072243
5. B2{1}	0. 050301736	0. 040052954	1. 25588	0. 20915919
6. Constant	−0. 048311736	0. 033027996	−1. 46275	0. 14353551
7. C(1,1)	0. 304838781	0. 032200650	9. 46685	0. 00000000
8. C(2,1)	−0. 027006722	0. 045920377	−0. 58812	0. 55645132
9. C(2,2)	0. 133826452	0. 051173576	2. 61515	0. 00891889
10. A(1,1)	0. 427741315	0. 064368919	6. 64515	0. 00000000

11. A(1,2)	−0. 61620849	0. 050863356	−12. 115	0. 000000004
12. A(2,1)	−0. 103307967	0. 042639155	−2. 42284	0. 01539959
13. A(2,2)	0. 301502477	0. 041161283	7. 32490	0. 00000000
14. B(1,1)	0. 859398251	0. 028851625	29. 78682	0. 00000000
15. B(1,2)	0. 053525183	0. 026267738	2. 03768	0. 04158218
16. B(2,1)	0. 083874263	0. 020198101	4. 15258	0. 00003287
17. B(2,2)	0. 918088238	0. 018006589	50. 98624	0. 00000000
18. D(1,1)	0. 110848427	0. 055648643	1. 99193	0. 04637829
19. D(1,2)	−0. 376405536	0. 050637042	−7. 43340	0. 00000000
20. D(2,1)	−0. 68647147	0. 056984997	−12. 0465	0. 00000002
21. D(2,2)	0. 189394849	0. 053372845	3. 54852	0. 00038740

中国银行 & 南京银行

```
system( model = var1 )
    variables a1 H5
    system( model = var1 )
    variables a1 H5
    lags 1
    det constant
    end( system )
    garch( p = 1, q = 1, asymmetric, model = var1, mv = bekk, pmethod = simplex, piters = 10 )
```

MV-GARCH, BEKK - Estimation by BFGS
Convergence in　　101 Iterations.　Final criterion was　　0. 0000022 <=　　0. 0000100
Usable Observations　　　　　　　　　　1447
Log Likelihood　　　　　　　　　　　−5668. 9782

Variable	Coeff	Std Error	T-Stat	Signif
****
1. A1{1}	−0. 013014234	0. 034986883	−0. 37197	0. 70991172
2. H5{1}	−0. 029980279	0. 021578430	−1. 38936	0. 16472230
3. Constant	−0. 077450924	0. 030817130	−2. 51324	0. 01196270
4. A1{1}	−0. 053387249	0. 043818294	−1. 21838	0. 22308033
5. H5{1}	−0. 019741690	0. 032260196	−0. 61195	0. 54056955
6. Constant	−0. 059698274	0. 048501380	−1. 23086	0. 21837627
7. C(1,1)	0. 451110385	0. 035511069	12. 70337	0. 00000000
8. C(2,1)	0. 034065375	0. 042176479	0. 80769	0. 41927104
9. C(2,2)	−0. 000000207	0. 044167716	−4. 67972e−006	0. 99999627
10. A(1,1)	0. 590680184	0. 056837201	10. 39249	0. 00000000
11. A(1,2)	0. 079339765	0. 043894553	1. 80751	0. 07068307
12. A(2,1)	−0. 149393316	0. 036091651	−4. 13928	0. 0000711
13. A(2,2)	0. 190944432	0. 022878220	8. 34612	0. 00000000
14. B(1,1)	0. 707028921	0. 028947672	24. 42438	0. 00000000
15. B(1,2)	−0. 075492074	0. 021771514	−3. 46747	0. 00052538
16. B(2,1)	0. 100150473	0. 013294317	7. 53333	0. 00000000
17. B(2,2)	1. 008045250	0. 007439015	135. 50789	0. 00000000

18. D(1,1)	0.261846009	0.079607752	3.28920	0.00100472
19. D(1,2)	0.079083527	0.033516133	2.36006	0.03947440
20. D(2,1)	−0.387463253	0.043142720	−8.98096	0.00000000
21. D(2,2)	0.097675676	0.046541914	2.09866	0.04592407

中国银行 & 招商银行

```
system( model = var1 )
  variables a1 i6
  system( model = var1 )
  variables a1 i6
  lags 1
  det constant
  end( system )
  garch( p = 1, q = 1, asymmetric, model = var1, mv = bekk, pmethod = simplex, piters = 10 )
```

MV−GARCH, BEKK − Estimation by BFGS
Convergence in   112 Iterations. Final criterion was   0.0000095 < =   0.0000100
Usable Observations   1447
Log Likelihood   −5645.7605

Variable	Coeff	Std Error	T−Stat	Signif
1. A1{1}	−0.068966182	0.038047040	−1.81266	0.06988495
2. I6{1}	0.049951728	0.022891611	2.18210	0.02910234
3. Constant	−0.010084443	0.031400463	−0.32116	0.74809228
4. A1{1}	−0.048521152	0.044262197	−1.09622	0.27298205
5. I6{1}	−0.009145232	0.034758668	−0.26311	0.79246849
6. Constant	−0.036716435	0.050750116	−0.72347	0.46938816
7. C(1,1)	0.260794909	0.036252006	7.19394	0.00000000
8. C(2,1)	−0.039132676	0.042183013	−0.92769	0.35356941
9. C(2,2)	0.075263214	0.049010710	1.53565	0.12462466
10. A(1,1)	0.507490141	0.044143343	11.49641	0.00000000
11. A(1,2)	−0.44763170	0.039436322	−11.3507	0.000000004
12. A(2,1)	−0.177220271	0.033568921	−5.27930	0.00000013
13. A(2,2)	0.141982802	0.035239698	4.02906	0.00005600
14. B(1,1)	0.865149495	0.018145745	47.67782	0.00000000
15. B(1,2)	0.086254813	0.040894997	2.109177	0.02100631
16. B(2,1)	0.058275814	0.008294777	7.02560	0.00000000
17. B(2,2)	0.986141947	0.009237622	106.75279	0.00000000
18. D(1,1)	0.273611457	0.069927878	3.91277	0.00009124
19. D(1,2)	0.137023450	0.030861006	4.44002	0.00000900
20. D(2,1)	−0.126377846	0.039550944	−3.19532	0.00139677
21. D(2,2)	0.415372316	0.065278673	6.36306	0.00000000

中国银行 & 华夏银行

system(model=var1)
　variables a1 k8
　system(model=var1)
　variables a1 k8
　lags 1
　det constant
　end(system)
　garch(p=1,q=1, asymmetric, model=var1, mv=bekk, pmethod=simplex, piters=10)
MV-GARCH, BEKK - Estimation by BFGS
Convergence in　　151 Iterations. Final criterion was　0.0000000 <=　0.0000100
Usable Observations　　　　　　　　　　1447
Log Likelihood　　　　　　　　　　-5904.9678

Variable	Coeff	Std Error	T-Stat	Signif
1. A1{1}	-0.050705160	0.033162939	-1.52897	0.12627173
2. K8{1}	0.045155135	0.018779816	2.40445	0.01619680
3. Constant	-0.015987674	0.034665542	-0.46120	0.64465666
4. A1{1}	-0.049029491	0.050608216	-0.96880	0.33264251
5. K8{1}	0.023348175	0.033086013	0.70568	0.48038647
6. Constant	-0.005670855	0.058080667	-0.09764	0.92222009
7. C(1,1)	0.062508073	0.053182130	1.17536	0.23985128
8. C(2,1)	-0.402193380	0.062452194	-6.44002	0.00000000
9. C(2,2)	0.000027291	0.811234231	3.36411e-005	0.99997316
10. A(1,1)	0.151465132	0.020861217	7.26061	0.00000000
11. A(1,2)	-0.176927577	0.036231255	-4.88329	0.00000104
12. A(2,1)	0.110848565	0.017387766	6.37509	0.00000000
13. A(2,2)	0.220164722	0.031065318	7.08715	0.00000000
14. B(1,1)	0.025427851	0.009376639	2.71183	0.01127043
15. B(1,2)	0.229280892	0.014897031	15.39105	0.00000000
16. B(2,1)	-0.069015100	0.005713610	-12.07907	0.00000000
17. B(2,2)	0.874480409	0.007703425	113.51839	0.00000000
18. D(1,1)	0.097372322	0.057230309	1.70141	0.08886569
19. D(1,2)	0.199950529	0.062096021	3.22002	0.00128181
20. D(2,1)	-0.074894796	0.035218065	-2.12660	0.03345319
21. D(2,2)	0.281498829	0.120063322	2.34459	0.01904820

中国银行 & 浦发银行

system(model=var1)
　variables a1 l9
　system(model=var1)
　variables a1 l9

lags 1

det constant

end(system)

garch(p=1,q=1, asymmetric, model=var1,mv=bekk,pmethod=simplex,piters=10)

MV-GARCH, BEKK - Estimation by BFGS

Convergence in   121 Iterations. Final criterion was   0.0000063 <=   0.0000100

Usable Observations   1447

Log Likelihood   -5945.4808

Variable	Coeff	Std Error	T-Stat	Signif
1. A1{1}	-0.148706654	0.033903857	-4.38613	0.00001154
2. L9{1}	0.069660052	0.017168324	4.05748	0.00004961
3. Constant	-0.016934370	0.029786599	-0.56852	0.56967982
4. A1{1}	-0.040303516	0.045818681	-0.87963	0.37905943
5. L9{1}	-0.028623309	0.029520230	-0.96962	0.33223758
6. Constant	-0.058131586	0.062783287	-0.92591	0.35449348
7. C(1,1)	-0.284916446	0.034307703	-8.30474	0.00000000
8. C(2,1)	-0.072605890	0.060340643	-1.20327	0.22887310
9. C(2,2)	0.059656276	0.091073020	0.65504	0.51244338
10. A(1,1)	0.710578015	0.046945951	15.13609	0.00000000
11. A(1,2)	0.036145340	0.013795498	2.62008	0.00879086
12. A(2,1)	-0.262721026	0.023653748	-11.10695	0.00000000
13. A(2,2)	0.128263924	0.026830816	4.78047	0.00000175
14. B(1,1)	0.823907153	0.018014089	45.73682	0.00000000
15. B(1,2)	0.464001751	0.128982649	3.59740	0.00032142
16. B(2,1)	0.053127817	0.006837324	7.77026	0.00000000
17. B(2,2)	0.988705049	0.005342181	185.07517	0.00000000
18. D(1,1)	0.046581228	0.124232085	0.37495	0.70769521
19. D(1,2)	0.009356556	0.038425185	0.24350	0.80761762
20. D(2,1)	0.024996142	0.041685432	0.59964	0.54874795
21. D(2,2)	0.007526215	0.019702682	0.38199	0.70246927

中国银行 & 宁波银行

system(model=var1)

  variables a1 m10

  system(model=var1)

  variables a1 m10

  lags 1

  det constant

  end(system)

  garch(p=1,q=1, asymmetric, model=var1,mv=bekk,pmethod=simplex,piters=10)

MV-GARCH, BEKK - Estimation by BFGS

Convergence in   103 Iterations. Final criterion was   0.0000000 <=   0.0000100

Usable Observations   1447

Log Likelihood   -5794.9726

Variable	Coeff	Std Error	T-Stat	Signif
1. A1{1}	-0.042318003	0.036786364	-1.15037	0.24999069
2. M10{1}	0.042223982	0.019758551	2.13700	0.03259816
3. Constant	-0.033508532	0.030290059	-1.10626	0.26861612
4. A1{1}	-0.108457085	0.050540369	-2.14595	0.03187700
5. M10{1}	0.027463264	0.033295679	0.82483	0.40946829
6. Constant	-0.029335205	0.058636732	-0.50029	0.61687288
7. C(1,1)	0.250517398	0.029904487	8.37725	0.00000000
8. C(2,1)	-0.090720041	0.047599709	-1.90589	0.05666385
9. C(2,2)	-0.000006093	0.096298552	-6.32759e-005	0.99994951
10. A(1,1)	0.439374133	0.037009232	11.87201	0.00000000
11. A(1,2)	0.032897543	0.010940819	3.00686	0.00263959
12. A(2,1)	-0.04772013	0.017769608	-2.68549	0.00724233
13. A(2,2)	0.156276270	0.021002339	7.44090	0.00000000
14. B(1,1)	0.868757488	0.016048949	54.13174	0.00000000
15. B(1,2)	-0.148556035	0.056455248	-2.63139	0.00850352
16. B(2,1)	0.045936329	0.006107413	7.52141	0.00000000
17. B(2,2)	0.984165147	0.006314784	155.85095	0.00000000
18. D(1,1)	0.114298740	0.037636948	3.03688	0.00239044
19. D(1,2)	-0.22770354	0.034775884	-6.54774	0.00000000
20. D(2,1)	-0.131165814	0.027220921	-4.81857	0.00000145
21. D(2,2)	0.076588093	0.037186990	2.05954	0.03944254

中国银行 & 平安银行

```
system(model=var1)
   variables a1 n11
   system(model=var1)
   variables a1 n11
   lags 1
   det constant
   end(system)
   garch(p=1,q=1,asymmetric,model=var1,mv=bekk,pmethod=simplex,piters=10)
MV-GARCH, BEKK - Estimation by BFGS
Convergence in  80 Iterations. Final criterion was  0.0000000 <=  0.0000100
```

Usable Observations		1447		
Log Likelihood		-6112.6587		

Variable	Coeff	Std Error	T-Stat	Signif
1. A1{1}	-0.019639540	0.033380190	-0.58836	0.55629126
2. N11{1}	0.018857522	0.017421137	1.08245	0.27905231
3. Constant	-0.032102772	0.03564395	-0.90065	0.36777374
4. A1{1}	0.029992523	0.058316140	0.51431	0.60703588
5. N11{1}	-0.032179197	0.03754632	-0.85705	0.39141540

6. Constant	−0. 088215809	0. 063849224	−1. 38163	0. 16708627
7. C(1,1)	0. 233559919	0. 045781773	5. 10159	0. 00000034
8. C(2,1)	−0. 157898647	0. 151650720	−1. 04120	0. 29778299
9. C(2,2)	0. 759809043	0. 078694398	9. 65519	0. 00000000
10. A(1,1)	0. 218105642	0. 037265101	5. 85281	0. 00000000
11. A(1,2)	−0. 45474126	0. 059069381	−7. 69843	0. 00000000
12. A(2,1)	0. 046480756	0. 019707650	2. 35851	0. 01834830
13. A(2,2)	0. 514355547	0. 042291138	12. 16225	0. 00000000
14. B(1,1)	0. 956766304	0. 015383450	62. 19452	0. 00000000
15. B(1,2)	0. 215017363	0. 025854645	8. 31639	0. 00000000
16. B(2,1)	−0. 097682869	0. 034760865	2. 81014	0. 00495201
17. B(2,2)	0. 800201429	0. 017358350	46. 09893	0. 00000000
18. D(1,1)	0. 120799416	0. 036761899	3. 28599	0. 00101623
19. D(1,2)	0. 776777309	0. 080694468	9. 62615	0. 00000000
20. D(2,1)	0. 092506193	0. 040656483	2. 27531	0. 02288720
21. D(2,2)	0. 501536063	0. 077849474	6. 44238	0. 00000000

建设银行 & 南京银行

```
OPEN DATA "D:\a14banks. xls"
DATA(FORMAT = XLS,NOLABELS,ORG = COLUMNS,TOP = 2) 1 1448 A1 B2 C3 D1 E2 F3 G4
H5 I6 J7 K8 L9 M10 N11
system(model = var1)
  variables b2   H5
  system(model = var1)
  variables   b2   H5
  lags 1
  det constant
  end(system)
  garch(p = 1,q = 1, asymmetric, model = var1,mv = bekk,pmethod = simplex,piters = 10)
```

MV−GARCH, BEKK − Estimation by BFGS

Convergence in   107 Iterations. Final criterion was   0. 0000000 < =   0. 0000100

Usable Observations   1447

Log Likelihood   −5810. 9913

Variable	Coeff	Std Error	T−Stat	Signif
1. B2{1}	0. 03106249	0. 022139317	1. 40305	0. 16060300
2. H5{1}	0. 018504395	0. 025631132	0. 72195	0. 47032524
3. Constant	−0. 036912417	0. 036549353	−1. 00993	0. 31252713
4. B2{1}	0. 093183047	0. 037211237	2. 50416	0. 01227411
5. H5{1}	−0. 063244465	0. 032704869	−1. 93379	0. 05313852
6. Constant	0. 003299389	0. 049894277	0. 06613	0. 94727623
7. C(1,1)	0. 391715822	0. 034066619	11. 49852	0. 00000000
8. C(2,1)	−0. 116578010	0. 042094885	−2. 76941	0. 00561579

9. C(2,2)	0.000379659	0.696168258	5.45355e-004	0.99956487
10. A(1,1)	0.319236872	0.043669835	7.31024	0.00000000
11. A(1,2)	-0.156775143	0.049716468	-3.15338	0.00161389
12. A(2,1)	-0.06908217	0.033650693	-2.05292	0.03734403
13. A(2,2)	0.283936872	0.035937759	7.90080	0.00000000
14. B(1,1)	0.821941861	0.027328537	30.07632	0.00000000
15. B(1,2)	0.078663066	0.027853881	2.82413	0.00474087
16. B(2,1)	0.088329204	0.014989292	5.89282	0.00000000
17. B(2,2)	0.930502647	0.019301019	48.21003	0.00000000
18. D(1,1)	0.113580594	0.052737980	2.15368	0.03126548
19. D(1,2)	-0.282782504	0.060079250	-4.70682	0.00000252
20. D(2,1)	-0.373985328	0.056151261	-6.66032	0.00000000
21. D(2,2)	0.286931578	0.079568888	3.60608	0.00031086

建设银行 & 招商银行

```
system(model=var1)
  variables b2  I6
  system(model=var1)
  variables  b2  I6
  lags 1
  det constant
  end(system)
  garch(p=1,q=1,asymmetric,model=var1,mv=bekk,pmethod=simplex,piters=10)
MV-GARCH, BEKK - Estimation by BFGS
Convergence in  99 Iterations. Final criterion was  0.0000000 <=  0.0000100
Usable Observations                    1447
Log Likelihood                      -5678.8538
```

Variable	Coeff	Std Error	T-Stat	Signif
**				
1. B2{1}	-0.003311679	0.038709396	-0.08555	0.93182229
2. I6{1}	0.025900678	0.026989876	0.95964	0.33723431
3. Constant	-0.028869944	0.037232663	-0.77539	0.43810751
4. B2{1}	0.062755667	0.045845219	1.36886	0.17104318
5. I6{1}	-0.037735139	0.034583295	-1.09114	0.27521227
6. Constant	-0.001997002	0.050394025	-0.03963	0.96838991
7. C(1,1)	-0.547164226	0.043032229	-12.71522	0.00000000
8. C(2,1)	0.246444860	0.071046771	3.46877	0.00052285
9. C(2,2)	0.135050265	0.067023495	2.01497	0.04390790
10. A(1,1)	0.645925142	0.048379555	13.35120	0.00000000
11. A(1,2)	-0.081059827	0.026812615	-3.02320	0.00250119
12. A(2,1)	-0.259606704	0.042032546	-6.17633	0.00000000
13. A(2,2)	0.227720259	0.029944747	7.60468	0.00000000
14. B(1,1)	0.604511886	0.050316531	12.01418	0.00000000
15. B(1,2)	0.112170217	0.006132670	18.29060	0.00000000

16. B(2,1)	0.233485844	0.034505034	6.76672	0.00000000
17. B(2,2)	0.911560103	0.005456835	167.04924	0.00000000
18. D(1,1)	0.089942344	0.036141458	2.48862	0.01282401
19. D(1,2)	−0.123343158	0.046046033	−2.67869	0.00739103
20. D(2,1)	−0.287537492	0.041571210	−6.91675	0.00000000
21. D(2,2)	0.124067381	0.035304774	3.51418	0.00044111

建设银行 & 华夏银行

```
system(model=var1)
  variables b2  K8
  system(model=var1)
  variables  b2  K8
  lags 1
  det constant
  end(system)
  garch(p=1,q=1,asymmetric,model=var1,mv=bekk,pmethod=simplex,piters=10)
```

MV−GARCH, BEKK − Estimation by BFGS

Convergence in 93 Iterations. Final criterion was 0.0000000 <= 0.0000100

Usable Observations   1447

Log Likelihood   −5899.7724

Variable	Coeff	Std Error	T−Stat	Signif
1. B2{1}	0.017732215	0.034531983	0.51350	0.60760075
2. K8{1}	0.050848239	0.022008638	2.31038	0.02086733
3. Constant	−0.023775273	0.036199611	−0.65678	0.51132075
4. B2{1}	0.068371016	0.049278733	1.38743	0.16530930
5. K8{1}	−0.01257911	0.03658743	−0.34381	0.73098948
6. Constant	−0.051131102	0.052573150	−0.97257	0.33076674
7. C(1,1)	0.406990240	0.063643109	6.39488	0.00000000
8. C(2,1)	−0.43473921	0.101312938	−4.29105	0.00001778
9. C(2,2)	0.619236435	0.155266676	3.98821	0.00006657
10. A(1,1)	0.491100651	0.074493702	6.59251	0.00000000
11. A(1,2)	−0.557844548	0.108283732	−5.15169	0.00000026
12. A(2,1)	−0.134358742	0.055197264	−2.43416	0.01492657
13. A(2,2)	0.531906790	0.075754321	7.02147	0.00000000
14. B(1,1)	0.753261853	0.049822866	15.11880	0.00000000
15. B(1,2)	0.437762928	0.097213711	4.50310	0.00000670
16. B(2,1)	0.141514534	0.032477189	4.35735	0.00001316
17. B(2,2)	0.662167515	0.083863238	7.89580	0.00000000
18. D(1,1)	0.042222143	0.020409709	2.06873	0.03857159
19. D(1,2)	0.291607801	0.112545114	2.59103	0.00956891
20. D(2,1)	0.149867665	0.041785139	3.58663	0.00033498
21. D(2,2)	0.221286079	0.065865565	3.35966	0.00078038

建设银行 & 浦发银行

```
system( model = var1 )
    variables b2   L9
    system( model = var1 )
    variables   b2   L9
    lags 1
    det constant
    end( system )
    garch( p = 1, q = 1, asymmetric, model = var1, mv = bekk, pmethod = simplex, piters = 10 )
```

MV-GARCH, BEKK - Estimation by BFGS
Convergence in   121 Iterations. Final criterion was   0.0000000 <=   0.0000100
Usable Observations   1447
Log Likelihood   -6038.0990

Variable	Coeff	Std Error	T-Stat	Signif
1. B2{1}	0.007802287	0.036425893	0.21420	0.83039407
2. L9{1}	0.027435312	0.026412943	1.03871	0.29894096
3. Constant	-0.010259731	0.038526715	-0.26630	0.79000683
4. B2{1}	0.179066762	0.056463708	3.17136	0.00151727
5. L9{1}	-0.163105464	0.038681315	-4.21665	0.00002480
6. Constant	-0.168228334	0.057742399	-2.91343	0.00357484
7. C(1,1)	0.255552020	0.045658530	5.59703	0.00000002
8. C(2,1)	0.087128243	0.306977628	0.28383	0.77654370
9. C(2,2)	0.921453117	0.091558415	10.06410	0.00000000
10. A(1,1)	0.245288091	0.066694168	3.67780	0.00023525
11. A(1,2)	0.960124779	0.089022432	10.78520	0.00000000
12. A(2,1)	0.110648560	0.041357512	2.67542	0.00746365
13. A(2,2)	-0.951797797	0.076693555	-12.41040	0.00000000
14. B(1,1)	0.987905832	0.030273907	32.63225	0.00000000
15. B(1,2)	0.520702428	0.049721204	10.47244	0.00000000
16. B(2,1)	0.116259597	0.047357693	2.45493	0.01409139
17. B(2,2)	0.528145952	0.045987066	11.48466	0.00000000
18. D(1,1)	0.138283446	0.055232455	2.50366	0.01229151
19. D(1,2)	0.501123172	0.162725518	3.07956	0.00207306
20. D(2,1)	-0.086644906	0.041999359	-2.06301	0.03911211
21. D(2,2)	0.483964721	0.120554438	4.01449	0.00005957

建设银行 & 宁波银行

```
system( model = var1 )
    variables b2   M10
    system( model = var1 )
    variables   b2   M10
```

```
lags 1
det constant
end( system)
garch( p = 1, q = 1, asymmetric, model = var1, mv = bekk, pmethod = simplex, piters = 10)
```

MV−GARCH, BEKK − Estimation by BFGS

Convergence in   120 Iterations. Final criterion was   0. 0000076 <=   0. 0000100

Usable Observations   1447

Log Likelihood   −5922. 7706

Variable	Coeff	Std Error	T−Stat	Signif
1. B2{1}	0. 032755091	0. 037311087	0. 87789	0. 38000253
2. M10{1}	0. 016943662	0. 022161410	0. 76456	0. 44453537
3. Constant	−0. 028038490	0. 034297125	−0. 81752	0. 41363292
4. B2{1}	−0. 030573147	0. 051200770	−0. 59712	0. 55042539
5. M10{1}	0. 003627429	0. 033535354	0. 10817	0. 91386298
6. Constant	0. 002591172	0. 057902181	0. 04475	0. 96430590
7. C(1,1)	0. 404565369	0. 032652971	12. 38985	0. 00000000
8. C(2,1)	−0. 159493599	0. 040336086	−3. 95412	0. 00007682
9. C(2,2)	−0. 000036354	0. 160294554	−2. 26795e−004	0. 99981904
10. A(1,1)	0. 342749718	0. 030861293	11. 10614	0. 00000000
11. A(1,2)	0. 030913956	0. 027404523	1. 12806	0. 25929443
12. A(2,1)	0. 060726374	0. 020458808	2. 96823	0. 00299524
13. A(2,2)	0. 130908327	0. 023770284	5. 50723	0. 00000004
14. B(1,1)	0. 827338139	0. 021919261	37. 74480	0. 00000000
15. B(1,2)	0. 010581614	0. 002764977	3. 82702	0. 00012971
16. B(2,1)	0. 068584199	0. 012477250	5. 49674	0. 00000004
17. B(2,2)	0. 980297861	0. 002162689	453. 27733	0. 00000000
18. D(1,1)	0. 072779104	0. 064654405	1. 12566	0. 26030797
19. D(1,2)	0. 039625815	0. 038684162	1. 02434	0. 30567373
20. D(1,1)	−0. 218358799	0. 030671696	−7. 11923	0. 00000000
21. D(2,2)	0. 078121566	0. 037147059	2. 10304	0. 03546271

建设银行 & 平安银行

```
system( model = var1)
   variables b2   n11
   system( model = var1)
   variables   b2   n11
   lags 1
   det constant
   end( system)
   garch( p = 1, q = 1, asymmetric, model = var1, mv = bekk, pmethod = simplex, piters = 10)
```

MV−GARCH, BEKK − Estimation by BFGS

Convergence in   160 Iterations. Final criterion was   0. 0000000 <=   0. 0000100

Variable	Coeff	Std Error	T-Stat	Signif
Usable Observations		1447		
Log Likelihood		-6220. 3936		
1. B2{1}	0. 028028019	0. 026411775	1. 06119	0. 28860172
2. N11{1}	0. 050092711	0. 018402122	2. 72212	0. 00648654
3. Constant	-0. 066009338	0. 029138866	-2. 26534	0. 02349203
4. B2{1}	-0. 151692465	0. 001975971	-76. 76856	0. 00000000
5. N11{1}	0. 270185891	0. 005791769	46. 64998	0. 00000000
6. Constant	-0. 222068955	0. 012526923	-17. 72733	0. 00000000
7. C(1,1)	0. 105845827	0. 043898592	2. 41114	0. 01590257
8. C(2,1)	0. 744126073	0. 144198349	5. 16044	0. 00000274
9. C(2,2)	-0. 003120555	2. 543370428	-0. 00123	0. 99902105
10. A(1,1)	0. 255133203	0. 026878795	9. 49199	0. 00000000
11. A(1,2)	0. 004288188	0. 002346190	1. 82772	0. 06759096
12. A(2,1)	0. 077155481	0. 014243260	5. 41698	0. 00000006
13. A(2,2)	-0. 243790316	0. 037304609	-6. 53513	0. 00000000
14. B(1,1)	0. 864776111	0. 026547022	32. 57526	0. 00000000
15. B(1,2)	0. 773387596	0. 099790126	7. 75014	0. 00000000
16. B(2,1)	0. 066652171	0. 018219951	3. 65820	0. 00025400
17. B(2,2)	0. 331203073	0. 091172958	3. 63269	0. 00028048
18. D(1,1)	0. 237478315	0. 062381745	3. 80686	0. 00014074
19. D(1,2)	0. 931421602	0. 125978839	7. 39348	0. 00000000
20. D(2,1)	0. 128343278	0. 040722214	3. 15168	0. 00162336
21. D(2,2)	0. 362191650	0. 090925963	3. 98337	0. 00010584

南京银行 & 招商银行

```
system( model = var1)
  variables h5 i6
  system( model = var1)
  variables h5 i6
  lags 1
  det constant
  end( system)
  garch( p = 1, q = 1, asymmetric, model = var1, mv = bekk, pmethod = simplex, piters = 10)
MV-GARCH, BEKK - Estimation by BFGS
Convergence in　139 Iterations. Final criterion was　0. 0000000 <=　0. 0000100
```

Variable	Coeff	Std Error	T-Stat	Signif
Usable Observations		1447		
Log Likelihood		-6154. 4659		
1. H5{1}	-0. 048134972	0. 036581563	-1. 31583	0. 18823244
2. I6{1}	0. 001462675	0. 037098949	0. 03943	0. 96855051

3. Constant	−0. 008168915	0. 049011361	−0. 16667	0. 86762664
4. H5{1}	0. 014667390	0. 034534735	0. 42471	0. 67104508
5. I6{1}	−0. 02535318	0. 038538985	−0. 65786	0. 51062932
6. Constant	−0. 014158480	0. 047134703	−0. 30038	0. 76388476
7. C(1,1)	−0. 094400464	0. 044126866	−2. 13930	0. 03241164
8. C(2,1)	−0. 241535707	0. 068199991	−3. 54158	0. 00039774
9. C(2,2)	0. 120743162	0. 106293694	1. 13594	0. 25598206
10. A(1,1)	0. 179531103	0. 019847086	9. 04572	0. 00000000
11. A(1,2)	0. 872788635	0. 073636214	11. 85271	0. 0000000
12. A(2,1)	−0. 201379767	0. 075411509	−2. 67041	0. 00757583
13. A(2,2)	0. 286994405	0. 040005939	7. 17380	0. 00000000
14. B(1,1)	0. 990490713	0. 004243794	233. 39744	0. 00000000
15. B(1,2)	0. 016081799	0. 006588975	2. 44071	0. 01465829
16. B(2,1)	−0. 018644148	0. 008576328	−2. 17391	0. 02971203
17. B(2,2)	0. 944477563	0. 011638031	81. 15441	0. 00000000
18. D(1,1)	0. 177865525	0. 032391834	5. 49106	0. 00000004
19. D(1,2)	0. 207599829	0. 033734846	6. 15387	0. 00000000
20. D(2,1)	−0. 184295210	0. 030115509	−6. 11961	0. 00000000
21. D(2,2)	0. 166251611	0. 0533333801	3. 11721	0. 00182568

南京银行 & 华夏银行

```
system( model = var1)
   variables h5 k8
   system( model = var1)
   variables h5 k8
   lags 1
   det constant
   end( system)
   garch( p = 1, q = 1, asymmetric, model = var1, mv = bekk, pmethod = simplex, piters = 10)
```

MV-GARCH, BEKK - Estimation by BFGS

Convergence in   116 Iterations. Final criterion was   0. 0000029 <=   0. 0000100

Usable Observations   1447

Log Likelihood   −6261. 0080

Variable	Coeff	Std Error	T-Stat	Signif
***				
1. H5{1}	−0. 112412317	0. 038016048	−2. 95697	0. 00310678
2. K8{1}	0. 035515627	0. 032204902	1. 10280	0. 27011321
3. Constant	−0. 013039750	0. 045638009	−0. 28572	0. 77509161
4. H5{1}	−0. 100222879	0. 043022901	−2. 32952	0. 01983133
5. K8{1}	0. 082020072	0. 038267387	2. 14334	0. 03208570
6. Constant	0. 007390501	0. 052737146	0. 14014	0. 88855062
7. C(1,1)	0. 212040157	0. 058698344	3. 61237	0. 00030341
8. C(2,1)	−0. 176497699	0. 078880219	−2. 23754	0. 02525102

9. C(2,2)	−0. 344615883	0. 062034011	−5. 55527	0. 00000003
10. A(1,1)	0. 417767972	0. 057493283	7. 26638	0. 00000000
11. A(1,2)	−0. 168940856	0. 053790680	−3. 14071	0. 00168540
12. A(2,1)	−0. 101071910	0. 040722882	−2. 48194	0. 01306678
13. A(2,2)	0. 285870427	0. 034707258	8. 23662	0. 00000000
14. B(1,1)	0. 895733176	0. 023623013	37. 91782	0. 00000000
15. B(1,2)	0. 107198958	0. 019945198	5. 37468	0. 00000008
16. B(2,1)	0. 068916940	0. 019615146	3. 51346	0. 00044232
17. B(2,2)	0. 866989024	0. 019282148	44. 96330	0. 00000000
18. D(1,1)	−0. 092317063	0. 052908295	−1. 74485	0. 08101090
19. D(1,2)	0. 564115807	0. 056082724	10. 05864	0. 00000000
20. D(2,1)	0. 265426300	0. 081377205	3. 26168	0. 00110755
21. D(2,2)	−0. 144351797	0. 048382843	−2. 98353	0. 00284942

南京银行 & 浦发银行

```
system( model = var1 )
  variables h5 l9
  system( model = var1 )
  variables h5 l9
  lags 1
  det constant
  end( system )
  garch( p = 1 , q = 1 , asymmetric , model = var1 , mv = bekk , pmethod = simplex , piters = 10 )
```

MV-GARCH, BEKK − Estimation by BFGS

Usable Observations		1447		
Log Likelihood		−6226. 4711		
Variable	Coeff	Std Error	T−Stat	Signif
******	******	******	******	******
1. H5{1}	−0. 125531168	0. 038009465	−3. 30263	0. 00095783
2. L9{1}	0. 072806316	0. 029903412	2. 43472	0. 01490348
3. Constant	−0. 023622415	0. 028119747	−0. 84006	0. 40087195
4. H5{1}	0. 047354162	0. 049685226	0. 95308	0. 34054785
5. L9{1}	−0. 041478500	0. 035294571	−1. 17521	0. 23991108
6. Constant	−0. 010316591	0. 000405765	−25. 42505	0. 00000000
7. C(1,1)	−0. 177774605	0. 043455941	−4. 09092	0. 00004297
8. C(2,1)	0. 327914581	0. 065063801	5. 03989	0. 00000047
9. C(2,2)	0. 215108618	0. 135992507	1. 58177	0. 11370250
10. A(1,1)	0. 371531526	0. 036275092	10. 24206	0. 00000000
11. A(1,2)	−0. 342509532	0. 054071350	−6. 33440	0. 00000000
12. A(2,1)	−0. 165705804	0. 027027288	−6. 13106	0. 00000000
13. A(2,2)	0. 393344078	0. 045112575	8. 71917	0. 00000000
14. B(1,1)	0. 920693513	0. 017542605	52. 48328	0. 00000000
15. B(1,2)	0. 191436615	0. 021989701	8. 70574	0. 00000000
16. B(2,1)	0. 057471094	0. 015670802	3. 66740	0. 00024503

17. B(2,2)	0.811901373	0.022211196	36.55370	0.00000000
18. D(1,1)	0.128352353	0.058165315	2.20668	0.02733628
19. D(1,2)	−0.691698269	0.068684344	−10.07068	0.00000000
20. D(2,1)	−0.122409998	0.044763183	−2.73461	0.00624536
21. D(2,2)	0.581312517	0.072093063	8.06336	0.00000000

南京银行 & 宁波银行

```
system( model = var1)
  variables h5 m10
  system( model = var1)
  variables h5 m10
  lags 1
  det constant
  end( system)
  garch( p = 1, q = 1, asymmetric, model = var1, mv = bekk, pmethod = simplex, piters = 10)
MV−GARCH, BEKK − Estimation by BFGS
NO CONVERGENCE IN 156 ITERATIONS
LAST CRITERION WAS  0.0000000
Usable Observations                      1447
Log Likelihood                        −5926.0065
```

Variable	Coeff	Std Error	T−Stat	Signif
1. H5{1}	−0.083052659	0.025360437	−3.27489	0.00105703
2. M10{1}	0.051933636	0.024862524	2.08883	0.03672285
3. Constant	0.007294135	0.026641390	0.27379	0.78424632
4. H5{1}	−0.054983234	0.008650526	−6.35606	0.00000000
5. M10{1}	0.029105959	0.009081320	3.20504	0.00135046
6. Constant	0.002873437	0.009352619	0.30723	0.75866570
7. C(1,1)	−0.151360883	0.032532122	−4.65266	0.00000328
8. C(2,1)	−0.397832118	0.039866571	−9.97909	0.00000000
9. C(2,2)	−0.000070810	0.143566749	−4.9322e−004	0.99960647
10. A(1,1)	0.122794612	0.033417971	3.67451	0.00023831
11. A(1,2)	−0.104931004	0.052709192	−1.99075	0.04650800
12. A(2,1)	0.079155554	0.038980488	2.03065	0.04229097
13. A(2,2)	0.277180708	0.046259612	5.99185	0.00000000
14. B(1,1)	1.014416083	0.006292266	161.2163	0.00000000
15. B(1,2)	0.065867531	0.009606754	6.85638	0.00000000
16. B(2,1)	−0.043725189	0.008470970	−5.16177	0.00000024
17. B(2,2)	0.896857531	0.012623049	71.04920	0.00000000
18. D(1,1)	0.154575790	0.037046644	4.17246	0.00003013
19. D(1,2)	0.531408530	0.052241873	10.17208	0.00000000
20. D(2,1)	−0.075472200	0.034874202	−2.16413	0.03045461
21. D(2,2)	−0.246603981	0.051430847	−4.79487	0.00000163

南京银行 & 平安银行

system(model = var1)
  variables h5 n11
  system(model = var1)
  variables h5 n11
  lags 1
  det constant
  end(system)
  garch(p = 1 , q = 1 , asymmetric , model = var1 , mv = bekk , pmethod = simplex , piters = 10)
MV-GARCH, BEKK － Estimation by BFGS
Convergence in 127 Iterations. Final criterion was 0. 0000000 < = 0. 0000100
Usable Observations   1447
Log Likelihood   −6743. 8196

Variable	Coeff	Std Error	T−Stat	Signif
1. H5\{1\}	−0. 036582678	0. 035466647	−1. 03147	0. 30232184
2. N11\{1\}	0. 003237637	0. 028196214	0. 11483	0. 90858364
3. Constant	0. 037571759	0. 053993358	0. 69586	0. 48651719
4. H5\{1\}	−0. 223881495	0. 060261935	−3. 71514	0. 00020309
5. N11\{1\}	0. 361031445	0. 075415473	4. 78723	0. 00000169
6. Constant	0. 106037909	0. 068817833	1. 54085	0. 12335347
7. C(1,1)	−0. 147560087	0. 043683251	−3. 3779	0. 00073027
8. C(2,1)	−0. 910132998	0. 663267511	−1. 3722	0. 17000244
9. C(2,2)	−0. 451962080	1. 157551784	−0. 3905	0. 69620638
10. A(1,1)	0. 221236386	0. 041376639	5. 34689	0. 00000009
11. A(1,2)	−0. 539326184	0. 064947246	−8. 30407	0. 00000000
12. A(2,1)	−0. 032859805	0. 042902451	−0. 76592	0. 44372447
13. A(2,2)	1. 025764805	0. 071190567	14. 40872	0. 00000000
14. B(1,1)	0. 975551742	0. 015698149	62. 14438	0. 00000000
15. B(1,2)	0. 276263861	0. 028916417	9. 55388	0. 00000000
16. B(2,1)	0. 003861901	0. 018747498	0. 20600	0. 83679441
17. B(2,2)	0. 584237649	0. 044721943	13. 06378	0. 00000000
18. D(1,1)	0. 116420216	0. 040016257	2. 90932	0. 00362212
19. D(1,2)	0. 449995293	0. 121550106	3. 70214	0. 00021379
20. D(2,1)	−0. 036686178	0. 036212274	−1. 01309	0. 31101869
21. D(2,2)	−0. 919057913	0. 138020586	−6. 65885	0. 00000000

招商银行 & 华夏银行

system(model = var1)
  variables i6 k8
  system(model = var1)
  variables i6 k8

```
lags 1
det constant
end(system)
garch(p=1,q=1, asymmetric, model=var1,mv=bekk,pmethod=simplex,piters=10)
```

MV−GARCH, BEKK − Estimation by BFGS
Convergence in 135 Iterations. Final criterion was 0. 0000000 <= 0. 0000100
Usable Observations   1447
Log Likelihood   −6182. 6045

Variable	Coeff	Std Error	T−Stat	Signif
1. I6{1}	−0. 066997993	0. 037217918	−1. 80015	0. 07183629
2. K8{1}	0. 058083226	0. 033132712	1. 75305	0. 07959381
3. Constant	−0. 012606639	0. 049804213	−0. 25312	0. 80017243
4. I6{1}	0. 009150578	0. 044488991	0. 20568	0. 83703943
5. K8{1}	−0. 014103430	0. 037942048	−0. 37171	0. 71010895
6. Constant	−0. 034810291	0. 056870662	−0. 61210	0. 54047440
7. C(1,1)	0. 046722157	0. 232633135	0. 20084	0. 84082329
8. C(2,1)	0. 207998381	0. 638877823	0. 32557	0. 74475098
9. C(2,2)	0. 197390801	0. 629172931	0. 31373	0. 75372566
10. A(1,1)	0. 131384676	0. 028574398	4. 59799	0. 00000427
11. A(1,2)	0. 311779214	0. 029921551	10. 41989	0. 00000000
12. A(2,1)	0. 128732232	0. 023450981	5. 48942	0. 00000004
13. A(2,2)	0. 060069623	0. 025542403	2. 35176	0. 01868478
14. B(1,1)	0. 873348082	0. 007597820	114. 94720	0. 00000000
15. B(1,2)	−0. 162008224	0. 009679309	−16. 73758	0. 00000000
16. B(2,1)	0. 109811368	0. 007410968	14. 81741	0. 00000000
17. B(2,2)	1. 049243245	0. 009476546	110. 7200	0. 00000000
18. D(1,1)	0. 089174640	0. 053639657	1. 66248	0. 09641738
19. D(1,2)	−0. 027051310	0. 040520983	−0. 66759	0. 50439681
20. D(2,1)	−0. 035121202	0. 040311455	−0. 87125	0. 38361974
21. D(2,2)	0. 071603291	0. 036788114	−1. 9464	0. 05677136

招商银行 & 浦发银行

```
system(model=var1)
   variables i6 l9
   system(model=var1)
   variables i6 l9
   lags 1
   det constant
   end(system)
   garch(p=1,q=1, asymmetric, model=var1,mv=bekk,pmethod=simplex,piters=10)
```

MV−GARCH, BEKK − Estimation by BFGS
Convergence in 129 Iterations. Final criterion was 0. 0000000 <= 0. 0000100

Usable Observations		1447		
Log Likelihood		-6349. 6219		
Variable	Coeff	Std Error	T-Stat	Signif
*********	*********	*********	*********	*********
1. I6{1}	-0. 041190415	0. 034247699	-1. 20272	0. 22908444
2. L9{1}	0. 007123737	0. 029797344	0. 23907	0. 81104907
3. Constant	-0. 096942458	0. 053650168	-1. 80694	0. 07077215
4. I6{1}	0. 007649792	0. 044652975	0. 17132	0. 86397489
5. L9{1}	-0. 095406727	0. 042029779	-2. 26998	0. 02320884
6. Constant	-0. 172320767	0. 066296035	-2. 59926	0. 00934244
7. C(1,1)	0. 320163586	0. 064416056	4. 97025	0. 00000067
8. C(2,1)	0. 645068716	0. 176470918	3. 65538	0. 00025680
9. C(2,2)	0. 579822927	0. 093068303	6. 23008	0. 00000000
10. A(1,1)	-0. 094999553	0. 028347883	-3. 35120	0. 00080461
11. A(1,2)	-0. 139754920	0. 052859564	-2. 64389	0. 00819591
12. A(2,1)	0. 072067370	0. 032415909	2. 22321	0. 02620165
13. A(2,2)	0. 413862355	0. 046893698	8. 82554	0. 00000000
14. B(1,1)	1. 039762757	0. 024182890	42. 99580	0. 00000000
15. B(1,2)	0. 222259368	0. 023199366	9. 58041	0. 00000000
16. B(2,1)	-0. 073228343	0. 032135789	-2. 27872	0. 02268394
17. B(2,2)	0. 761010641	0. 029357507	25. 92218	0. 00000000
18. D(1,1)	0. 199629700	0. 037257580	5. 35810	0. 00000008
19. D(1,2)	0. 087247026	0. 077914665	1. 11978	0. 26280893
20. D(2,1)	0. 004111419	0. 025659720	0. 16023	0. 87270106
21. D(2,2)	0. 116458677	0. 064099564	1. 81684	0. 06924156

招商银行 & 宁波银行

```
system(model = var1)
    variables i6 m10
    system(model = var1)
    variables i6 m10
    lags 1
    det constant
    end(system)
    garch(p = 1, q = 1, asymmetric, model = var1, mv = bekk, pmethod = simplex, piters = 10)
```

MV-GARCH, BEKK - Estimation by BFGS
Convergence in   86 Iterations. Final criterion was   0. 0000033 <=   0. 0000100

Usable Observations		1447		
Log Likelihood		-6224. 5604		
Variable	Coeff	Std Error	T-Stat	Signif
*********	*********	*********	*********	*********
1. I6{1}	0. 0076854461	0. 037517848	0. 20485	0. 83769109
2. M10{1}	-0. 003647570	0. 033366157	-0. 10932	0. 91294912

3. Constant	−0. 042297537	0. 051644579	−0. 81901	0. 41277949
4. I6{1}	0. 003543550	0. 043837014	0. 08083	0. 93557345
5. M10{1}	0. 004337956	0. 039870943	0. 10880	0. 91336117
6. Constant	−0. 025283598	0. 060375383	−0. 41877	0. 67538182
7. C(1,1)	0. 098599647	0. 044371635	2. 22213	0. 02627436
8. C(2,1)	0. 223472588	0. 038473384	5. 80850	0. 00000001
9. C(2,2)	0. 000007686	0. 113039583	6. 79933e−005	0. 99994575
10. A(1,1)	0. 245962068	0. 024719513	9. 95012	0. 00000000
11. A(1,2)	0. 057401834	0. 033357384	1. 72081	0. 08528469
12. A(2,1)	−0. 112505304	0. 032946517	−3. 41479	0. 00063832
13. A(2,2)	0. 122054390	0. 035075852	3. 47973	0. 00050193
14. B(1,1)	0. 933038578	0. 007833666	119. 10625	0. 00000000
15. B(1,2)	−0. 058422778	0. 009744733	−5. 99532	0. 00000000
16. B(2,1)	0. 053677199	0. 008974438	5. 98112	0. 00000000
17. B(2,2)	1. 014540082	0. 007848665	129. 26277	0. 00000000
18. D(1,1)	−0. 186852459	0. 044942207	−4. 15762	0. 00003216
19. D(1,2)	−0. 323271913	0. 042287705	−7. 64458	0. 00000000
20. D(2,1)	0. 238475438	0. 034187530	6. 97551	0. 00000000
21. D(2,2)	0. 251311080	0. 044613799	5. 63303	0. 00000002

招商银行 & 平安银行

```
system( model = var1 )
  variables i6 n11
  system( model = var1 )
  variables i6 n11
  lags 1
  det constant
  end( system )
  garch( p = 1 , q = 1 , asymmetric , model = var1 , mv = bekk , pmethod = simplex , piters = 10 )
```

MV−GARCH, BEKK − Estimation by BFGS
NO CONVERGENCE IN 186 ITERATIONS
LAST CRITERION WAS   0. 0000000

Usable Observations		1447
Log Likelihood		−6430. 6906

Variable	Coeff	Std Error	T−Stat	Signif
**				
1. I6{1}	0. 004222650	0. 034473416	0. 12249	0. 90251092
2. N11{1}	−0. 038767495	0. 025318565	−1. 53119	0. 12572282
3. Constant	−0. 050870153	0. 052659648	−0. 96602	0. 33403532
4. I6{1}	0. 307419685	0. 039774382	7. 72909	0. 00000000
5. N11{1}	−0. 315046599	0. 035959353	−8. 76119	0. 00000000
6. Constant	−0. 270372213	0. 055300027	−4. 88919	0. 00000101
7. C(1,1)	0. 132366238	0. 019324291	6. 84973	0. 00000000

8. C(2,1)	0. 256120967	0. 167419010	1. 52982	0. 12606126
9. C(2,2)	−0. 298734307	0. 102270404	−2. 92102	0. 00348883
10. A(1,1)	0. 158444702	0. 008299995	19. 08974	0. 00000000
11. A(1,2)	−0. 637712137	0. 036785404	−17. 33601	0. 00000000
12. A(2,1)	0. 084242332	0. 048376805	1. 74138	0. 08161724
13. A(2,2)	0. 940563630	0. 037152573	25. 31624	0. 00000000
14. B(1,1)	0. 980742195	0. 000654155	1499. 24963	0. 00000000
15. B(1,2)	0. 169309288	0. 012191003	13. 88805	0. 00000000
16. B(2,1)	0. 006241717	0. 000705115	8. 85206	0. 00000000
17. B(2,2)	0. 784823397	0. 011313517	69. 37042	0. 00000000
18. D(1,1)	0. 049178571	0. 015300235	3. 21424	0. 00130792
19. D(1,2)	−0. 032227190	0. 126372116	−0. 25502	0. 79870904
20. D(2,1)	−0. 014788681	0. 016995333	−0. 87016	0. 38421225
21. D(2,2)	0. 037329250	0. 015067613	2. 47745	0. 01323251

华夏银行 & 浦发银行

```
system(model = var1)
   variables k8 l9
   system(model = var1)
   variables k8 l9
   lags 1
   det constant
   end(system)
   garch(p = 1, q = 1, asymmetric, model = var1, mv = bekk, pmethod = simplex, piters = 10)
```

MV-GARCH, BEKK − Estimation by BFGS

Convergence in　135 Iterations. Final criterion was　0. 0000036 <=　0. 0000100

Usable Observations　　　　　　　　　　1447

Log Likelihood　　　　　　　　　　−6588. 3202

Variable	Coeff	Std Error	T−Stat	Signif
*****	*****	*****	*****	*****
1. K8{1}	0. 009868852	0. 038024437	0. 25954	0. 79521884
2. L9{1}	−0. 01935778	0. 030876932	−0. 62693	0. 53070274
3. Constant	0. 052732253	0. 060041790	0. 87826	0. 37980309
4. K8{1}	0. 009549068	0. 035905050	0. 26595	0. 79027514
5. L9{1}	−0. 00606034	0. 038709680	−0. 15656	0. 87559256
6. Constant	0. 052716682	0. 064069079	0. 82281	0. 41061602
7. C(1,1)	0. 683369581	0. 071231756	9. 59361	0. 00000000
8. C(2,1)	0. 660723485	0. 067406936	9. 80201	0. 00000000
9. C(2,2)	−0. 000000987	0. 112572689	−8. 77161e−006	0. 99999300
10. A(1,1)	0. 327754558	0. 037831998	8. 66342	0. 00000000
11. A(1,2)	0. 094277572	0. 032782232	2. 87587	0. 00402910
12. A(2,1)	0. 123147961	0. 031620602	3. 89455	0. 00009838
13. A(2,2)	0. 367476847	0. 032078936	11. 45539	0. 00000000

14. B(1,1)	1.108511376	66.71603	0.00000000
15. B(1,2)	0.259851590	20.49652	0.00000000
16. B(2,1)	−0.327352602	−22.35243	0.00000000
17. B(2,2)	0.704721470	50.95755	0.00000000
18. D(1,1)	0.028655781	0.0128796853	2.22571	0.02624947
19. D(1,2)	0.001914126	0.083929738	0.02281	0.98180479
20. D(2,1)	0.005548125	0.211627938	0.02622	0.97908473
21. D(2,2)	0.031198951	0.0127427153	2.44814	0.02380174

华夏银行 & 宁波银行

```
system( model = var1 )
  variables k8   m10
  system( model = var1 )
  variables k8   m10
  lags 1
  det constant
  end( system)
  garch( p = 1, q = 1, asymmetric, model = var1, mv = bekk, pmethod = simplex, piters = 10)
MV−GARCH, BEKK − Estimation by BFGS
Convergence in   132 Iterations.  Final criterion was   0.0000090 <=   0.0000100
Usable Observations                            1447
Log Likelihood                             −6435.2865
```

Variable	Coeff	Std Error	T−Stat	Signif
1. K8{1}	0.069982784	0.036851364	1.89906	0.05755718
2. M10{1}	−0.013832792	0.036495222	−0.37903	0.70466543
3. Constant	−0.040635766	0.055891234	−0.72705	0.46719484
4. K8{1}	0.054426846	0.039453566	1.37952	0.16773556
5. M10{1}	−0.007245998	0.037700805	−0.19220	0.84758756
6. Constant	0.005394131	0.058114663	0.09282	0.92604754
7. C(1,1)	0.275170976	0.099037685	2.77845	0.00546194
8. C(2,1)	0.429578155	0.057796645	7.43258	0.00000000
9. C(2,2)	−0.000002331	0.274464049	−8.49258e−006	0.99999322
10. A(1,1)	−0.088261839	0.026294563	−3.35666	0.00078891
11. A(1,2)	−0.205289370	0.025845384	−7.94298	0.00000000
12. A(2,1)	−0.174589762	0.033354694	−5.23434	0.00000017
13. A(2,2)	−0.146979257	0.035489904	−4.14144	0.00003451
14. B(1,1)	1.058141624	0.009636193	109.80909	0.00000000
15. B(1,2)	0.126757906	0.011755643	10.78273	0.00000000
16. B(2,1)	−0.157865456	0.009722790	−16.23664	0.00000000
17. B(2,2)	0.840826117	0.013478303	62.38368	0.00000000
18. D(1,1)	0.009819944	0.003077496	3.19092	0.00174965
19. D(1,2)	−0.130829949	0.038117258	−3.43230	0.00059848

20. D(2,1)	-0.341409469	0.047699647	-7.15748	0.00000000
21. D(2,2)	0.020982677	0.0056342510	3.72410	0.00106109

华夏银行 & 平安银行

```
system(model=var1)
    variables k8 n11
    system(model=var1)
    variables k8 n11
    lags 1
    det constant
    end(system)
    garch(p=1,q=1,asymmetric, model=var1,mv=bekk,pmethod=simplex,piters=10)
```

MV-GARCH, BEKK - Estimation by BFGS

NO CONVERGENCE IN 142 ITERATIONS

LAST CRITERION WAS 0.0000000

SUBITERATIONS LIMIT EXCEEDED

ESTIMATION POSSIBLY HAS STALLED OR MACHINE ROUNDOFF IS MAKING FURTHER PROGRESS DIFFICULT

TRY HIGHER SUBITERATIONS LIMIT, TIGHTER CVCRIT, DIFFERENT SETTING FOR EX-ACTLINE OR ALPHA ON NLPAR

RESTARTING ESTIMATION FROM LAST ESTIMATES OR DIFFERENT INITIAL GUESSES MIGHT ALSO WORK

Usable Observations		1447		
Log Likelihood		-6715.9187		
Variable	Coeff	Std Error	T-Stat	Signif
1. K8{1}	-0.025772548	0.017689087	-1.45697	0.14512342
2. N11{1}	0.015576172	0.023611761	0.65968	0.50946015
3. Constant	-0.091200962	0.032091975	-2.84186	0.00448509
4. K8{1}	-0.202888450	0.002450172	-82.80581	0.00000000
5. N11{1}	0.224783739	0.003080016	72.98134	0.00000000
6. Constant	-0.143314887	0.007158651	-20.01982	0.00000000
7. C(1,1)	2.029715840	0.102599800	19.78284	0.00000000
8. C(2,1)	2.020044339	0.121057252	16.68669	0.00000000
9. C(2,2)	-0.000039469	0.178962471	-2.20546e-004	0.99982403
10. A(1,1)	-0.017355735	0.006411594	-2.70691	0.02662718
11. A(1,2)	-0.791155880	0.087328191	-9.05957	0.00000000
12. A(2,1)	-0.536574963	0.065215045	-8.22778	0.00000000
13. A(2,2)	0.506725087	0.081160814	6.24347	0.00000000
14. B(1,1)	0.385796991	0.026560367	14.5253	0.00000000
15. B(1,2)	-0.429969144	0.033075151	-12.99976	0.00000000
16. B(2,1)	0.114434951	0.045910608	2.49256	0.01268259

17. B(2,2)	0.718160608	0.061677934	11.64372	0.00000000
18. D(1,1)	-0.096431337	0.04544649	-2.121865	0.04254037
19. D(1,2)	-0.921430648	0.132330615	-6.96310	0.00000000
20. D(2,1)	0.508035532	0.095089454	5.342710	0.00000009
21. D(2,2)	1.610472222	0.133472345	12.06596	0.00000000

浦发银行 & 宁波银行

```
system(model = var1)
   variables l9 m10
   system(model = var1)
   variables l9 m10
   lags 1
   det constant
   end(system)
   garch(p = 1, q = 1, asymmetric, model = var1, mv = bekk, pmethod = simplex, piters = 10)
```

MV-GARCH, BEKK - Estimation by BFGS

Convergence in   116 Iterations. Final criterion was   0.0000020 <=   0.0000100

Usable Observations   1447

Log Likelihood   -6462.7719

Variable	Coeff	Std Error	T-Stat	Signif
**				
1. L9{1}	0.015612829	0.037103373	0.42079	0.67390646
2. M10{1}	-0.020042703	0.038644283	-0.51865	0.60400762
3. Constant	-0.099899257	0.061388212	-1.62734	0.10366573
4. L9{1}	0.028608637	0.035625524	0.80304	0.42195298
5. M10{1}	-0.039158620	0.039132874	-1.00066	0.31699223
6. Constant	-0.058043341	0.058520045	-0.99185	0.32126875
7. C(1,1)	-0.247163121	0.043548186	-5.67562	0.00000001
8. C(2,1)	0.260060564	0.036295726	7.16505	0.00000000
9. C(2,2)	-0.000001549	0.091428219	-1.69427e-005	0.99998648
10. A(1,1)	-0.340111187	0.028791701	-11.81282	0.00000000
11. A(1,2)	0.041311837	0.025017647	1.65131	0.09867573
12. A(2,1)	0.126315314	0.023145477	5.45745	0.00000005
13. A(2,2)	0.205674271	0.019631619	10.47668	0.00000000
14. B(1,1)	0.880524113	0.013410281	65.66038	0.00000000
15. B(1,2)	0.045671084	0.009937528	4.59582	0.00000431
16. B(2,1)	0.122124420	0.012883969	9.47879	0.00000000
17. B(2,2)	0.934892064	0.011758956	79.50468	0.00000000
18. D(1,1)	0.112350010	0.043422045	2.58741	0.03583619
19. D(1,2)	0.090019708	0.026530434	3.39307	0.00069113
20. D(2,1)	-0.103184252	0.041904779	-2.46235	0.01380297
21. D(2,2)	-0.173385603	0.035348932	-4.90497	0.00000093

浦发银行 & 平安银行

system(model = var1)
　variables l9 n11
　system(model = var1)
　variables l9 n11
　lags 1
　det constant
　end(system)
　garch(p = 1, q = 1, asymmetric, model = var1, mv = bekk, pmethod = simplex, piters = 10)
MV-GARCH, BEKK - Estimation by BFGS
Usable Observations　　　　　　　　　1447
Log Likelihood　　　　　　　　　　-6894. 8099

Variable	Coeff	Std Error	T-Stat	Signif
1. L9{1}	0. 109754507	0. 000551662	198. 95252	0. 00000000
2. N11{1}	-0. 005177778	0. 000174509	-29. 67056	0. 00000000
3. Constant	0. 243308819	0. 000828700	293. 60301	0. 00000000
4. L9{1}	-0. 240771896	0. 026746394	-9. 00203	0. 00000000
5. N11{1}	0. 571065527	0. 027340045	20. 88751	0. 00000000
6. Constant	0. 303360553	0. 035159936	8. 62802	0. 00000000
7. C(1,1)	0. 156420191	0. 036051576	4. 33879	0. 00001433
8. C(2,1)	-1. 008765497	0. 046076794	-21. 89314	0. 00000000
9. C(2,2)	0. 003443919	0. 050922261	0. 06763	0. 94607944
10. A(1,1)	0. 191457472	0. 021878543	8. 75092	0. 00000000
11. A(1,2)	-0. 150585311	0. 051959758	-2. 89811	0. 00375414
12. A(2,1)	-0. 183459093	0. 022054230	-8. 31854	0. 00000000
13. A(2,2)	0. 820836017	0. 058509431	14. 02912	0. 00000000
14. B(1,1)	0. 791584572	0. 004522881	175. 01776	0. 00000000
15. B(1,2)	0. 579566916	0. 013619539	42. 55408	0. 00000000
16. B(2,1)	0. 221600344	0. 000645786	343. 14835	0. 00000000
17. B(2,2)	0. 320226611	0. 002608513	122. 76211	0. 00000000
18. D(1,1)	-0. 346149025	0. 034688099	-9. 97890	0. 00000000
19. D(1,2)	0. 969577875	0. 076967456	12. 59724	0. 00000000
20. D(2,1)	0. 452643681	0. 029533516	15. 32644	0. 00000000
21. D(2,2)	-1. 371849770	0. 081678442	-16. 79574	0. 00000000

宁波银行 & 平安银行

system(model = var1)
　variables m10 n11
　system(model = var1)
　variables m10 n11
　lags 1

```
det constant
end(system)
garch(p=1,q=1,asymmetric,model=var1,mv=bekk,pmethod=simplex,piters=10)
```

MV-GARCH, BEKK - Estimation by BFGS
Convergence in 141 Iterations. Final criterion was 0. 0000000 <= 0. 0000100
Usable Observations   1447
Log Likelihood   -6792. 1739

Variable	Coeff	Std Error	T-Stat	Signif
1. M10{1}	0. 054093742	0. 035875292	1. 50783	0. 13159875
2. N11{1}	-0. 025254442	0. 032758883	-0. 77092	0. 44075501
3. Constant	0. 070514649	0. 060939848	1. 15712	0. 24722379
4. M10{1}	-0. 136661540	0. 034246583	-3. 99052	0. 00006593
5. N11{1}	0. 420552756	0. 035675288	11. 78835	0. 00000000
6. Constant	0. 137947437	0. 052915464	2. 60694	0. 00913554
7. C(1,1)	-0. 090830344	0. 042434227	-2. 14050	0. 03231461
8. C(2,1)	-0. 927186524	0. 081153642	-11. 42508	0. 00000000
9. C(2,2)	-0. 000307499	0. 857088484	-3. 58771e-004	0. 99971374
10. A(1,1)	0. 232622092	0. 038003702	6. 12104	0. 00000000
11. A(1,2)	-0. 661674620	0. 055031640	-12. 02353	0. 00000000
12. A(2,1)	-0. 092369815	0. 053317390	-1. 73245	0. 08319313
13. A(2,2)	1. 319286777	0. 071528996	18. 44408	0. 00000000
14. B(1,1)	0. 952273005	0. 019028971	50. 04333	0. 00000000
15. B(1,2)	0. 414854874	0. 033494106	12. 38591	0. 00000000
16. B(2,1)	0. 042112437	0. 023418277	1. 79827	0. 07213387
17. B(2,2)	0. 434587381	0. 044098912	9. 85483	0. 00000000
18. D(1,1)	0. 018276459	0. 0042107566	4. 34041	0. 002425782
19. D(1,2)	0. 146016129	0. 140839505	1. 03676	0. 29984983
20. D(2,1)	-0. 070213570	0. 02342481	-2. 99740	0. 00272292
21. D(2,2)	0. 497959374	0. 213904843	2. 32795	0. 01991486

附录3 中国银行业聚类分析数据

附表 3-1 14 家银行 21 个指标数据

机构名称	收盘价	流通市值	总市值	每股收益	每股净资产	每股营业收入	每股营业利润
中国银行	2.8	5.49E+11	5.49E+11	0.469111	3.596594	1.191951	0.636647
建设银行	4.05	38854313300	38854313300	0.761159	4.791081	1.690826	0.975189
工商银行	3.59	9.5E+11	9.5E+11	0.627186	4.061247	1.372214	0.817907
交通银行	4.28	1.4E+11	1.68E+11	0.693778	6.137646	1.756406	0.895722
中信银行	4.74	1.51E+11	1.51E+11	0.689935	5.34531	1.901917	0.919401
北京银行	8.43	75597619190	89022413900	1.192424	8.697822	2.574905	1.524811
兴业银行	10.28	1.66E+11	1.96E+11	2.010498	12.28165	4.707065	2.596368
南京银行	9.33	27700146700	27700146700	1.401157	10.32815	3.770748	1.74485
招商银行	10.47	2.16E+11	2.16E+11	1.816178	11.971253	4.638462	2.374068
民生银行	6.44	1.75E+11	1.75E+11	1.080435	6.861839	2.823384	1.444242
华夏银行	8.78	56961890200	78182770010	1.47973	10.810331	4.497136	1.965188
浦发银行	10.2	1.52E+11	1.9E+11	1.865598	12.40208	4.735431	2.451831
宁波银行	10.03	28811341400	32595778860	1.410665	10.050245	3.598717	1.764443
平安银行	10.18	1E+11	1.16E+11	1.373654	11.092867	4.496455	1.818031

机构名称	每股经营现金流	每股投资现金流	每股筹资现金流	每股资本公积	每股盈余公积	营业总收入	营业总成本
中国银行	1.4835	-0.163672	-0.02453	0.441036	0.287635	3.33E+11	1.68E+11
建设银行	1.8556	-0.867574	-0.284939	0.532513	0.431861	4.23E+11	1.85E+11
工商银行	0.2182	-0.377886	-0.23565	0.38231	0.353515	4.82E+11	2.01E+11
交通银行	-0.098	0.169358	0.381846	1.513284	1.834574	1.3E+11	68650000000
中信银行	0.1304	-0.432022	0.814991	1.040097	0.331182	88985000000	49552000000
北京银行	3.2424	-2.508617	0.470549	2.378409	0.644981	27191000000	11698000000

续表

机构名称	每股经营现金流	每股投资现金流	每股筹资现金流	每股资本公积	每股盈余公积	营业总收入	营业总成本
兴业银行	11.225	−5.42216	2.407096	2.66098	0.515641	89679000000	41384000000
南京银行	29.704	−33.347974	2.401873	3.469087	0.682237	11195098207	6351084390
招商银行	5.9941	−6.71019	0.603251	2.669389	0.922561	1.17E+11	65153000000
民生银行	2.6294	−4.174266	0.907403	1.419183	0.5	96108000000	50754000000
华夏银行	−5.061	−1.806401	0.861314	3.395396	0.688827	40047000000	23319000000
浦发银行	2.6842	−9.125288	1.033024	3.229936	2.661609	88830000000	44039000000
宁波银行	16.641	−17.103824	3.413745	3.237356	0.606446	11695211000	5352198000
平安银行	−0.447	−2.508096	3.083326	4.403851	0.381094	51372000000	33880000000

机构名称	营业利润	净利润	净现金流	经营活动净现金流	投资活动净现金流	筹资活动净现金流	净资产收益率 TTM
中国银行	2E+11	1.31E+11	3.59E+11	4.15E+11	−4.58E+10	−6857000000	0.177719
建设银行	2E+11	1.9E+11	1.78E+11	4.64E+11	−2.17E+11	−7.1238E+10	0.2028
工商银行	3E+11	2.2E+11	−1.35E+11	7.67E+10	−1.33E+11	−8.2834E+10	0.208451
交通银行	7E+10	51522000000	34632000000	−7.2E+09	1.258E+10	28357000000	0.15042
中信银行	4E+10	32280000000	25343000000	6.1E+09	−2.02E+10	38131000000	0.171322
北京银行	2E+10	12592000000	12776000000	3.42E+10	−2.65E+10	4969000000	0.176932
兴业银行	5E+10	38304000000	1.56E+11	2.14E+11	−1.03E+11	45860000000	0.216091
南京银行	5E+09	4159942482	−3680928742	8.82E+10	−9.9E+10	7131001512	0.183261
招商银行	6E+10	45804000000	5647000000	1.51E+11	−1.69E+11	15214000000	0.207872
民生银行	5E+10	36778000000	−21605000000	8.95E+10	−1.42E+11	30888000000	0.213272
华夏银行	2E+10	13177000000	−53410000000	−4.5E+10	−1.61E+10	7670000000	0.196161
浦发银行	5E+10	34799000000	−1E+11	5.01E+10	−1.7E+11	19269000000	0.214188
宁波银行	6E+09	4584419000	9557649000	5.41E+10	−5.56E+10	11094083000	0.190105
平安银行	2E+10	15694000000	1755000000	−5.1E+09	−2.87E+10	35227000000	0.173509

附表 3-2 21 个指标描述统计

指标	平均值	标准偏差	分析个案数
收盘价	7.4	2.928966738	14
流通市值	2E+11	2.5199E+11	14
总市值	2E+11	2.48746E+11	14

指标	平均值	标准偏差	分析个案数
每股收益	1.2051	0.50062749	14
每股净资产	8.4592	3.223910804	14
每股营业收入	3.1254	1.370580379	14
每股营业利润	1.5663	0.647471229	14
每股经营现金流	5.0144	8.880910683	14
每股投资现金流	-6.027	9.149110148	14
每股筹资现金流	1.1309	1.208369503	14
每股资本公积	2.1981	1.303931543	14
每股盈余公积	0.7744402	0.667547386	14
营业总收入	1.421E+11	1.53979E+11	14
营业总成本	6.815E+10	66426543932	14
营业利润	7.779E+10	90858456982	14
净利润	5.934E+10	69511269767	14
净现金流	3.35E+10	1.24924E+11	14
经营活动净现金流	1.132E+11	1.53671E+11	14
投资活动净现金流	-8.67E+10	70825484607	14
筹资活动净现金流	5.92E+09	38138545381	14
净资产收益率 TTM	0.1915788	0.019977975	14

附表 3-3　21 个指标的相关性矩阵——1

	收盘价	流通市值	总市值	每股收益	每股净资产	每股营业收入	每股营业利润
收盘价	1.000	-0.537	-0.522	0.942	0.977	0.949	0.934
流通市值	-0.537	1.000	0.999	-0.447	-0.526	-0.484	-0.435
总市值	-0.522	0.999	1.000	-0.425	-0.504	-0.464	-0.412
每股收益	0.942	-0.447	-0.425	1.000	0.970	0.958	0.998
每股净资产	0.977	-0.526	-0.504	0.970	1.000	0.979	0.967
每股营业收入	0.949	-0.484	-0.464	0.958	0.979	1.000	0.963
每股营业利润	0.934	-0.435	-0.412	0.998	0.967	0.963	1.000
每股经营现金流	0.408	-0.269	-0.284	0.343	0.335	0.266	0.296
每股投资现金流	-0.498	0.337	0.349	-0.404	-0.438	-0.391	-0.364

续表

	收盘价	流通市值	总市值	每股收益	每股 净资产	每股 营业收入	每股 营业利润
每股筹资现金流	0.723	−0.471	−0.467	0.568	0.650	0.640	0.547
每股资本公积	0.914	−0.575	−0.559	0.781	0.902	0.884	0.775
每股盈余公积	0.242	−0.198	−0.162	0.336	0.361	0.292	0.343
营业总收入	−0.746	0.729	0.719	−0.608	−0.720	−0.666	−0.602
营业总成本	−0.769	0.723	0.713	−0.630	−0.735	−0.675	−0.620
营业利润	−0.730	0.732	0.723	−0.594	−0.708	−0.658	−0.589
净利润	−0.724	0.721	0.711	−0.588	−0.702	−0.653	−0.583
净现金流	−0.366	−0.009	−0.020	−0.300	−0.347	−0.344	−0.303
经营活动净现金流	−0.401	0.186	0.169	−0.254	−0.391	−0.360	−0.259
投资活动净现金流	−0.060	−0.132	−0.123	−0.238	−0.063	−0.116	−0.238
筹资活动净现金流	0.520	−0.545	−0.529	0.472	0.546	0.527	0.482
净资产收益率 TTM	0.300	0.182	0.185	0.503	0.308	0.391	0.513

注:此矩阵不是正定矩阵。

相关性矩阵——2

	每股经营 现金流	每股投资 现金流	每股筹资 现金流	每股资本 公积	每股盈余 公积	营业 总收入	营业 总成本
收盘价	0.408	−0.498	0.723	0.914	0.242	−0.746	−0.769
流通市值	−0.269	0.337	−0.471	−0.575	−0.198	0.729	0.723
总市值	−0.284	0.349	−0.467	−0.559	−0.162	0.719	0.713
每股收益	0.343	−0.404	0.568	0.781	0.336	−0.608	−0.630
每股净资产	0.335	−0.438	0.650	0.902	0.361	−0.720	−0.735
每股营业收入	0.266	−0.391	0.640	0.884	0.292	−0.666	−0.675
每股营业利润	0.296	−0.364	0.547	0.775	0.343	−0.602	−0.620
每股经营现金流	1.000	−0.936	0.572	0.340	−0.060	−0.338	−0.373
每股投资现金流	−0.936	1.000	−0.583	−0.499	−0.093	0.440	0.474
每股筹资现金流	0.572	−0.583	1.000	0.782	−0.069	−0.675	−0.693
每股资本公积	0.340	−0.499	0.782	1.000	0.248	−0.786	−0.798
每股盈余公积	−0.060	−0.093	−0.069	0.248	1.000	−0.230	−0.224
营业总收入	−0.338	0.440	−0.675	−0.786	−0.230	1.000	0.993
营业总成本	−0.373	0.474	−0.693	−0.798	−0.224	0.993	1.000

续表

	每股经营现金流	每股投资现金流	每股筹资现金流	每股资本公积	每股盈余公积	营业总收入	营业总成本
营业利润	-0.316	0.418	-0.664	-0.776	-0.234	0.998	0.984
净利润	-0.313	0.415	-0.661	-0.772	-0.230	0.997	0.981
净现金流	0.021	0.188	-0.142	-0.377	-0.346	0.288	0.353
经营活动净现金流	0.061	0.120	-0.354	-0.531	-0.287	0.637	0.665
投资活动净现金流	-0.156	0.143	0.232	0.196	-0.115	-0.431	-0.402
筹资活动净现金流	0.119	-0.136	0.548	0.542	0.231	-0.839	-0.788
净资产收益率 TTM	0.070	-0.074	-0.035	0.009	0.021	0.201	0.159

注:此矩阵不是正定矩阵。

相关性矩阵——3

	营业利润	净利润	净现金流	经营活动净现金流	投资活动净现金流	筹资活动净现金流	净资产收益率 TTM
收盘价	-0.730	-0.724	-0.366	-0.401	-0.060	0.520	0.300
流通市值	0.732	0.721	-0.009	0.186	-0.132	-0.545	0.182
总市值	0.723	0.711	-0.020	0.169	-0.123	-0.529	0.185
每股收益	-0.594	-0.588	-0.300	-0.254	-0.238	0.472	0.503
每股净资产	-0.708	-0.702	-0.347	-0.391	-0.063	0.546	0.308
每股营业收入	-0.658	-0.653	-0.344	-0.360	-0.116	0.527	0.391
每股营业利润	-0.589	-0.583	-0.303	-0.259	-0.238	0.482	0.513
每股经营现金流	-0.316	-0.313	0.021	0.061	-0.156	0.119	0.070
每股投资现金流	0.418	0.415	0.188	0.120	0.143	-0.136	-0.074
每股筹资现金流	-0.664	-0.661	-0.142	-0.354	0.232	0.548	-0.035
每股资本公积	-0.776	-0.772	-0.377	-0.531	0.196	0.542	0.009
每股盈余公积	-0.234	-0.230	-0.346	-0.287	-0.115	0.231	0.021
营业总收入	0.998	0.997	0.288	0.637	-0.431	-0.839	0.201
营业总成本	0.984	0.981	0.353	0.665	-0.402	-0.788	0.159
营业利润	1.000	1.000	0.252	0.619	-0.444	-0.860	0.222
净利润	1.000	1.000	0.243	0.617	-0.453	-0.865	0.226
净现金流	0.252	0.243	1.000	0.795	0.059	-0.006	-0.199
经营活动净现金流	0.619	0.617	0.795	1.000	-0.518	-0.458	0.257
投资活动净现金流	-0.444	-0.453	0.059	-0.518	1.000	0.456	-0.795

·217·

续表

	营业利润	净利润	净现金流	经营活动净现金流	投资活动净现金流	筹资活动净现金流	净资产收益率 TTM
筹资活动净现金流	−0.860	−0.865	−0.006	−0.458	0.456	1.000	−0.234
净资产收益率 TTM	0.222	0.226	−0.199	0.257	−0.795	−0.234	1.000

注:此矩阵不是正定矩阵。

附表 3-4　主成分分析的公因子方差

	初始	提取		初始	提取
收盘价	1	0.967675343	每股盈余公积	1	0.7294076
流通市值	1	0.907179026	营业总收入	1	0.9716252
总市值	1	0.896300253	营业总成本	1	0.9654654
每股收益	1	0.978464929	营业利润	1	0.970637
每股净资产	1	0.969323825	净利润	1	0.9659339
每股营业收入	1	0.967845367	净现金流	1	0.8964569
每股营业利润	1	0.983517846	经营活动净现金流	1	0.9761643
每股经营现金流	1	0.947047246	投资活动净现金流	1	0.9130557
每股投资现金流	1	0.966533194	筹资活动净现金流	1	0.7862303
每股筹资现金流	1	0.831078814	净资产收益率 TTM	1	0.8407571
每股资本公积	1	0.869179436			

提取方法:主成分分析法。

附表 3-5　总方差解释

成分	初始特征值			提取载荷平方和		
	总计	方差百分比	累积(%)	总计	方差百分比	累积(%)
1	11.22048	53.4308344	53.4308344	11.22048	53.430834	53.4308344
2	3.402149	16.20071071	69.63154511	3.402149	16.200711	69.63154511
3	2.091022	9.957247973	79.58879308	2.091022	9.957248	79.58879308
4	1.501426	7.149647812	86.73844089	1.501426	7.1496478	86.73844089
5	1.084806	5.165743859	91.90418475	1.084806	5.1657439	91.90418475
6	0.701021	3.338194664	95.24237941			
7	0.513455	2.445022283	97.6874017			

续表

成分	初始特征值			提取载荷平方和		
	总计	方差百分比	累积(%)	总计	方差百分比	累积(%)
8	0.239214	1.139114818	98.82651652			
9	0.100662	0.479343278	99.30585979			
10	0.085091	0.405194579	99.71105437			
11	0.053783	0.256110307	99.96716468			
12	0.00605	0.028811318	99.995976			
13	0.000845	0.004024003	100			
14	5.71E-16	2.7169E-15	100			
15	4.2E-16	1.99802E-15	100			
16	7.91E-17	3.76837E-16	100			
17	-4.4E-17	-2.09966E-16	100			
18	-1.7E-16	-8.0805E-16	100			
19	-2E-16	-9.61709E-16	100			
20	-3.1E-16	-1.4583E-15	100			
21	-4.3E-16	-2.0698E-15	100			

提取方法:主成分分析法。

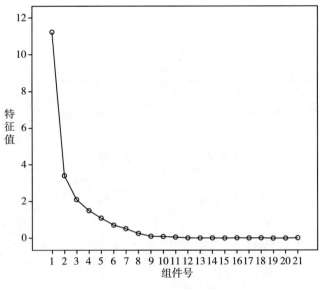

附图 3-1 主成分分析碎石图

附表 3-6　提取的 5 个主成分

成分矩阵	1	2	3	4	5
收盘价	0.919595	0.323253352	0.034779973	-0.00203	0.1277224
流通市值	-0.71186	0.225428899	0.313015907	-0.37322	0.3351878
总市值	-0.69712	0.229516078	0.341966496	-0.36009	0.3332159
每股收益	0.825941	0.509895293	0.082858324	0.141096	0.0975646
每股净资产	0.908059	0.343907495	0.108888328	0.085772	0.0852432
每股营业收入	0.869416	0.395250748	0.131147992	0.115931	0.1584224
每股营业利润	0.817362	0.509781289	0.118867839	0.170434	0.1112813
每股经营现金流	0.42312	0.207198258	-0.673481142	-0.50466	-0.129706
每股投资现金流	-0.53524	-0.207063208	0.51281573	0.557156	0.2525257
每股筹资现金流	0.766468	-0.025175359	-0.285103527	-0.25883	0.307722
每股资本公积	0.91634	0.070029981	0.060130615	-0.08795	0.1150821
每股盈余公积	0.302927	0.121811129	0.42958846	0.137604	-0.647552
营业总收入	-0.93334	0.316562368	-0.003702641	-0.00473	0.016129
营业总成本	-0.94148	0.273366457	-0.014074484	0.055291	0.0329964
营业利润	-0.92454	0.337897309	0.002350122	-0.03969	0.0101171
净利润	-0.91978	0.344218782	0.001918252	-0.03812	-0.001071
净现金流	-0.34964	-0.15281731	-0.658737638	0.503964	0.2508725
经营活动净现金流	-0.55322	0.368085249	-0.612758779	0.397401	0.0349352
投资活动净现金流	0.189355	-0.874530834	0.131206567	-0.10756	0.2891564
筹资活动净现金流	0.736961	-0.389204603	0.044509853	0.255726	0.1557631
净资产收益率 TTM	0.037373	0.900492295	0.100060924	0.094635	0.0974995

提取方法:主成分分析法。

注:提取了 5 个成分。

附表 3-7　成分得分系数矩阵

成分	1	2	3	4	5
收盘价	0.081957	0.095014454	0.016633001	-0.00135	0.1177375
流通市值	-0.06344	0.066260732	0.149695171	-0.24858	0.3089841
总市值	-0.06213	0.067462084	0.163540357	-0.23983	0.3071663
每股收益	0.07361	0.149874463	0.039625753	0.093975	0.0899373
每股净资产	0.080929	0.101085364	0.052074213	0.057127	0.0785792

成分	1	2	3	4	5
每股营业收入	0.077485	0.116176781	0.062719563	0.077214	0.1460375
每股营业利润	0.072846	0.149840954	0.056846764	0.113515	0.1025817
每股经营现金流	0.03771	0.060902166	-0.322082273	-0.33612	-0.119566
每股投资现金流	-0.0477	-0.06086247	0.245246445	0.371084	0.2327841
每股筹资现金流	0.06831	-0.00739984	-0.136346493	-0.17239	0.2836654
每股资本公积	0.081667	0.020584041	0.028756566	-0.05858	0.1060854
每股盈余公积	0.026998	0.03580417	0.205444249	0.091649	-0.596929
营业总收入	-0.08318	0.09304776	-0.001770733	-0.00315	0.0148681
营业总成本	-0.08391	0.080351107	-0.006730911	0.036826	0.0304169
营业利润	-0.0824	0.099318779	0.001123911	-0.02644	0.0093261
净利润	-0.08197	0.101176861	0.000917375	-0.02539	-0.000987
净现金流	-0.03116	-0.044917874	-0.315031413	0.335657	0.2312602
经营活动净现金流	-0.0493	0.108191976	-0.293042712	0.264683	0.0322041
投资活动净现金流	0.016876	-0.25705246	0.062747576	-0.07164	0.2665512
筹资活动净现金流	0.06568	-0.114399626	0.021286171	0.170322	0.1435862
净资产收益率 TTM	0.003331	0.26468336	0.047852639	0.06303	0.0898774

提取方法:主成分分析法。

注:组件得分。

附表 3-8 14 家机构因子得分

机构名称	FAC1_1	FAC2_1	FAC3_1	FAC4_1	FAC5_1
中国银行	-1.58212	-0.57695	-1.08916	0.63591	1.05249
建设银行	-1.46756	0.93412	-1.34787	1.33381	-1.24638
工商银行	-1.95447	1.04954	-1.3866	2.09921	0.6351
交通银行	-0.32408	-1.74077	0.69244	0.17389	-1.3625
中信银行	-0.28032	-1.54317	0.16596	0.04176	0.01508
北京银行	0.28794	-0.85248	0.24703	0.18801	-0.17967
兴业银行	0.74608	1.00256	-0.58192	0.86695	1.54825
南京银行	0.96616	0.1515	-1.77724	-1.94847	-0.931
招商银行	0.49285	1.20767	0.30463	0.57033	0.1301
民生银行	-0.03803	0.05947	0.15608	0.22265	-0.16086

续表

机构名称	FAC1_1	FAC2_1	FAC3_1	FAC4_1	FAC5_1
华夏银行	0.63597	−0.27641	1.09975	0.49421	0.44417
浦发银行	0.80299	1.29014	1.30204	0.45259	−1.56531
宁波银行	0.89655	−0.15891	−0.92388	−0.98381	0.18602
平安银行	0.81805	−0.54631	0.36555	0.05137	1.4345

附表 3-9 K-均值聚类

聚类成员

个案号	名称	聚类	距离	个案号	名称	聚类	距离
1	中国银行	2	1.524652664	8	南京银行	1	2.874351127
2	建设银行	2	1.839540654	9	招商银行	1	1.626657592
3	工商银行	2	1.356823662	10	民生银行	1	0.628281029
4	交通银行	1	2.122994439	11	华夏银行	1	1.287890229
5	中信银行	1	1.50120522	12	浦发银行	1	2.434601408
6	北京银行	1	0.68477402	13	宁波银行	1	1.544847045
7	兴业银行	2	2.224267871	14	平安银行	1	1.723901469

附表 3-10 K-均值聚类的 ANOVA 检验

	聚类		误差		F	显著性
	均方	自由度	均方	自由度		
REGR factor score 1 for analysis 1	6.345903	1	0.55450808	12	11.44420	0.005438
REGR factor score 2 for analysis 1	2.031612	1	0.91403230	12	2.22269	0.161807
REGR factor score 3 for analysis 1	4.569333	1	0.65677799	12	6.957194	0.021667
REGR factor score 4 for analysis 1	4.886059	1	0.57124120	12	8.553408	0.012730
REGR factor score 5 for analysis 1	1.385283	1	0.9678930	12	1.431235	0.254665

注：由于已选择聚类以使不同聚类中个案之间的差异最大化，因此 F 检验只应该用于描述目的。实测显著性水平并未因此进行修正，所以无法解释为针对"聚类平均值相等"这一假设的检验。

附表 3-11　二阶聚类的聚类分布

聚类	个案数	占组合的百分比	占总计的百分比
1	3	0.214285714	0.214285714
2	11	0.785714286	0.785714286
组合	14	1	1
总计	14		1

附表 3-12　二阶聚类的聚类概要

聚类概要	REGR factor score 1 for analysis 1		REGR factor score 2 for analysis 1		REGR factor score 3 for analysis 1	
	平均值	标准差	平均值	标准差	平均值	标准差
1	−1.66805	0.254572517	0.468904708	0.907569	−1.274543	0.161708121
2	0.454922	0.473996042	−0.127883102	1.025335	0.0954935	0.89297328
组合	−1.2E−17	1	−1.34813E−16	1	−0.198086	0.978643821

聚类概要	REGR factor score 4 for analysis 1		REGR factor score 5 for analysis 1	
	平均值	标准差	平均值	标准差
1	1.356308	0.731908451	0.147068697	1.224677
2	0.011772	0.8005238	−0.040109645	0.995879
组合	0.299886	0.950342196	−1.48195E−16	1

模型摘要

算法	二阶
输入	11
聚类	2

聚类质量

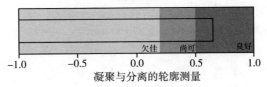

凝聚与分离的轮廓测量

附图 3-2　聚类质量检验

附录4 非对称动态条件相关（ADCC）模型参数估计结果

中国银行 & 交通银行

System：2-Step Asymmetric DCC（1，1）Model with univariate GJR/TARCH fitted in the 1st step

Estimation Method：ARCH Maximum Likelihood（BFGS）- Two Step

Covariance specification：Dynamic Conditional Correlation with correlation targeting

Date：07/17/2015　Time：07:58

Sample：1 1448

Included observations：1448

Total system（balanced）observations 2896

Bollerslev-Wooldridge robust standard errors & covariance for univariate fits

Disturbance assumption：Multivariate Normal distribution

Presample covariance：Unconditional

Convergence achieved after 16 iterations

	Coefficient	Std. Error	z-Statistic	Prob.
theta（1）	0. 089212	0. 014991	5. 951011	0. 0000
theta（2）	0. 874409	0. 021983	39. 77660	0. 0000
theta（3）	-0. 007466	0. 003430	-2. 176551	0. 0295
Log likelihood	-5381. 471	Schwarz criterion		7. 503337
Avg. log likelihood	-1. 858243	Hannan-Quinn criter.		7. 471351
Akaike info criterion	7. 452307			

＊ Stability condition：theta（1）+ theta（2）< 1 is met.

中国银行 & 中信银行

System：2-Step Asymmetric DCC（1，1）Model with univariate GJR/TARCH fitted in the 1st step

Estimation Method：ARCH Maximum Likelihood（BFGS）- Two Step

Covariance specification：Dynamic Conditional Correlation with correlation targeting

Date：07/17/2015　Time：08：14

Sample：1 1448

Included observations：1448

Total system（balanced）observations 2896

Bollerslev-Wooldridge robust standard errors & covariance for univariate fits

Disturbance assumption：Multivariate Student's-t distribution

Presample covariance：Unconditional

Convergence achieved after 27 iterations

	Coefficient	Std. Error	z-Statistic	Prob.
theta（1）	0.042124	0.018056	2.332896	0.0197
theta（2）	0.942096	0.027146	34.70417	0.0000
theta（3）	−0.005149	0.002952	−1.744356	0.0811
t-Distribution（Degree of Freedom）				
theta（4）	3.146919	0.088633	35.50499	0.0000
Log likelihood	−5202.717	Schwarz criterion		7.266493
Avg. log likelihood	−1.796518	Hannan-Quinn criter.		7.229937
Akaike info criterion	7.208173			

＊ Stability condition：theta（1）+ theta（2）< 1 is met.

中国银行 & 北京银行

System：2-Step Asymmetric DCC（1，1）Model with univariate GJR/TARCH fitted in the 1st step

Estimation Method：ARCH Maximum Likelihood（BFGS）- Two Step

Covariance specification：Dynamic Conditional Correlation with correlation targeting

Date：07/17/2015　Time：08：14

Sample：1 1448

Included observations：1448

Total system（balanced）observations 2896

Bollerslev-Wooldridge robust standard errors & covariance for univariate fits

Disturbance assumption：Multivariate Student's-t distribution

Presample covariance：Unconditional

Convergence achieved after 24 iterations

	Coefficient	Std. Error	z-Statistic	Prob.
theta（1）	0.032528	0.012960	2.509942	0.0121
theta（2）	0.943437	0.016751	56.32021	0.0000
theta（3）	−0.004857	0.002863	−1.696472	0.0947
t-Distribution（Degree of Freedom）				
theta（4）	2.990197	0.070999	42.11608	0.0000
Log likelihood	−5247.231	Schwarz criterion		7.327976
Avg. log likelihood	−1.811889	Hannan-Quinn criter.		7.291420
Akaike info criterion	7.269656			

* Stability condition: theta（1）+ theta（2）< 1 is met.

中国银行 & 兴业银行

System: 2-Step Asymmetric DCC（1, 1）Model with univariate GJR/TARCH fitted in the 1st step

Estimation Method: ARCH Maximum Likelihood（BFGS）- Two Step

Covariance specification: Dynamic Conditional Correlation with correlation targeting

Date: 07/18/2015　Time: 15:07

Sample: 1 1448

Included observations: 1448

Total system（balanced）observations 2896

Bollerslev-Wooldridge robust standard errors & covariance for univariate fits

Disturbance assumption: Multivariate Student's-t distribution

Presample covariance: Unconditional

Convergence achieved after 19 iterations

	Coefficient	Std. Error	z-Statistic	Prob.
theta（1）	0.028195	0.007671	3.675430	0.0002
theta（2）	0.953304	0.011602	82.16911	0.0000
theta（3）	−0.001975	0.001167	−1.692374	0.0963
t-Distribution（Degree of Freedom）				
theta（4）	3.040935	0.077573	39.20102	0.0000
Log likelihood	−4851.153	Schwarz criterion		6.780906
Avg. log likelihood	−1.675122	Hannan-Quinn criter.		6.744351
Akaike info criterion	6.722586			

* Stability condition: theta（1）+ theta（2）< 1 is met.

中国银行 & 南京银行

System：2-Step Asymmetric DCC （1，1） Model with univariate GJR/TARCH fitted in the 1st step

Estimation Method：ARCH Maximum Likelihood （BFGS） - Two Step

Covariance specification：Dynamic Conditional Correlation with correlation targeting

Date：07/17/2015　Time：08：16

Sample：1 1448

Included observations：1448

Total system （balanced） observations 2896

Bollerslev-Wooldridge robust standard errors & covariance for univariate fits

Disturbance assumption：Multivariate Student's-t distribution

Presample covariance：Unconditional

Convergence achieved after 17 iterations

	Coefficient	Std. Error	z-Statistic	Prob.
theta （1）	0. 061526	0. 013880	4. 432790	0. 0000
theta （2）	0. 919925	0. 017572	52. 35180	0. 0000
theta （3）	−0. 004465	0. 003090	−1. 445131	0. 1484
t-Distribution （Degree of Freedom）				
theta （4）	2. 973035	0. 072488	41. 01404	0. 0000
Log likelihood	−5185. 143	Schwarz criterion		7. 242219
Avg. log likelihood	−1. 790450	Hannan-Quinn criter.		7. 205664
Akaike info criterion	7. 183900			

＊ Stability condition：theta （1） + theta （2） < 1 is met.

中国银行 & 招商银行

System：2-Step Asymmetric DCC （1，1） Model with univariate GJR/TARCH fitted in the 1st step

Estimation Method：ARCH Maximum Likelihood （BFGS） - Two Step

Covariance specification：Dynamic Conditional Correlation with correlation targeting

Date：07/17/2015　Time：08：17

Sample：1 1448

Included observations：1448

Total system （balanced） observations 2896

Bollerslev-Wooldridge robust standard errors & covariance for univariate fits

Disturbance assumption：Multivariate Normal distribution

Presample covariance：Unconditional

Convergence achieved after 24 iterations

	Coefficient	Std. Error	z-Statistic	Prob.
theta（1）	0. 110886	0. 031882	3. 477991	0. 0005
theta（2）	0. 645075	0. 119079	5. 417216	0. 0000
theta（3）	−0. 038277	0. 016362	−2. 339354	0. 0193
Log likelihood	−5677. 389	Schwarz criterion		7. 912065
Avg. log likelihood	−1. 960425	Hannan−Quinn criter.		7. 880079
Akaike info criterion	7. 861035			

* Stability condition：theta（1）+ theta（2）< 1 is met.

中国银行 & 民生银行

System：2−Step Asymmetric DCC（1，1）Model with univariate GARCH fitted in the 1st step

Estimation Method：ARCH Maximum Likelihood（BFGS）− Two Step

Covariance specification：Dynamic Conditional Correlation with correlation targeting

Date：07/18/2015   Time：22：36

Sample：1 1448

Included observations：1448

Total system（balanced）observations 2896

Bollerslev−Wooldridge robust standard errors & covariance for univariate fits

Disturbance assumption：Multivariate Student's−t distribution

Presample covariance：Unconditional

Convergence achieved after 29 iterations

	Coefficient	Std. Error	z-Statistic	Prob.
theta（1）	0. 001008	0. 000588	1. 712932	0. 0917
theta（2）	0. 992002	0. 001373	722. 5487	0. 0000
theta（3）	0. 010212	0. 001267	8. 063007	0. 0000
t−Distribution（Degree of Freedom）				
theta（4）	2. 978542	0. 071901	41. 42582	0. 0000
Log likelihood	−5193. 413	Schwarz criterion		7. 253642
Avg. log likelihood	−1. 793306	Hannan−Quinn criter.		7. 217087
Akaike info criterion	7. 195322			

* Stability condition：theta（1）+ theta（2）< 1 is met.

中国银行 & 华夏银行

System：2−Step Asymmetric DCC（1，1）Model with univariate GARCH fitted in the 1st step

Estimation Method：ARCH Maximum Likelihood（BFGS）− Two Step

Covariance specification：Dynamic Conditional Correlation with correlation targeting

Date：07/17/2015　Time：08:23

Sample：1 1448

Included observations：1448

Total system（balanced）observations 2896

Bollerslev−Wooldridge robust standard errors & covariance for univariate fits

Disturbance assumption：Multivariate Normal distribution

Presample covariance：Unconditional

Failure to improve Objective（non−zero gradients）after 15 iterations

	Coefficient	Std. Error	z−Statistic	Prob.
theta（1）	0. 032307	0. 011286	2. 862559	0. 0042
theta（2）	0. 754884	0. 150740	5. 007851	0. 0000
theta（3）	−0. 014267	0. 019837	−1. 719213	0. 0901
Log likelihood	4448. 780	Schwarz criterion		−6. 074357
Avg. log likelihood	1. 536181	Hannan−Quinn criter.		−6. 106343
Akaike info criterion	−6. 125387			

* Stability condition：theta（1）+ theta（2）< 1 is met.

中国银行 & 浦发银行

System：2−Step Asymmetric DCC（1，1）Model with univariate GJR/TARCH fitted in the 1st step

Estimation Method：ARCH Maximum Likelihood（BFGS）− Two Step

Covariance specification：Dynamic Conditional Correlation with correlation targeting

Date：07/17/2015　Time：08:26

Sample：1 1448

Included observations：1448

Total system（balanced）observations 2896

Bollerslev−Wooldridge robust standard errors & covariance for univariate fits

Disturbance assumption：Multivariate Normal distribution

Presample covariance：Unconditional

Convergence achieved after 38 iterations

	Coefficient	Std. Error	z-Statistic	Prob.
theta（1）	0. 003471	0. 000382	9. 087198	0. 0000
theta（2）	0. 990228	0. 002294	431. 7093	0. 0000
theta（3）	−0. 002496	0. 000345	−7. 235258	0. 0000
Log likelihood	−5976. 135	Schwarz criterion		8. 324696
Avg. log likelihood	−2. 063582	Hannan−Quinn criter.		8. 292711
Akaike info criterion	8. 273667			

* Stability condition：theta（1）+ theta（2）< 1 is met.

中国银行 & 宁波银行

System：2−Step Asymmetric DCC（1, 1）Model with univariate GJR/TARCH fitted in the 1st step

Estimation Method：ARCH Maximum Likelihood（BFGS）− Two Step

Covariance specification：Dynamic Conditional Correlation with correlation targeting

Date：07/17/2015　　Time：08：27

Sample：1 1448

Included observations：1448

Total system（balanced）observations 2896

Bollerslev−Wooldridge robust standard errors & covariance for univariate fits

Disturbance assumption：Multivariate Normal distribution

Presample covariance：Unconditional

Convergence achieved after 15 iterations

	Coefficient	Std. Error	z-Statistic	Prob.
theta（1）	0. 094510	0. 014354	6. 584053	0. 0000
theta（2）	0. 844767	0. 022779	37. 08540	0. 0000
theta（3）	−0. 023334	0. 007442	−3. 135360	0. 0017
Log likelihood	−5842. 667	Schwarz criterion		8. 140349
Avg. log likelihood	−2. 017496	Hannan−Quinn criter.		8. 108364
Akaike info criterion	8. 089320			

* Stability condition：theta（1）+ theta（2）< 1 is met.

中国银行 & 平安银行

System：2−Step Asymmetric DCC（1, 1）Model with univariate GARCH fitted in the 1st step

Estimation Method：ARCH Maximum Likelihood（BFGS）− Two Step

Covariance specification：Dynamic Conditional Correlation with correlation targeting

Date：07/17/2015　Time：08：31

Sample：1 1448

Included observations：1448

Total system（balanced）observations 2896

Bollerslev-Wooldridge robust standard errors & covariance for univariate fits

Disturbance assumption：Multivariate Normal distribution

Presample covariance：Unconditional

Convergence achieved after 17 iterations

	Coefficient	Std. Error	z-Statistic	Prob.
theta（1）	0.078496	0.013707	5.726811	0.0000
theta（2）	0.811944	0.027526	29.49782	0.0000
theta（3）	0.010159	0.002719	3.736113	0.0002
Log likelihood	−6265.671	Schwarz criterion		8.724609
Avg. log likelihood	−2.163561	Hannan-Quinn criter.		8.692623
Akaike info criterion	8.673579			

* Stability condition：theta（1）+ theta（2）< 1 is met.

中国银行 & 建设银行

System：2-Step Asymmetric DCC（1，1）Model with univariate GJR/TARCH fitted in the 1st step

Estimation Method：ARCH Maximum Likelihood（BFGS）- Two Step

Covariance specification：Dynamic Conditional Correlation with correlation targeting

Date：07/17/2015　Time：08：33

Sample：1 1448

Included observations：1448

Total system（balanced）observations 2896

Bollerslev-Wooldridge robust standard errors & covariance for univariate fits

Disturbance assumption：Multivariate Student's-t distribution

Presample covariance：Unconditional

Convergence achieved after 19 iterations

	Coefficient	Std. Error	z-Statistic	Prob.
theta（1）	0.058592	0.011234	5.215526	0.0000
theta（2）	0.934241	0.013460	69.40621	0.0000
theta（3）	−0.004512	0.002465	−1.830827	0.0671

	t−Distribution（Degree of Freedom）			
theta（4）	2.923595	0.067519	43.30060	0.0000

Log likelihood	−4475.577	Schwarz criterion		6.262156
Avg. log likelihood	−1.545434	Hannan−Quinn criter.		6.225600
Akaike info criterion	6.203836			

* Stability condition：theta（1）+ theta（2）< 1 is met.

中国银行 & 工商银行

System：2−Step Asymmetric DCC（1，1）Model with univariate GJR/TARCH fitted in the 1st step

Estimation Method：ARCH Maximum Likelihood（BFGS）− Two Step

Covariance specification：Dynamic Conditional Correlation with correlation targeting

Date：07/17/2015　Time：08：34

Sample：1 1448

Included observations：1448

Total system（balanced）observations 2896

Bollerslev−Wooldridge robust standard errors & covariance for univariate fits

Disturbance assumption：Multivariate Student's−t distribution

Presample covariance：Unconditional

Convergence achieved after 16 iterations

	Coefficient	Std. Error	z−Statistic	Prob.
theta（1）	0.082041	0.027044	3.033624	0.0024
theta（2）	0.899782	0.035561	25.30221	0.0000
theta（3）	−0.011628	0.005241	−2.218526	0.0265

	t−Distribution（Degree of Freedom）			
theta（4）	3.031532	0.079565	38.10138	0.0000

Log likelihood	−4375.952	Schwarz criterion		6.124552
Avg. log likelihood	−1.511033	Hannan−Quinn criter.		6.087996
Akaike info criterion	6.066232			

* Stability condition：theta（1）+ theta（2）< 1 is met.

建设银行 & 交通银行

System：2−Step Asymmetric DCC（1，1）Model with univariate GJR/TARCH fitted in the 1st step

Estimation Method：ARCH Maximum Likelihood（BFGS）- Two Step

Covariance specification：Dynamic Conditional Correlation with correlation targeting

Date：07/18/2015   Time：15:22

Sample：1 1448

Included observations：1448

Total system（balanced）observations 2896

Bollerslev-Wooldridge robust standard errors & covariance for univariate fits

Disturbance assumption：Multivariate Student's-t distribution

Presample covariance：Unconditional

Convergence achieved after 15 iterations

	Coefficient	Std. Error	z-Statistic	Prob.
theta（1）	0.058718	0.015107	3.886769	0.0001
theta（2）	0.921037	0.021127	43.59594	0.0000
theta（3）	-0.002339	0.001250	-1.87120	0.0715
t-Distribution（Degree of Freedom）				
theta（4）	3.074365	0.081605	37.67351	0.0000
Log likelihood	-4862.025	Schwarz criterion		6.795923
Avg. log likelihood	-1.678876	Hannan-Quinn criter.		6.759368
Akaike info criterion	6.737603			

* Stability condition：theta（1）+ theta（2）< 1 is met.

建设银行 & 中信银行

System：2-Step Asymmetric DCC（1, 1）Model with univariate GJR/TARCH fitted in the 1st step

Estimation Method：ARCH Maximum Likelihood（BFGS）- Two Step

Covariance specification：Dynamic Conditional Correlation with correlation targeting

Date：07/18/2015   Time：15:23

Sample：1 1448

Included observations：1448

Total system（balanced）observations 2896

Bollerslev-Wooldridge robust standard errors & covariance for univariate fits

Disturbance assumption：Multivariate Normal distribution

Presample covariance：Unconditional

Convergence achieved after 24 iterations

	Coefficient	Std. Error	z-Statistic	Prob.
theta（1）	0.011592	0.004450	2.604762	0.0092
theta（2）	0.966743	0.008637	111.9355	0.0000
theta（3）	0.002397	0.000818	2.930277	0.0034
Log likelihood	−5770.893	Schwarz criterion		8.041213
Avg. log likelihood	−1.992712	Hannan−Quinn criter.		8.009228
Akaike info criterion	7.990184			

* Stability condition：theta（1）+ theta（2）< 1 is met.

建设银行 & 北京银行

System：2−Step Asymmetric DCC（1，1）Model with univariate GJR/TARCH fitted in the 1st step

Estimation Method：ARCH Maximum Likelihood（BFGS）− Two Step

Covariance specification：Dynamic Conditional Correlation with correlation targeting

Date：07/18/2015   Time：15:26

Sample：1 1448

Included observations：1448

Total system（balanced）observations 2896

Bollerslev−Wooldridge robust standard errors & covariance for univariate fits

Disturbance assumption：Multivariate Student's−t distribution

Presample covariance：Unconditional

Convergence achieved after 19 iterations

	Coefficient	Std. Error	z-Statistic	Prob.
theta（1）	0.046814	0.014111	3.317514	0.0009
theta（2）	0.929273	0.022777	40.79850	0.0000
theta（3）	−0.006864	0.004028	−1.704065	0.0984
t−Distribution（Degree of Freedom）				
theta（4）	3.052635	0.077101	39.59268	0.0000
Log likelihood	−5336.070	Schwarz criterion		7.450682
Avg. log likelihood	−1.842566	Hannan−Quinn criter.		7.414127
Akaike info criterion	7.392362			

* Stability condition：theta（1）+ theta（2）< 1 is met.

建设银行 & 兴业银行

System：2-Step DCC（1，1）Model with univariate GJR/TARCH fitted in the 1st step

Estimation Method：ARCH Maximum Likelihood（BFGS）- Two Step

Covariance specification：Dynamic Conditional Correlation with correlation targeting

Date：07/18/2015　Time：15：28

Sample：1 1448

Included observations：1448

Total system（balanced）observations 2896

Bollerslev-Wooldridge robust standard errors & covariance for univariate fits

Disturbance assumption：Multivariate Student's-t distribution

Presample covariance：Unconditional

Convergence achieved after 18 iterations

	Coefficient	Std. Error	z-Statistic	Prob.
theta（1）	0.014387	0.006940	2.073054	0.0437
theta（2）	0.860521	0.070034	12.28716	0.0000
t-Distribution（Degree of Freedom）				
theta（3）	3.050308	0.075693	40.29858	0.0000
Log likelihood	-5491.868	Schwarz criterion		7.650794
Avg. log likelihood	-1.896363	Hannan-Quinn criter.		7.621093
Akaike info criterion	7.603409			

＊ Stability condition：theta（1）+ theta（2）< 1 is met.

建设银行 & 南京银行

System：2-Step Asymmetric DCC（1，1）Model with univariate GJR/TARCH fitted in the 1st step

Estimation Method：ARCH Maximum Likelihood（BFGS）- Two Step

Covariance specification：Dynamic Conditional Correlation with correlation targeting

Date：07/18/2015　Time：15：29

Sample：1 1448

Included observations：1448

Total system（balanced）observations 2896

Bollerslev-Wooldridge robust standard errors & covariance for univariate fits

Disturbance assumption：Multivariate Student's-t distribution

Presample covariance：Unconditional

Convergence achieved after 14 iterations

	Coefficient	Std. Error	z-Statistic	Prob.
theta（1）	0.051369	0.015764	3.258603	0.0011
theta（2）	0.927331	0.020435	45.37945	0.0000
theta（3）	0.002679	0.004057	0.660340	0.5090
t-Distribution（Degree of Freedom）				
theta（4）	2.953511	0.069460	42.52087	0.0000
Log likelihood	−5343.632	Schwarz criterion		7.461126
Avg. log likelihood	−1.845177	Hannan-Quinn criter.		7.424571
Akaike info criterion	7.402807			

* Stability condition：theta（1）+ theta（2）< 1 is met.

建设银行 & 招商银行

System：2-Step Asymmetric DCC（1，1）Model with univariate GJR/TARCH fitted in the 1st step

Estimation Method：ARCH Maximum Likelihood（BFGS）- Two Step

Covariance specification：Dynamic Conditional Correlation with correlation targeting

Date：07/18/2015   Time：15：30

Sample：1 1448

Included observations：1448

Total system（balanced）observations 2896

Bollerslev-Wooldridge robust standard errors & covariance for univariate fits

Disturbance assumption：Multivariate Student's-t distribution

Presample covariance：Unconditional

Convergence achieved after 19 iterations

	Coefficient	Std. Error	z-Statistic	Prob.
theta（1）	0.140685	0.028831	4.879731	0.0000
theta（2）	0.779751	0.046702	16.69636	0.0000
theta（3）	−0.030697	0.012685	−2.419902	0.0155
t-Distribution（Degree of Freedom）				
theta（4）	2.989508	0.074236	40.27023	0.0000
Log likelihood	−5234.923	Schwarz criterion		7.310976
Avg. log likelihood	−1.807639	Hannan-Quinn criter.		7.274421
Akaike info criterion	7.252656			

* Stability condition：theta（1）+ theta（2）< 1 is met.

建设银行 & 民生银行

System：2-Step Asymmetric DCC（1，1）Model with univariate GJR/TARCH fitted in the 1st step

Estimation Method：ARCH Maximum Likelihood（BFGS）- Two Step

Covariance specification：Dynamic Conditional Correlation with correlation targeting

Date：07/18/2015　Time：15:31

Sample：1 1448

Included observations：1448

Total system（balanced）observations 2896

Bollerslev-Wooldridge robust standard errors & covariance for univariate fits

Disturbance assumption：Multivariate Student's-t distribution

Presample covariance：Unconditional

Convergence achieved after 30 iterations

	Coefficient	Std. Error	z-Statistic	Prob.
theta（1）	0.001563	0.000751	2.080851	0.0374
theta（2）	0.992914	0.001410	704.0702	0.0000
theta（3）	0.007480	0.000864	8.658570	0.0000
t-Distribution（Degree of Freedom）				
theta（4）	3.018835	0.078772	38.32371	0.0000
Log likelihood	-5267.685	Schwarz criterion		7.356227
Avg. log likelihood	-1.818952	Hannan-Quinn criter.		7.319672
Akaike info criterion	7.297907			

* Stability condition：theta（1）+ theta（2）< 1 is met.

建设银行 & 华夏银行

System：2-Step DCC（1，1）Model with univariate GJR/TARCH fitted in the 1st step

Estimation Method：ARCH Maximum Likelihood（BFGS）- Two Step

Covariance specification：Dynamic Conditional Correlation with correlation targeting

Date：07/18/2015　Time：15:34

Sample：1 1448

Included observations：1448

Total system（balanced）observations 2896

Bollerslev-Wooldridge robust standard errors & covariance for univariate fits

Disturbance assumption：Multivariate Normal distribution

Presample covariance：Unconditional

Convergence achieved after 17 iterations

	Coefficient	Std. Error	z-Statistic	Prob.
theta（1）	0.020133	0.003704	5.435010	0.0000
theta（2）	0.966285	0.006846	141.1473	0.0000
Log likelihood	−5940.747	Schwarz criterion		8.260741
Avg. log likelihood	−2.051363	Hannan-Quinn criter.		8.235609
Akaike info criterion	8.220646			

* Stability condition：theta（1）+ theta（2）< 1 is met.

建设银行 & 浦发银行

System：2-Step Asymmetric DCC（1，1）Model with univariate GJR/TARCH fitted in the 1st step

Estimation Method：ARCH Maximum Likelihood（BFGS）- Two Step

Covariance specification：Dynamic Conditional Correlation with correlation targeting

Date：07/18/2015　Time：15：35

Sample：1 1448

Included observations：1448

Total system（balanced）observations 2896

Bollerslev-Wooldridge robust standard errors & covariance for univariate fits

Disturbance assumption：Multivariate Normal distribution

Presample covariance：Unconditional

Failure to improve Objective（non-zero gradients）after 10 iterations

	Coefficient	Std. Error	z-Statistic	Prob.
theta（1）	0.004039	0.000749	5.461386	0.0000
theta（2）	0.801477	0.190472	4.207851	0.0000
theta（3）	−0.006164	0.002731	−2.257351	0.0240
Log likelihood	−6123.597	Schwarz criterion		8.528373
Avg. log likelihood	−2.114502	Hannan-Quinn criter.		8.496387
Akaike info criterion	8.477343			

* Stability condition：theta（1）+ theta（2）< 1 is met.

建设银行 & 宁波银行

System：2-Step Asymmetric DCC（1，1）Model with univariate GJR/TARCH fitted in the 1st step

Estimation Method：ARCH Maximum Likelihood（BFGS）- Two Step

Covariance specification：Dynamic Conditional Correlation with correlation targeting

Date：07/18/2015　Time：15：36

Sample：1 1448

Included observations：1448

Total system（balanced）observations 2896

Bollerslev－Wooldridge robust standard errors & covariance for univariate fits

Disturbance assumption：Multivariate Normal distribution

Presample covariance：Unconditional

Convergence achieved after 26 iterations

	Coefficient	Std. Error	z−Statistic	Prob.
theta（1）	0.070790	0.018381	3.851219	0.0001
theta（2）	0.764114	0.061493	12.42596	0.0000
theta（3）	−0.036268	0.015053	−2.409431	0.0160
Log likelihood	−5997.181	Schwarz criterion		8.353767
Avg. log likelihood	−2.070850	Hannan−Quinn criter.		8.321781
Akaike info criterion	8.302737			

* Stability condition：theta（1）+ theta（2）< 1 is met.

建设银行 & 平安银行

System：2−Step Asymmetric DCC（1，1）Model with univariate GJR/TARCH fitted in the 1st step

Estimation Method：ARCH Maximum Likelihood（BFGS）− Two Step

Covariance specification：Dynamic Conditional Correlation with correlation targeting

Date：07/18/2015　Time：15：38

Sample：1 1448

Included observations：1448

Total system（balanced）observations 2896

Bollerslev−Wooldridge robust standard errors & covariance for univariate fits

Disturbance assumption：Multivariate Student's−t distribution

Presample covariance：Unconditional

Convergence achieved after 19 iterations

	Coefficient	Std. Error	z−Statistic	Prob.
theta（1）	0.053958	0.026212	2.058486	0.0395
theta（2）	0.875456	0.040634	21.54506	0.0000
theta（3）	−0.004183	0.002175	−1.923218	0.0541

	t−Distribution（Degree of Freedom）			
theta（4）	2. 944419	0. 068324	43. 09482	0. 0000

Log likelihood	−5539. 364	Schwarz criterion	7. 731474
Avg. log likelihood	−1. 912764	Hannan−Quinn criter.	7. 694919
Akaike info criterion	7. 673155		

* Stability condition：theta（1）+ theta（2）< 1 is met.

建设银行 & 工商银行

System：2−Step Asymmetric DCC（1，1）Model with univariate GJR/TARCH fitted in the 1st step

Estimation Method：ARCH Maximum Likelihood（BFGS）− Two Step

Covariance specification：Dynamic Conditional Correlation with correlation targeting

Date：07/18/2015　Time：15：41

Sample：1 1448

Included observations：1448

Total system（balanced）observations 2896

Bollerslev−Wooldridge robust standard errors & covariance for univariate fits

Disturbance assumption：Multivariate Student's−t distribution

Presample covariance：Unconditional

Convergence achieved after 15 iterations

	Coefficient	Std. Error	z−Statistic	Prob.
theta（1）	0. 077282	0. 023296	3. 317333	0. 0009
theta（2）	0. 907638	0. 028889	31. 41835	0. 0000
theta（3）	−0. 002808	0. 001140	−2. 463158	0. 0189
	t−Distribution（Degree of Freedom）			
theta（4）	3. 115619	0. 089221	34. 92019	0. 0000

Log likelihood	−4358. 248	Schwarz criterion	6. 100099
Avg. log likelihood	−1. 504920	Hannan−Quinn criter.	6. 063544
Akaike info criterion	6. 041779		

* Stability condition：theta（1）+ theta（2）< 1 is met.

工商银行 & 交通银行

System：2−Step Asymmetric DCC（1，1）Model with univariate GJR/TARCH fitted in the 1st step

Estimation Method：ARCH Maximum Likelihood（BFGS）− Two Step

Covariance specification：Dynamic Conditional Correlation with correlation targeting

Date：07/18/2015　Time：16：14

Sample：1 1448

Included observations：1448

Total system（balanced）observations 2896

Bollerslev−Wooldridge robust standard errors & covariance for univariate fits

Disturbance assumption：Multivariate Normal distribution

Presample covariance：Unconditional

Convergence achieved after 28 iterations

	Coefficient	Std. Error	z−Statistic	Prob.
theta（1）	0.022562	0.005747	3.926242	0.0001
theta（2）	0.961269	0.010642	90.32800	0.0000
theta（3）	−0.004197	0.001318	−3.183899	0.0015
Log likelihood	−5360.900	Schwarz criterion		7.474925
Avg. log likelihood	−1.851140	Hannan−Quinn criter.		7.442940
Akaike info criterion	7.423896			

* Stability condition：theta（1）+ theta（2）< 1 is met.

工商银行 & 中信银行

System：2−Step Asymmetric DCC（1，1）Model with univariate GJR/TARCH fitted in the 1st step

Estimation Method：ARCH Maximum Likelihood（BFGS）− Two Step

Covariance specification：Dynamic Conditional Correlation with correlation targeting

Date：07/18/2015　Time：16：15

Sample：1 1448

Included observations：1448

Total system（balanced）observations 2896

Bollerslev−Wooldridge robust standard errors & covariance for univariate fits

Disturbance assumption：Multivariate Normal distribution

Presample covariance：Unconditional

Convergence achieved after 23 iterations

	Coefficient	Std. Error	z−Statistic	Prob.
theta（1）	0.022794	0.004677	4.873802	0.0000
theta（2）	0.971374	0.005558	174.7738	0.0000
theta（3）	−0.007046	0.001823	−3.864471	0.0001

续表

Log likelihood	−5661. 727	Schwarz criterion	7. 890431
Avg. log likelihood	−1. 955016	Hannan−Quinn criter.	7. 858445
Akaike info criterion	7. 839401		

＊ Stability condition：theta （1） + theta （2） < 1 is met.

工商银行 & 北京银行

System：2−Step Asymmetric DCC （1, 1） Model with univariate GJR/TARCH fitted in the 1st step

Estimation Method：ARCH Maximum Likelihood （BFGS） − Two Step

Covariance specification：Dynamic Conditional Correlation with correlation targeting

Date：07/18/2015　　Time：16：17

Sample：1 1448

Included observations：1448

Total system （balanced） observations 2896

Bollerslev−Wooldridge robust standard errors & covariance for univariate fits

Disturbance assumption：Multivariate Student's−t distribution

Presample covariance：Unconditional

Convergence achieved after 27 iterations

	Coefficient	Std. Error	z−Statistic	Prob.
theta （1）	0. 020413	0. 012061	1. 692480	0. 0943
theta （2）	0. 883947	0. 096683	9. 142709	0. 0000
theta （3）	−0. 001972	0. 001161	−1. 698536	0. 0927
t−Distribution （Degree of Freedom）				
theta （4）	3. 184554	0. 087759	36. 28742	0. 0000
Log likelihood	−5263. 556	Schwarz criterion		7. 350524
Avg. log likelihood	−1. 817526	Hannan−Quinn criter.		7. 313969
Akaike info criterion	7. 292204			

＊ Stability condition：theta （1） + theta （2） < 1 is met.

工商银行 & 兴业银行

System：2−Step DCC （1, 1） Model with univariate GJR/TARCH fitted in the 1st step

Estimation Method：ARCH Maximum Likelihood （BFGS） − Two Step

Covariance specification：Dynamic Conditional Correlation with correlation targeting

Date：07/18/2015　　Time：16：19

Sample：1 1448

Included observations：1448

Total system（balanced）observations 2896

Bollerslev-Wooldridge robust standard errors & covariance for univariate fits

Disturbance assumption：Multivariate Student's-t distribution

Presample covariance：Unconditional

Convergence achieved after 30 iterations

	Coefficient	Std. Error	z-Statistic	Prob.
theta（1）	0.003030	0.001741	1.740379	0.0897
theta（2）	0.974828	0.019300	50.50968	0.0000
t-Distribution（Degree of Freedom）				
theta（3）	3.222335	0.097924	32.90664	0.0000
Log likelihood	−5413.554	Schwarz criterion		7.542625
Avg. log likelihood	−1.869321	Hannan-Quinn criter.		7.512924
Akaike info criterion	7.495240			

* Stability condition：theta（1）+ theta（2）< 1 is met.

工商银行 & 南京银行

System：2-Step Asymmetric DCC（1，1）Model with univariate GJR/TARCH fitted in the 1st step

Estimation Method：ARCH Maximum Likelihood（BFGS）- Two Step

Covariance specification：Dynamic Conditional Correlation with correlation targeting

Date：07/18/2015　Time：16:21

Sample：1 1448

Included observations：1448

Total system（balanced）observations 2896

Bollerslev-Wooldridge robust standard errors & covariance for univariate fits

Disturbance assumption：Multivariate Student's-t distribution

Presample covariance：Unconditional

Convergence achieved after 26 iterations

	Coefficient	Std. Error	z-Statistic	Prob.
theta（1）	0.002342	0.000853	2.745509	0.0060
theta（2）	0.996704	0.002325	428.7350	0.0000
theta（3）	0.001836	0.001068	1.719101	0.0912

	t-Distribution（Degree of Freedom）			
theta（4）	3. 103076	0. 090602	34. 24947	0. 0000
Log likelihood	−5254. 481	Schwarz criterion		7. 337990
Avg. log likelihood	−1. 814393	Hannan−Quinn criter.		7. 301435
Akaike info criterion	7. 279670			

∗ Stability condition：theta（1）+ theta（2）< 1 is met.

工商银行 & 招商银行

System：2-Step Asymmetric DCC（1，1）Model with univariate GJR/TARCH fitted in the 1st step

Estimation Method：ARCH Maximum Likelihood（BFGS）− Two Step

Covariance specification：Dynamic Conditional Correlation with correlation targeting

Date：07/18/2015　Time：16:23

Sample：1 1448

Included observations：1448

Total system（balanced）observations 2896

Bollerslev−Wooldridge robust standard errors & covariance for univariate fits

Disturbance assumption：Multivariate Normal distribution

Presample covariance：Unconditional

Convergence achieved after 26 iterations

	Coefficient	Std. Error	z-Statistic	Prob.
theta（1）	0. 081942	0. 023863	3. 433928	0. 0006
theta（2）	0. 508775	0. 096127	5. 292720	0. 0000
theta（3）	−0. 035975	0. 013187	−2. 728157	0. 0064
Log likelihood	−5573. 084	Schwarz criterion		7. 767997
Avg. log likelihood	−1. 924407	Hannan−Quinn criter.		7. 736011
Akaike info criterion	7. 716967			

∗ Stability condition：theta（1）+ theta（2）< 1 is met.

工商银行 & 民生银行

System：2-Step Asymmetric DCC（1，1）Model with univariate GJR/TARCH fitted in the 1st step

Estimation Method：ARCH Maximum Likelihood（BFGS）− Two Step

Covariance specification：Dynamic Conditional Correlation with correlation targeting

Date：07/18/2015　Time：16:25

Sample：1 1448

Included observations：1448

Total system（balanced）observations 2896

Bollerslev-Wooldridge robust standard errors & covariance for univariate fits

Disturbance assumption：Multivariate Student's-t distribution

Presample covariance：Unconditional

Convergence achieved after 28 iterations

	Coefficient	Std. Error	z-Statistic	Prob.
theta（1）	0.001103	0.000586	1.882252	0.0758
theta（2）	0.992073	0.001868	531.2104	0.0000
theta（3）	0.004069	0.000902	4.510488	0.0000
t-Distribution（Degree of Freedom）				
theta（4）	3.165060	0.093553	33.83173	0.0000
Log likelihood	−5201.796	Schwarz criterion		7.265220
Avg. log likelihood	−1.796200	Hannan-Quinn criter.		7.228664
Akaike info criterion	7.206900			

* Stability condition：theta（1）+ theta（2）< 1 is met.

工商银行 & 华夏银行

System：2-Step Asymmetric DCC（1, 1）Model with univariate GARCH fitted in the 1st step

Estimation Method：ARCH Maximum Likelihood（BFGS）- Two Step

Covariance specification：Dynamic Conditional Correlation with correlation targeting

Date：07/18/2015　Time：16:27

Sample：1 1448

Included observations：1448

Total system（balanced）observations 2896

Bollerslev-Wooldridge robust standard errors & covariance for univariate fits

Disturbance assumption：Multivariate Normal distribution

Presample covariance：Unconditional

Convergence achieved after 11 iterations

	Coefficient	Std. Error	z-Statistic	Prob.
theta（1）	0.054895	0.011443	4.797429	0.0000
theta（2）	0.873788	0.021912	39.87694	0.0000

续表

| theta（3） | 0. 005625 | 0. 003304 | 1. 702579 | 0. 0886 |

Log likelihood	−5872. 086	Schwarz criterion	8. 180983
Avg. log likelihood	−2. 027654	Hannan−Quinn criter.	8. 148997
Akaike info criterion	8. 129953		

∗ Stability condition：theta（1）+ theta（2）< 1 is met.

工商银行 & 浦发银行

System：2−Step Asymmetric DCC（1，1）Model with univariate GARCH fitted in the 1st step

Estimation Method：ARCH Maximum Likelihood（BFGS）− Two Step

Covariance specification：Dynamic Conditional Correlation with correlation targeting

Date：07/18/2015　Time：22:48

Sample：1 1448

Included observations：1448

Total system（balanced）observations 2896

Bollerslev−Wooldridge robust standard errors & covariance for univariate fits

Disturbance assumption：Multivariate Normal distribution

Presample covariance：Unconditional

Convergence achieved after 31 iterations

	Coefficient	Std. Error	z−Statistic	Prob.
theta（1）	0. 006163	0. 003332	−1. 84964	0. 0701
theta（2）	0. 854803	0. 056199	15. 21035	0. 0000
theta（3）	0. 004648	0. 000395	11. 76622	0. 0000

Log likelihood	−6011. 394	Schwarz criterion	8. 373397
Avg. log likelihood	−2. 075757	Hannan−Quinn criter.	8. 341411
Akaike info criterion	8. 322367		

∗ Stability condition：theta（1）+ theta（2）< 1 is met.

工商银行 & 宁波银行

System：2−Step Asymmetric DCC（1，1）Model with univariate GJR/TARCH fitted in the 1st step

Estimation Method：ARCH Maximum Likelihood（BFGS）− Two Step

Covariance specification：Dynamic Conditional Correlation with correlation targeting

Date：07/18/2015　Time：16:28

Sample：1 1448

Included observations：1448

Total system（balanced）observations 2896

Bollerslev–Wooldridge robust standard errors & covariance for univariate fits

Disturbance assumption：Multivariate Normal distribution

Presample covariance：Unconditional

Convergence achieved after 26 iterations

	Coefficient	Std. Error	z-Statistic	Prob.
theta（1）	0. 032362	0. 012977	2. 493857	0. 0126
theta（2）	0. 856133	0. 067493	12. 68478	0. 0000
theta（3）	−0. 010977	0. 006003	−1. 828400	0. 0675
Log likelihood	−5840. 850	Schwarz criterion		8. 137840
Avg. log likelihood	−2. 016868	Hannan–Quinn criter.		8. 105854
Akaike info criterion	8. 086810			

＊ Stability condition：theta（1）+ theta（2）< 1 is met.

工商银行 & 平安银行

System：2–Step Asymmetric DCC（1, 1）Model with univariate GJR/TARCH fitted in the 1st step

Estimation Method：ARCH Maximum Likelihood（BFGS）– Two Step

Covariance specification：Dynamic Conditional Correlation with correlation targeting

Date：07/18/2015　Time：16：30

Sample：1 1448

Included observations：1448

Total system（balanced）observations 2896

Bollerslev–Wooldridge robust standard errors & covariance for univariate fits

Disturbance assumption：Multivariate Normal distribution

Presample covariance：Unconditional

Failure to improve Objective（non–zero gradients）after 17 iterations

	Coefficient	Std. Error	z-Statistic	Prob.
theta（1）	0. 019738	8. 29E−07	23815. 97	0. 0000
theta（2）	0. 841797	1. 26E−06	668580. 4	0. 0000
theta（3）	0. 009655	1. 91E−08	504265. 7	0. 0000
Log likelihood	−4225. 714	Schwarz criterion		5. 906988
Avg. log likelihood	−1. 459155	Hannan–Quinn criter.		5. 875002
Akaike info criterion	5. 855958			

＊ Stability condition：theta（1）+ theta（2）< 1 is met.

交通银行 & 中信银行

System：2-Step Asymmetric DCC（1，1）Model with univariate GJR/TARCH fitted in the 1st step

Estimation Method：ARCH Maximum Likelihood（BFGS）- Two Step

Covariance specification：Dynamic Conditional Correlation with correlation targeting

Date：07/22/2015　Time：14：59

Sample：1 1448

Included observations：1448

Total system（balanced）observations 2896

Bollerslev-Wooldridge robust standard errors & covariance for univariate fits

Disturbance assumption：Multivariate Normal distribution

Presample covariance：Unconditional

Convergence achieved after 20 iterations

	Coefficient	Std. Error	z-Statistic	Prob.
theta（1）	0.058586	0.015677	3.736962	0.0002
theta（2）	0.920978	0.025441	36.20038	0.0000
theta（3）	−0.006375	0.002047	−3.113855	0.0018
Log likelihood	−5827.316	Schwarz criterion		8.119146
Avg. log likelihood	−2.012195	Hannan-Quinn criter.		8.087160
Akaike info criterion	8.068116			

* Stability condition：theta（1）+ theta（2）< 1 is met.

交通银行 & 北京银行

System：2-Step Asymmetric DCC（1，1）Model with univariate GJR/TARCH fitted in the 1st step

Estimation Method：ARCH Maximum Likelihood（BFGS）- Two Step

Covariance specification：Dynamic Conditional Correlation with correlation targeting

Date：07/22/2015　Time：15：01

Sample：1 1448

Included observations：1448

Total system（balanced）observations 2896

Bollerslev-Wooldridge robust standard errors & covariance for univariate fits

Disturbance assumption：Multivariate Student's-t distribution

Presample covariance：Unconditional

Convergence achieved after 33 iterations

	Coefficient	Std. Error	z-Statistic	Prob.
theta（1）	0.078310	0.028771	2.721841	0.0065
theta（2）	0.602092	0.107430	5.604500	0.0000
theta（3）	-0.037475	0.014874	-2.519528	0.0118
t-Distribution（Degree of Freedom）				
theta（4）	3.097525	0.082078	37.73896	0.0000
Log likelihood	-5449.692	Schwarz criterion		7.607618
Avg. log likelihood	-1.881800	Hannan-Quinn criter.		7.571062
Akaike info criterion	7.549298			

* Stability condition：theta（1）+ theta（2）< 1 is met.

交通银行 & 兴业银行

System：2-Step Asymmetric DCC（1, 1）Model with univariate GJR/TARCH fitted in the 1st step

Estimation Method：ARCH Maximum Likelihood（BFGS）- Two Step

Covariance specification：Dynamic Conditional Correlation with correlation targeting

Date：07/22/2015　Time：15：02

Sample：1 1448

Included observations：1448

Total system（balanced）observations 2896

Bollerslev-Wooldridge robust standard errors & covariance for univariate fits

Disturbance assumption：Multivariate Student's-t distribution

Presample covariance：Unconditional

Convergence achieved after 16 iterations

	Coefficient	Std. Error	z-Statistic	Prob.
theta（1）	0.041663	0.016922	2.462115	0.0138
theta（2）	0.953792	0.019569	48.74068	0.0000
theta（3）	-0.003005	0.001131	-2.658118	0.0079
t-Distribution（Degree of Freedom）				
theta（4）	3.372202	0.141519	23.82857	0.0000
Log likelihood	-5633.867	Schwarz criterion		7.862003
Avg. log likelihood	-1.945396	Hannan-Quinn criter.		7.825448
Akaike info criterion	7.803683			

* Stability condition：theta（1）+ theta（2）< 1 is met.

交通银行 & 南京银行

System：2-Step Asymmetric DCC（1，1）Model with univariate GJR/TARCH fitted in the 1st step

Estimation Method：ARCH Maximum Likelihood（BFGS）- Two Step

Covariance specification：Dynamic Conditional Correlation with correlation targeting

Date：07/22/2015　Time：15:02

Sample：1 1448

Included observations：1448

Total system（balanced）observations 2896

Bollerslev-Wooldridge robust standard errors & covariance for univariate fits

Disturbance assumption：Multivariate Student's-t distribution

Presample covariance：Unconditional

Convergence achieved after 16 iterations

	Coefficient	Std. Error	z-Statistic	Prob.
theta（1）	0.058734	0.012928	4.543233	0.0000
theta（2）	0.904744	0.017909	50.51972	0.0000
theta（3）	0.000755	0.000579	1.302090	0.1929
t-Distribution（Degree of Freedom）				
theta（4）	2.990247	0.073932	40.44592	0.0000
Log likelihood	-5469.529	Schwarz criterion		7.635018
Avg. log likelihood	-1.888650	Hannan-Quinn criter.		7.598463
Akaike info criterion	7.576698			

* Stability condition：theta（1）+ theta（2）< 1 is met.

交通银行 & 招商银行

System：2-Step Asymmetric DCC（1，1）Model with univariate GJR/TARCH fitted in the 1st step

Estimation Method：ARCH Maximum Likelihood（BFGS）- Two Step

Covariance specification：Dynamic Conditional Correlation with correlation targeting

Date：07/22/2015　Time：15:03

Sample：1 1448

Included observations：1448

Total system（balanced）observations 2896

Bollerslev-Wooldridge robust standard errors & covariance for univariate fits

Disturbance assumption：Multivariate Student's-t distribution

Presample covariance：Unconditional

Convergence achieved after 24 iterations

附录 4　非对称动态条件相关（ADCC）模型参数估计结果

	Coefficient	Std. Error	z-Statistic	Prob.
theta（1）	0. 075301	0. 026305	2. 862559	0. 0042
theta（2）	0. 704868	0. 105849	6. 659200	0. 0000
theta（3）	−0. 022126	0. 011288	−1. 960085	0. 0500
t−Distribution（Degree of Freedom）				
theta（4）	3. 108226	0. 083467	37. 23885	0. 0000
Log likelihood	−5335. 121	Schwarz criterion		7. 449371
Avg. log likelihood	−1. 842238	Hannan−Quinn criter.		7. 412816
Akaike info criterion	7. 391052			

* Stability condition：theta（1）+ theta（2）< 1 is met.

交通银行 & 民生银行

System：2−Step Asymmetric DCC（1，1）Model with univariate GJR/TARCH fitted in the 1st step

Estimation Method：ARCH Maximum Likelihood（BFGS）− Two Step

Covariance specification：Dynamic Conditional Correlation with correlation targeting

Date：07/22/2015　Time：15：04

Sample：1 1448

Included observations：1448

Total system（balanced）observations 2896

Bollerslev−Wooldridge robust standard errors & covariance for univariate fits

Disturbance assumption：Multivariate Student's−t distribution

Presample covariance：Unconditional

Convergence achieved after 19 iterations

	Coefficient	Std. Error	z-Statistic	Prob.
theta（1）	0. 125887	0. 022063	5. 705753	0. 0000
theta（2）	0. 831458	0. 029938	27. 77279	0. 0000
theta（3）	−0. 013442	0. 007732	−1. 738489	0. 0903
t−Distribution（Degree of Freedom）				
theta（4）	2. 984408	0. 077005	38. 75600	0. 0000
Log likelihood	−5451. 752	Schwarz criterion		7. 610464
Avg. log likelihood	−1. 882511	Hannan−Quinn criter.		7. 573909
Akaike info criterion	7. 552144			

* Stability condition：theta（1）+ theta（2）< 1 is met.

交通银行 & 华夏银行

System：2-Step Asymmetric DCC（1，1）Model with univariate GJR/TARCH fitted in the 1st step

Estimation Method：ARCH Maximum Likelihood（BFGS）- Two Step

Covariance specification：Dynamic Conditional Correlation with correlation targeting

Date：07/22/2015   Time：15：05

Sample：1 1448

Included observations：1448

Total system（balanced）observations 2896

Bollerslev-Wooldridge robust standard errors & covariance for univariate fits

Disturbance assumption：Multivariate Normal distribution

Presample covariance：Unconditional

Convergence achieved after 11 iterations

	Coefficient	Std. Error	z-Statistic	Prob.
theta（1）	0. 062108	0. 009742	6. 375090	0. 0000
theta（2）	0. 879984	0. 015780	55. 76735	0. 0000
theta（3）	−0. 010013	0. 005386	−1. 858965	0. 0630
Log likelihood	−6200. 977	Schwarz criterion		8. 635252
Avg. log likelihood	−2. 141221	Hannan-Quinn criter.		8. 603267
Akaike info criterion	8. 584222			

* Stability condition：theta（1）+ theta（2）< 1 is met.

交通银行 & 浦发银行

System：2-Step Asymmetric DCC（1，1）Model with univariate GJR/TARCH fitted in the 1st step

Estimation Method：ARCH Maximum Likelihood（BFGS）- Two Step

Covariance specification：Dynamic Conditional Correlation with correlation targeting

Date：07/22/2015   Time：15：06

Sample：1 1448

Included observations：1448

Total system（balanced）observations 2896

Bollerslev-Wooldridge robust standard errors & covariance for univariate fits

Disturbance assumption：Multivariate Normal distribution

Presample covariance：Unconditional

Failure to improve Objective（non-zero gradients）after 14 iterations

	Coefficient	Std. Error	z-Statistic	Prob.
theta（1）	0.004953	0.001395	3.550734	0.0004
theta（2）	0.805213	0.123993	6.493999	0.0000
theta（3）	0.000408	0.000138	2.949878	0.0032
Log likelihood	−3564.688	Schwarz criterion		4.993969
Avg. log likelihood	−1.230901	Hannan-Quinn criter.		4.961983
Akaike info criterion	4.942939			

＊ Stability condition：theta（1）+ theta（2）< 1 is met.

交通银行 & 宁波银行

System：2-Step Asymmetric DCC（1，1）Model with univariate GJR/TARCH fitted in the 1st step

Estimation Method：ARCH Maximum Likelihood（BFGS）- Two Step

Covariance specification：Dynamic Conditional Correlation with correlation targeting

Date：07/22/2015　Time：15：08

Sample：1 1448

Included observations：1448

Total system（balanced）observations 2896

Bollerslev-Wooldridge robust standard errors & covariance for univariate fits

Disturbance assumption：Multivariate Normal distribution

Presample covariance：Unconditional

Convergence achieved after 22 iterations

	Coefficient	Std. Error	z-Statistic	Prob.
theta（1）	0.062927	0.016367	3.844614	0.0001
theta（2）	0.823016	0.052389	15.70985	0.0000
theta（3）	−0.007561	0.003990	−1.894826	0.0581
Log likelihood	−6100.423	Schwarz criterion		8.496366
Avg. log likelihood	−2.106500	Hannan-Quinn criter.		8.464380
Akaike info criterion	8.445336			

＊ Stability condition：theta（1）+ theta（2）< 1 is met.

交通银行 & 平安银行

System：2-Step Asymmetric DCC（1，1）Model with univariate GARCH fitted in the 1st step

Estimation Method：ARCH Maximum Likelihood（BFGS）- Two Step

Covariance specification：Dynamic Conditional Correlation with correlation targeting

Date: 07/22/2015 Time: 19:23

Sample: 1 1448

Included observations: 1448

Total system (balanced) observations 2896

Bollerslev-Wooldridge robust standard errors & covariance for univariate fits

Disturbance assumption: Multivariate Student's-t distribution

Presample covariance: Unconditional

Convergence achieved after 18 iterations

	Coefficient	Std. Error	z-Statistic	Prob.
theta (1)	0.043181	0.021616	1.997626	0.0458
theta (2)	0.862477	0.035443	24.33443	0.0000
theta (3)	0.001045	0.002752	0.379806	0.7041
t-Distribution (Degree of Freedom)				
theta (4)	2.882011	0.063596	45.31771	0.0000
Log likelihood	−5713.085	Schwarz criterion		7.971420
Avg. log likelihood	−1.972750	Hannan-Quinn criter.		7.934865
Akaike info criterion	7.913101			

* Stability condition: theta (1) + theta (2) < 1 is met.

中信银行 & 北京银行

System: 2-Step Asymmetric DCC (1, 1) Model with univariate GJR/TARCH fitted in the 1st step

Estimation Method: ARCH Maximum Likelihood (BFGS) − Two Step

Covariance specification: Dynamic Conditional Correlation with correlation targeting

Date: 07/22/2015 Time: 15:10

Sample: 1 1448

Included observations: 1448

Total system (balanced) observations 2896

Bollerslev-Wooldridge robust standard errors & covariance for univariate fits

Disturbance assumption: Multivariate Student's-t distribution

Presample covariance: Unconditional

Convergence achieved after 33 iterations

	Coefficient	Std. Error	z−Statistic	Prob.
theta（1）	0. 070320	0. 023872	2. 945709	0. 0032
theta（2）	0. 516730	0. 150826	3. 426010	0. 0006
theta（3）	−0. 025648	0. 011362	−2. 257351	0. 0240
t−Distribution（Degree of Freedom）				
theta（4）	3. 361416	0. 105446	31. 87819	0. 0000

Log likelihood	−5747. 805	Schwarz criterion		8. 019377
Avg. log likelihood	−1. 984739	Hannan−Quinn criter.		7. 982822
Akaike info criterion	7. 961057			

* Stability condition：theta（1）+ theta（2）< 1 is met.

中信银行 & 兴业银行

System：2−Step Asymmetric DCC（1，1）Model with univariate GJR/TARCH fitted in the 1st step

Estimation Method：ARCH Maximum Likelihood（BFGS）− Two Step

Covariance specification：Dynamic Conditional Correlation with correlation targeting

Date：07/22/2015　Time：15：10

Sample：1 1448

Included observations：1448

Total system（balanced）observations 2896

Bollerslev−Wooldridge robust standard errors & covariance for univariate fits

Disturbance assumption：Multivariate Student's−t distribution

Presample covariance：Unconditional

Convergence achieved after 23 iterations

	Coefficient	Std. Error	z−Statistic	Prob.
theta（1）	0. 025974	0. 013200	1. 967757	0. 0491
theta（2）	0. 957565	0. 021460	44. 62188	0. 0000
theta（3）	−0. 002350	0. 001344	−1. 748512	0. 0839
t−Distribution（Degree of Freedom）				
theta（4）	3. 440373	0. 134851	25. 51238	0. 0000

Log likelihood	−5921. 010	Schwarz criterion		8. 258610
Avg. log likelihood	−2. 044548	Hannan−Quinn criter.		8. 222055
Akaike info criterion	8. 200290			

* Stability condition：theta（1）+ theta（2）< 1 is met.

中信银行 & 南京银行

System: 2-Step Asymmetric DCC (1, 1) Model with univariate GARCH fitted in the 1st step

Estimation Method: ARCH Maximum Likelihood (BFGS) - Two Step

Covariance specification: Dynamic Conditional Correlation with correlation targeting

Date: 07/22/2015   Time: 19:19

Sample: 1 1448

Included observations: 1448

Total system (balanced) observations 2896

Bollerslev-Wooldridge robust standard errors & covariance for univariate fits

Disturbance assumption: Multivariate Normal distribution

Presample covariance: Unconditional

Failure to improve Objective (non-zero gradients) after 14 iterations

	Coefficient	Std. Error	z-Statistic	Prob.
theta (1)	0.057599	5.53E-08	1041312.2	0.0000
theta (2)	0.872776	8.94E-07	975927.7	0.0000
theta (3)	0.003073	3.19E-09	961925.5	0.0000
Log likelihood	-552.0774	Schwarz criterion		0.832905
Avg. log likelihood	-0.190634	Hannan-Quinn criter.		0.800919
Akaike info criterion	0.781875			

* Stability condition: theta (1) + theta (2) < 1 is met.

中信银行 & 招商银行

System: 2-Step Asymmetric DCC (1, 1) Model with univariate GARCH fitted in the 1st step

Estimation Method: ARCH Maximum Likelihood (BFGS) - Two Step

Covariance specification: Dynamic Conditional Correlation with correlation targeting

Date: 07/22/2015   Time: 18:11

Sample: 1 1448

Included observations: 1448

Total system (balanced) observations 2896

Bollerslev-Wooldridge robust standard errors & covariance for univariate fits

Disturbance assumption: Multivariate Normal distribution

Presample covariance: Unconditional

Convergence achieved after 31 iterations

	Coefficient	Std. Error	z-Statistic	Prob.
theta（1）	0.098016	0.027633	3.547046	0.0004
theta（2）	0.713836	0.175557	4.166121	0.0000
theta（3）	−0.032835	0.014349	−2.288314	0.0221
Log likelihood	−6202.389	Schwarz criterion		8.637203
Avg. log likelihood	−2.141709	Hannan-Quinn criter.		8.605217
Akaike info criterion	8.586173			

＊ Stability condition：theta（1）+ theta（2）< 1 is met.

中信银行 & 民生银行

System：2-Step Asymmetric DCC（1，1）Model with univariate GJR/TARCH fitted in the 1st step

Estimation Method：ARCH Maximum Likelihood（BFGS）- Two Step

Covariance specification：Dynamic Conditional Correlation with correlation targeting

Date：07/22/2015　Time：15：16

Sample：1 1448

Included observations：1448

Total system（balanced）observations 2896

Bollerslev-Wooldridge robust standard errors & covariance for univariate fits

Disturbance assumption：Multivariate Student's-t distribution

Presample covariance：Unconditional

Convergence achieved after 19 iterations

	Coefficient	Std. Error	z-Statistic	Prob.
theta（1）	0.137804	0.026637	5.173388	0.0000
theta（2）	0.826920	0.034847	23.72976	0.0000
theta（3）	−0.014967	0.008337	−1.795250	0.0709
t-Distribution（Degree of Freedom）				
theta（4）	3.062770	0.084531	36.23231	0.0000
Log likelihood	−5748.948	Schwarz criterion		8.020955
Avg. log likelihood	−1.985134	Hannan-Quinn criter.		7.984400
Akaike info criterion	7.962636			

＊ Stability condition：theta（1）+ theta（2）< 1 is met.

中信银行 & 华夏银行

System：2-Step Asymmetric DCC （1，1） Model with univariate GJR/TARCH fitted in the 1st step

Estimation Method：ARCH Maximum Likelihood （BFGS） - Two Step

Covariance specification：Dynamic Conditional Correlation with correlation targeting

Date：07/22/2015　　Time：15:18

Sample：1 1448

Included observations：1448

Total system （balanced） observations 2896

Bollerslev-Wooldridge robust standard errors & covariance for univariate fits

Disturbance assumption：Multivariate Normal distribution

Presample covariance：Unconditional

Failure to improve Objective （non-zero gradients） after 8 iterations

	Coefficient	Std. Error	z-Statistic	Prob.
theta （1）	−0. 001642	1. 24E−07	−13265. 19	0. 0000
theta （2）	0. 779502	0. 000197	3949. 663	0. 0000
theta （3）	0. 008231	1. 98E−08	414982. 0	0. 0000
Log likelihood	−519. 1910	Schwarz criterion		0. 787481
Avg. log likelihood	−0. 179279	Hannan-Quinn criter.		0. 755496
Akaike info criterion	0. 736452			

＊ Stability condition：theta （1） + theta （2） < 1 is met.

中信银行 & 浦发银行

System：2-Step Asymmetric DCC （1，1） Model with univariate GJR/TARCH fitted in the 1st step

Estimation Method：ARCH Maximum Likelihood （BFGS） - Two Step

Covariance specification：Dynamic Conditional Correlation with correlation targeting

Date：07/22/2015　　Time：15:19

Sample：1 1448

Included observations：1448

Total system （balanced） observations 2896

Bollerslev-Wooldridge robust standard errors & covariance for univariate fits

Disturbance assumption：Multivariate Normal distribution

Presample covariance：Unconditional

Failure to improve Objective （non-zero gradients） after 16 iterations

	Coefficient	Std. Error	z-Statistic	Prob.
theta（1）	0.006572	1.03E-08	637027.5	0.0000
theta（2）	0.800394	7.85E-07	1020139.5	0.0000
theta（3）	-0.001094	4.66E-09	-234889.0	0.0000
Log likelihood	-4147.508	Schwarz criterion		5.798969
Avg. log likelihood	-1.432150	Hannan-Quinn criter.		5.766983
Akaike info criterion	5.747939			

* Stability condition: theta（1）+ theta（2）< 1 is met.

中信银行 & 宁波银行

System: 2-Step Asymmetric DCC（1, 1）Model with univariate GJR/TARCH fitted in the 1st step

Estimation Method: ARCH Maximum Likelihood（BFGS）- Two Step

Covariance specification: Dynamic Conditional Correlation with correlation targeting

Date: 07/22/2015　Time: 15:21

Sample: 1 1448

Included observations: 1448

Total system（balanced）observations 2896

Bollerslev-Wooldridge robust standard errors & covariance for univariate fits

Disturbance assumption: Multivariate Normal distribution

Presample covariance: Unconditional

Convergence achieved after 30 iterations

	Coefficient	Std. Error	z-Statistic	Prob.
theta（1）	0.049606	0.011328	4.378938	0.0000
theta（2）	0.935332	0.017652	52.98852	0.0000
theta（3）	-0.006162	0.002056	-2.996932	0.0027
Log likelihood	-6209.335	Schwarz criterion		8.646797
Avg. log likelihood	-2.144107	Hannan-Quinn criter.		8.614811
Akaike info criterion	8.595767			

* Stability condition: theta（1）+ theta（2）< 1 is met.

中信银行 & 平安银行

System: 2-Step Asymmetric DCC（1, 1）Model with univariate GJR/TARCH fitted in the 1st step

Estimation Method: ARCH Maximum Likelihood（BFGS）- Two Step

Covariance specification: Dynamic Conditional Correlation with correlation targeting

Date：07/22/2015　　Time：15：21

Sample：1 1448

Included observations：1448

Total system （balanced） observations 2896

Bollerslev-Wooldridge robust standard errors & covariance for univariate fits

Disturbance assumption：Multivariate Student's-t distribution

Presample covariance：Unconditional

Convergence achieved after 22 iterations

	Coefficient	Std. Error	z-Statistic	Prob.
theta （1）	0.094910	0.026730	3.550734	0.0004
theta （2）	0.813622	0.038052	21.38197	0.0000
theta （3）	−0.023186	0.012096	−1.916877	0.0553
t-Distribution （Degree of Freedom）				
theta （4）	3.031678	0.081680	37.11638	0.0000
Log likelihood	−5960.984	Schwarz criterion		8.313822
Avg. log likelihood	−2.058351	Hannan-Quinn criter.		8.277267
Akaike info criterion	8.255502			

∗ Stability condition：theta （1） + theta （2） < 1 is met.

北京银行 & 兴业银行

System：2-Step Asymmetric DCC （1，1） Model with univariate GJR/TARCH fitted in the 1st step

Estimation Method：ARCH Maximum Likelihood （BFGS） - Two Step

Covariance specification：Dynamic Conditional Correlation with correlation targeting

Date：07/22/2015　　Time：19：07

Sample：1 1448

Included observations：1448

Total system （balanced） observations 2896

Bollerslev-Wooldridge robust standard errors & covariance for univariate fits

Disturbance assumption：Multivariate Student's-t distribution

Presample covariance：Unconditional

Convergence achieved after 21 iterations

	Coefficient	Std. Error	z-Statistic	Prob.
theta（1）	0.022866	0.013785	1.658818	0.0972
theta（2）	0.943557	0.020706	45.56856	0.0000
theta（3）	-0.001532	0.001272	-1.203721	0.2287
t-Distribution（Degree of Freedom）				
theta（4）	3.387427	0.116087	29.17997	0.0000
Log likelihood	-5802.488	Schwarz criterion		8.094905
Avg. log likelihood	-2.003621	Hannan-Quinn criter.		8.058350
Akaike info criterion	8.036585			

* Stability condition：theta（1）+ theta（2）< 1 is met.

北京银行 & 南京银行

System：2-Step Asymmetric DCC（1，1）Model with univariate GJR/TARCH fitted in the 1st step

Estimation Method：ARCH Maximum Likelihood（BFGS）- Two Step

Covariance specification：Dynamic Conditional Correlation with correlation targeting

Date：07/22/2015　Time：15:24

Sample：1 1448

Included observations：1448

Total system（balanced）observations 2896

Bollerslev-Wooldridge robust standard errors & covariance for univariate fits

Disturbance assumption：Multivariate Student's-t distribution

Presample covariance：Unconditional

Convergence achieved after 27 iterations

	Coefficient	Std. Error	z-Statistic	Prob.
theta（1）	0.068576	0.018980	3.613159	0.0003
theta（2）	0.907678	0.027583	32.90712	0.0000
theta（3）	-0.013694	0.005899	-2.321415	0.0203
t-Distribution（Degree of Freedom）				
theta（4）	2.956550	0.072759	40.63474	0.0000
Log likelihood	-5557.024	Schwarz criterion		7.755866
Avg. log likelihood	-1.918862	Hannan-Quinn criter.		7.719311
Akaike info criterion	7.697547			

* Stability condition：theta（1）+ theta（2）< 1 is met.

北京银行 & 招商银行

System：2-Step Asymmetric DCC（1，1）Model with univariate GJR/TARCH fitted in the 1st step

Estimation Method：ARCH Maximum Likelihood（BFGS）- Two Step

Covariance specification：Dynamic Conditional Correlation with correlation targeting

Date：07/22/2015   Time：15：24

Sample：1 1448

Included observations：1448

Total system（balanced）observations 2896

Bollerslev-Wooldridge robust standard errors & covariance for univariate fits

Disturbance assumption：Multivariate Student's-t distribution

Presample covariance：Unconditional

Convergence achieved after 28 iterations

	Coefficient	Std. Error	z-Statistic	Prob.
theta（1）	0. 180561	0. 039902	4. 525145	0. 0000
theta（2）	0. 764545	0. 117731	6. 493999	0. 0000
theta（3）	−0. 166942	0. 038327	−4. 355693	0. 0000
t-Distribution（Degree of Freedom）				
theta（4）	3. 002239	0. 072952	41. 15337	0. 0000
Log likelihood	−5698. 983	Schwarz criterion		7. 951943
Avg. log likelihood	−1. 967881	Hannan-Quinn criter.		7. 915388
Akaike info criterion	7. 893623			

＊ Stability condition：theta（1）+ theta（2）< 1 is met.

北京银行 & 民生银行

System：2-Step DCC（1，1）Model with univariate GJR/TARCH fitted in the 1st step

Estimation Method：ARCH Maximum Likelihood（BFGS）- Two Step

Covariance specification：Dynamic Conditional Correlation with correlation targeting

Date：07/22/2015   Time：15：25

Sample：1 1448

Included observations：1448

Total system（balanced）observations 2896

Bollerslev-Wooldridge robust standard errors & covariance for univariate fits

Disturbance assumption：Multivariate Student's-t distribution

Presample covariance：Unconditional

Convergence achieved after 39 iterations

	Coefficient	Std. Error	z-Statistic	Prob.
theta（1）	0.001824	0.000440	4.148267	0.0000
theta（2）	0.967616	0.018509	52.27732	0.0000

t-Distribution（Degree of Freedom）				
theta（3）	2.849072	0.058223	48.93346	0.0000

Log likelihood	−5810.257	Schwarz criterion	8.090557
Avg. log likelihood	−2.006304	Hannan-Quinn criter.	8.060856
Akaike info criterion	8.043172		

∗ Stability condition：theta（1）+ theta（2）< 1 is met.

北京银行 & 华夏银行

System：2-Step Asymmetric DCC（1, 1）Model with univariate GJR/TARCH fitted in the 1st step

Estimation Method：ARCH Maximum Likelihood（BFGS）- Two Step

Covariance specification：Dynamic Conditional Correlation with correlation targeting

Date：07/22/2015   Time：15：27

Sample：1 1448

Included observations：1448

Total system（balanced）observations 2896

Bollerslev-Wooldridge robust standard errors & covariance for univariate fits

Disturbance assumption：Multivariate Normal distribution

Presample covariance：Unconditional

Convergence achieved after 20 iterations

	Coefficient	Std. Error	z-Statistic	Prob.
theta（1）	0.184126	0.016372	11.24650	0.0000
theta（2）	0.600639	0.029995	20.02467	0.0000
theta（3）	−0.096506	0.016804	−5.743173	0.0000
Log likelihood	−6478.485	Schwarz criterion	9.018551	
Avg. log likelihood	−2.237046	Hannan-Quinn criter.	8.986565	
Akaike info criterion	8.967521			

∗ Stability condition：theta（1）+ theta（2）< 1 is met.

北京银行 & 浦发银行

System：2-Step Asymmetric DCC（1，1）Model with univariate GARCH fitted in the 1st step

Estimation Method：ARCH Maximum Likelihood（BFGS）- Two Step

Covariance specification：Dynamic Conditional Correlation with correlation targeting

Date：07/22/2015   Time：19：13

Sample：1 1448

Included observations：1448

Total system（balanced）observations 2896

Bollerslev-Wooldridge robust standard errors & covariance for univariate fits

Disturbance assumption：Multivariate Student's-t distribution

Presample covariance：Unconditional

Convergence achieved after 24 iterations

	Coefficient	Std. Error	z-Statistic	Prob.
theta（1）	0.055873	0.022858	2.444372	0.0145
theta（2）	0.898401	0.038716	23.20493	0.0000
theta（3）	−0.005070	0.002274	−2.229551	0.0356
t-Distribution（Degree of Freedom）				
theta（4）	2.714921	0.049522	54.82284	0.0000
Log likelihood	−5732.915	Schwarz criterion		7.998810
Avg. log likelihood	−1.979598	Hannan-Quinn criter.		7.962255
Akaike info criterion	7.940490			

* Stability condition：theta（1）+ theta（2）< 1 is met.

北京银行 & 宁波银行

System：2-Step Asymmetric DCC（1，1）Model with univariate GJR/TARCH fitted in the 1st step

Estimation Method：ARCH Maximum Likelihood（BFGS）- Two Step

Covariance specification：Dynamic Conditional Correlation with correlation targeting

Date：07/22/2015   Time：15：30

Sample：1 1448

Included observations：1448

Total system（balanced）observations 2896

Bollerslev-Wooldridge robust standard errors & covariance for univariate fits

Disturbance assumption：Multivariate Normal distribution

Presample covariance：Unconditional

Convergence achieved after 31 iterations

	Coefficient	Std. Error	z-Statistic	Prob.
theta（1）	0.089910	0.011555	7.781383	0.0000
theta（2）	0.700779	0.039185	17.88377	0.0000
theta（3）	−0.065890	0.015016	−4.388021	0.0000
Log likelihood	−6386.572	Schwarz criterion		8.891599
Avg. log likelihood	−2.205308	Hannan−Quinn criter.		8.859614
Akaike info criterion	8.840570			

＊ Stability condition：theta（1）+ theta（2）< 1 is met.

北京银行 & 平安银行

System：2-Step Asymmetric DCC（1，1）Model with univariate GJR/TARCH fitted in the 1st step

Estimation Method：ARCH Maximum Likelihood（BFGS）- Two Step

Covariance specification：Dynamic Conditional Correlation with correlation targeting

Date：07/22/2015　Time：15：30

Sample：1 1448

Included observations：1448

Total system（balanced）observations 2896

Bollerslev−Wooldridge robust standard errors & covariance for univariate fits

Disturbance assumption：Multivariate Student's−t distribution

Presample covariance：Unconditional

Convergence achieved after 25 iterations

	Coefficient	Std. Error	z-Statistic	Prob.
theta（1）	0.167233	0.024342	6.870232	0.0000
theta（2）	0.741201	0.039943	18.55645	0.0000
theta（3）	−0.074053	0.019113	−3.874571	0.0001
t−Distribution（Degree of Freedom）				
theta（4）	2.921256	0.067644	43.18569	0.0000
Log likelihood	−5882.993	Schwarz criterion		8.206099
Avg. log likelihood	−2.031420	Hannan−Quinn criter.		8.169544
Akaike info criterion	8.147780			

＊ Stability condition：theta（1）+ theta（2）< 1 is met.

兴业银行 & 南京银行

System：2-Step DCC（1，1）Model with univariate GJR/TARCH fitted in the 1st step

Estimation Method：ARCH Maximum Likelihood（BFGS）- Two Step

Covariance specification：Dynamic Conditional Correlation with correlation targeting

Date：07/22/2015 Time：18：58

Sample：1 1448

Included observations：1448

Total system（balanced）observations 2896

Bollerslev-Wooldridge robust standard errors & covariance for univariate fits

Disturbance assumption：Multivariate Normal distribution

Presample covariance：Unconditional

Convergence achieved after 24 iterations

	Coefficient	Std. Error	z-Statistic	Prob.
theta（1）	0.022685	0.007451	3.044681	0.0023
theta（2）	0.867438	0.167113	5.190727	0.0000
Log likelihood	-6714.778	Schwarz criterion		9.329844
Avg. log likelihood	-2.318639	Hannan-Quinn criter.		9.304712
Akaike info criterion	9.289749			

＊ Stability condition：theta（1）+ theta（2）< 1 is met.

兴业银行 & 招商银行

System：2-Step Asymmetric DCC（1，1）Model with univariate GJR/TARCH fitted in the 1st step

Estimation Method：ARCH Maximum Likelihood（BFGS）- Two Step

Covariance specification：Dynamic Conditional Correlation with correlation targeting

Date：07/22/2015 Time：15：32

Sample：1 1448

Included observations：1448

Total system（balanced）observations 2896

Bollerslev-Wooldridge robust standard errors & covariance for univariate fits

Disturbance assumption：Multivariate Student's-t distribution

Presample covariance：Unconditional

Convergence achieved after 29 iterations

	Coefficient	Std. Error	z-Statistic	Prob.
theta（1）	0.112376	0.030967	3.628931	0.0003
theta（2）	0.860902	0.151761	5.672648	0.0000
theta（3）	−0.055828	0.018926	−2.949878	0.0032
t-Distribution（Degree of Freedom）				
theta（4）	3.072271	0.080317	38.25193	0.0000
Log likelihood	−5679.054	Schwarz criterion		7.924416
Avg. log likelihood	−1.960999	Hannan-Quinn criter.		7.887861
Akaike info criterion	7.866096			

* Stability condition：theta（1）+ theta（2）< 1 is met.

兴业银行 & 民生银行

System：2-Step DCC（1，1）Model with univariate GJR/TARCH fitted in the 1st step

Estimation Method：ARCH Maximum Likelihood（BFGS）- Two Step

Covariance specification：Dynamic Conditional Correlation with correlation targeting

Date：07/22/2015　　Time：19:01

Sample：1 1448

Included observations：1448

Total system（balanced）observations 2896

Bollerslev-Wooldridge robust standard errors & covariance for univariate fits

Disturbance assumption：Multivariate Student's-t distribution

Presample covariance：Unconditional

Convergence achieved after 19 iterations

	Coefficient	Std. Error	z-Statistic	Prob.
theta（1）	0.165379	0.031730	5.212057	0.0000
theta（2）	0.747685	0.053703	13.92255	0.0000
t-Distribution（Degree of Freedom）				
theta（3）	2.892126	0.069532	41.59407	0.0000
Log likelihood	−5847.493	Schwarz criterion		8.141988
Avg. log likelihood	−2.019162	Hannan-Quinn criter.		8.112287
Akaike info criterion	8.094603			

* Stability condition：theta（1）+ theta（2）< 1 is met.

兴业银行 & 华夏银行

System：2-Step Asymmetric DCC（1，1）Model with univariate GARCH fitted in the 1st step

Estimation Method：ARCH Maximum Likelihood（BFGS）- Two Step

Covariance specification：Dynamic Conditional Correlation with correlation targeting

Date：07/22/2015　Time：19：03

Sample：1 1448

Included observations：1448

Total system（balanced）observations 2896

Bollerslev-Wooldridge robust standard errors & covariance for univariate fits

Disturbance assumption：Multivariate Student's-t distribution

Presample covariance：Unconditional

Convergence achieved after 18 iterations

	Coefficient	Std. Error	z-Statistic	Prob.
theta（1）	0. 088453	0. 024301	3. 639857	0. 0003
theta（2）	0. 813483	0. 046486	17. 49970	0. 0000
theta（3）	−0. 012960	0. 007366	−1. 759435	0. 0898
t-Distribution（Degree of Freedom）				
theta（4）	2. 986739	0. 074710	39. 97792	0. 0000
Log likelihood	−5928. 464	Schwarz criterion		8. 268906
Avg. log likelihood	−2. 047122	Hannan-Quinn criter.		8. 232351
Akaike info criterion	8. 210586			

* Stability condition：theta（1）+ theta（2）< 1 is met.

兴业银行 & 浦发银行

System：2-Step Asymmetric DCC（1，1）Model with univariate GJR/TARCH fitted in the 1st step

Estimation Method：ARCH Maximum Likelihood（BFGS）- Two Step

Covariance specification：Dynamic Conditional Correlation with correlation targeting

Date：07/22/2015　Time：15：37

Sample：1 1448

Included observations：1448

Total system（balanced）observations 2896

Bollerslev-Wooldridge robust standard errors & covariance for univariate fits

Disturbance assumption：Multivariate Normal distribution

Presample covariance：Unconditional

Convergence achieved after 27 iterations

	Coefficient	Std. Error	z-Statistic	Prob.
theta（1）	0.008350	0.001840	4.538224	0.0000
theta（2）	0.919631	0.007682	119.7163	0.0000
theta（3）	-0.009393	0.000989	-9.499428	0.0000
Log likelihood	-6769.299	Schwarz criterion		9.420228
Avg. log likelihood	-2.337465	Hannan-Quinn criter.		9.388242
Akaike info criterion	9.369198			

* Stability condition：theta（1）+ theta（2）< 1 is met.

兴业银行 & 宁波银行

System：2-Step Asymmetric DCC（1，1）Model with univariate GARCH fitted in the 1st step

Estimation Method：ARCH Maximum Likelihood（BFGS）- Two Step

Covariance specification：Dynamic Conditional Correlation with correlation targeting

Date：07/22/2015　Time：19:04

Sample：1 1448

Included observations：1448

Total system（balanced）observations 2896

Bollerslev-Wooldridge robust standard errors & covariance for univariate fits

Disturbance assumption：Multivariate Student's-t distribution

Presample covariance：Unconditional

Convergence achieved after 23 iterations

	Coefficient	Std. Error	z-Statistic	Prob.
theta（1）	0.048300	0.021741	2.221609	0.0328
theta（2）	0.690763	0.125350	5.510652	0.0000
theta（3）	-0.002181	0.005250	-0.415349	0.6779
t-Distribution（Degree of Freedom）				
theta（4）	3.194292	0.089827	35.56065	0.0000
Log likelihood	-5932.075	Schwarz criterion		8.273893
Avg. log likelihood	-2.048369	Hannan-Quinn criter.		8.237338
Akaike info criterion	8.215574			

* Stability condition：theta（1）+ theta（2）< 1 is met.

兴业银行 & 平安银行

System：2-Step Asymmetric DCC（1，1）Model with univariate GJR/TARCH fitted in the 1st step

Estimation Method：ARCH Maximum Likelihood（BFGS）- Two Step

Covariance specification：Dynamic Conditional Correlation with correlation targeting

Date：07/22/2015   Time：15：39

Sample：1 1448

Included observations：1448

Total system（balanced）observations 2896

Bollerslev-Wooldridge robust standard errors & covariance for univariate fits

Disturbance assumption：Multivariate Student's-t distribution

Presample covariance：Unconditional

Convergence achieved after 22 iterations

	Coefficient	Std. Error	z-Statistic	Prob.
theta（1）	0. 191645	0. 027724	6. 912669	0. 0000
theta（2）	0. 717330	0. 042395	16. 91996	0. 0000
theta（3）	-0. 050353	0. 011523	-4. 369850	0. 0000
t-Distribution（Degree of Freedom）				
theta（4）	2. 949011	0. 074188	39. 75041	0. 0000
Log likelihood	-5853. 355	Schwarz criterion		8. 165164
Avg. log likelihood	-2. 021186	Hannan-Quinn criter.		8. 128609
Akaike info criterion	8. 106844			

＊ Stability condition：theta（1）+ theta（2）< 1 is met.

南京银行 & 招商银行

System：2-Step Asymmetric DCC（1，1）Model with univariate GJR/TARCH fitted in the 1st step

Estimation Method：ARCH Maximum Likelihood（BFGS）- Two Step

Covariance specification：Dynamic Conditional Correlation with correlation targeting

Date：07/22/2015   Time：15：40

Sample：1 1448

Included observations：1448

Total system（balanced）observations 2896

Bollerslev-Wooldridge robust standard errors & covariance for univariate fits

Disturbance assumption：Multivariate Student's-t distribution

Presample covariance：Unconditional

Convergence achieved after 29 iterations

	Coefficient	Std. Error	z−Statistic	Prob.
theta（1）	0. 112376	0. 030967	3. 628931	0. 0003
theta（2）	0. 660902	0. 217615	3. 037030	0. 0024
theta（3）	−0. 055828	0. 018926	−2. 949878	0. 0032
t−Distribution（Degree of Freedom）				
theta（4）	3. 072271	0. 080317	38. 25193	0. 0000
Log likelihood	−5679. 054	Schwarz criterion		7. 924416
Avg. log likelihood	−1. 960999	Hannan−Quinn criter.		7. 887861
Akaike info criterion	7. 866096			

* Stability condition：theta（1）＋ theta（2）＜ 1 is met.

南京银行 & 民生银行

System：2−Step Asymmetric DCC（1, 1）Model with univariate GJR/TARCH fitted in the 1st step

Estimation Method：ARCH Maximum Likelihood（BFGS）− Two Step

Covariance specification：Dynamic Conditional Correlation with correlation targeting

Date：07/22/2015　Time：15：43

Sample：1 1448

Included observations：1448

Total system（balanced）observations 2896

Bollerslev−Wooldridge robust standard errors & covariance for univariate fits

Disturbance assumption：Multivariate Normal distribution

Presample covariance：Unconditional

Convergence achieved after 22 iterations

	Coefficient	Std. Error	z−Statistic	Prob.
theta（1）	0. 028160	0. 008433	3. 339339	0. 0008
theta（2）	0. 898238	0. 022767	39. 45431	0. 0000
theta（3）	0. 006863	0. 003171	2. 164141	0. 0305
Log likelihood	−6409. 178	Schwarz criterion		8. 922823
Avg. log likelihood	−2. 213114	Hannan−Quinn criter.		8. 890837
Akaike info criterion	8. 871793			

* Stability condition：theta（1）＋ theta（2）＜ 1 is met.

南京银行 & 华夏银行

System：2-Step Asymmetric DCC（1，1）Model with univariate GJR/TARCH fitted in the 1st step

Estimation Method：ARCH Maximum Likelihood（BFGS）- Two Step

Covariance specification：Dynamic Conditional Correlation with correlation targeting

Date：07/22/2015　Time：15:44

Sample：1 1448

Included observations：1448

Total system（balanced）observations 2896

Bollerslev-Wooldridge robust standard errors & covariance for univariate fits

Disturbance assumption：Multivariate Normal distribution

Presample covariance：Unconditional

Convergence achieved after 18 iterations

	Coefficient	Std. Error	z-Statistic	Prob.
theta（1）	0.076366	0.017039	4.481837	0.0000
theta（2）	0.745588	0.038993	19.12092	0.0000
theta（3）	-0.008694	0.003829	-2.270567	0.0248
Log likelihood	-6357.184	Schwarz criterion		8.851008
Avg. log likelihood	-2.195160	Hannan-Quinn criter.		8.819022
Akaike info criterion	8.799978			

* Stability condition：theta（1）+ theta（2）< 1 is met.

南京银行 & 浦发银行

System：2-Step Asymmetric DCC（1，1）Model with univariate GARCH fitted in the 1st step

Estimation Method：ARCH Maximum Likelihood（BFGS）- Two Step

Covariance specification：Dynamic Conditional Correlation with correlation targeting

Date：07/22/2015　Time：18:48

Sample：1 1448

Included observations：1448

Total system（balanced）observations 2896

Bollerslev-Wooldridge robust standard errors & covariance for univariate fits

Disturbance assumption：Multivariate Normal distribution

Presample covariance：Unconditional

Failure to improve Objective（non-zero gradients）after 16 iterations

附录 4 非对称动态条件相关（ADCC）模型参数估计结果

	Coefficient	Std. Error	z-Statistic	Prob.
theta（1）	0.013137	4.61E-09	2852112.0	0.0000
theta（2）	0.954488	5.46E-07	1747508.8	0.0000
theta（3）	0.002485	1.41E-09	1767646.1	0.0000
Log likelihood	11781.41	Schwarz criterion		-16.20231
Avg. log likelihood	4.068168	Hannan-Quinn criter.		-16.23429
Akaike info criterion	-16.25333			

* Stability condition: theta（1）+ theta（2）< 1 is met.

南京银行 & 宁波银行

System: 2-Step Asymmetric DCC（1, 1）Model with univariate GARCH fitted in the 1st step

Estimation Method: ARCH Maximum Likelihood（BFGS）- Two Step

Covariance specification: Dynamic Conditional Correlation with correlation targeting

Date: 07/22/2015 Time: 18:51

Sample: 1 1448

Included observations: 1448

Total system（balanced）observations 2896

Bollerslev-Wooldridge robust standard errors & covariance for univariate fits

Disturbance assumption: Multivariate Normal distribution

Presample covariance: Unconditional

Failure to improve Objective（non-zero gradients）after 15 iterations

	Coefficient	Std. Error	z-Statistic	Prob.
theta（1）	0.030039	1.12E-05	2681.406	0.0000
theta（2）	0.948325	6.38E-06	148676.4	0.0000
theta（3）	0.002155	5.51E-07	3914.249	0.0000
Log likelihood	-5814.594	Schwarz criterion		8.101574
Avg. log likelihood	-2.007802	Hannan-Quinn criter.		8.069588
Akaike info criterion	8.050544			

* Stability condition: theta（1）+ theta（2）< 1 is met.

南京银行 & 平安银行

System: 2-Step Asymmetric DCC（1, 1）Model with univariate GJR/TARCH fitted in the 1st step

Estimation Method: ARCH Maximum Likelihood（BFGS）- Two Step

Covariance specification: Dynamic Conditional Correlation with correlation targeting

Date：07/22/2015　　Time：15：49

Sample：1 1448

Included observations：1448

Total system （balanced） observations 2896

Bollerslev-Wooldridge robust standard errors & covariance for univariate fits

Disturbance assumption：Multivariate Student's-t distribution

Presample covariance：Unconditional

Convergence achieved after 20 iterations

	Coefficient	Std. Error	z-Statistic	Prob.
theta （1）	0. 140522	0. 025326	5. 548617	0. 0000
theta （2）	0. 814132	0. 032008	25. 43557	0. 0000
theta （3）	−0. 024001	0. 012773	−1. 878995	0. 0602
t-Distribution （Degree of Freedom）				
theta （4）	2. 900448	0. 068745	42. 19118	0. 0000
Log likelihood	−5912. 679	Schwarz criterion		8. 247103
Avg. log likelihood	−2. 041671	Hannan-Quinn criter.		8. 210548
Akaike info criterion	8. 188783			

＊ Stability condition：theta （1） + theta （2） < 1 is met.

招商银行 & 民生银行

System：2-Step Asymmetric DCC （1， 1） Model with univariate GJR/TARCH fitted in the 1st step

Estimation Method：ARCH Maximum Likelihood （BFGS） - Two Step

Covariance specification：Dynamic Conditional Correlation with correlation targeting

Date：07/22/2015　　Time：15：50

Sample：1 1448

Included observations：1448

Total system （balanced） observations 2896

Bollerslev-Wooldridge robust standard errors & covariance for univariate fits

Disturbance assumption：Multivariate Student's-t distribution

Presample covariance：Unconditional

Convergence achieved after 27 iterations

	Coefficient	Std. Error	z-Statistic	Prob.
theta（1）	0. 249537	0. 054734	4. 559122	0. 0000
theta（2）	0. 613056	0. 112915	5. 429352	0. 0000
theta（3）	−0. 055441	0. 022725	−2. 439610	0. 0147
t-Distribution（Degree of Freedom）				
theta（4）	2. 945636	0. 073058	40. 31901	0. 0000
Log likelihood	−5629. 673	Schwarz criterion		7. 856211
Avg. log likelihood	−1. 943948	Hannan-Quinn criter.		7. 819655
Akaike info criterion	7. 797891			

* Stability condition：theta（1）+ theta（2）< 1 is met.

招商银行 & 华夏银行

System：2-Step Asymmetric DCC（1，1）Model with univariate GJR/TARCH fitted in the 1st step

Estimation Method：ARCH Maximum Likelihood（BFGS）- Two Step

Covariance specification：Dynamic Conditional Correlation with correlation targeting

Date：07/22/2015　Time：15：54

Sample：1 1448

Included observations：1448

Total system（balanced）observations 2896

Bollerslev-Wooldridge robust standard errors & covariance for univariate fits

Disturbance assumption：Multivariate Normal distribution

Presample covariance：Unconditional

Convergence achieved after 25 iterations

	Coefficient	Std. Error	z-Statistic	Prob.
theta（1）	0. 095197	0. 022110	4. 305637	0. 0000
theta（2）	0. 763321	0. 212503	3. 592056	0. 0003
theta（3）	−0. 009329	0. 008123	−1. 148427	0. 2508
Log likelihood	−6249. 148	Schwarz criterion		8. 701787
Avg. log likelihood	−2. 157855	Hannan-Quinn criter.		8. 669801
Akaike info criterion	8. 650757			

* Stability condition：theta（1）+ theta（2）< 1 is met.

招商银行 & 浦发银行

System：2-Step Asymmetric DCC（1，1）Model with univariate GARCH fitted in the 1st step

Estimation Method：ARCH Maximum Likelihood（BFGS）- Two Step

Covariance specification：Dynamic Conditional Correlation with correlation targeting

Date：07/22/2015　Time：18:44

Sample：1 1448

Included observations：1448

Total system（balanced）observations 2896

Bollerslev-Wooldridge robust standard errors & covariance for univariate fits

Disturbance assumption：Multivariate Student's-t distribution

Presample covariance：Unconditional

Convergence achieved after 27 iterations

	Coefficient	Std. Error	z-Statistic	Prob.
theta（1）	0. 166019	0. 032111	5. 170105	0. 0000
theta（2）	0. 755938	0. 054943	13. 75864	0. 0000
theta（3）	−0. 043203	0. 017430	−2. 478681	0. 0132
t-Distribution（Degree of Freedom）				
theta（4）	2. 796624	0. 059400	47. 08133	0. 0000
Log likelihood	−5610. 687	Schwarz criterion		7. 829987
Avg. log likelihood	−1. 937392	Hannan-Quinn criter.		7. 793431
Akaike info criterion	7. 771667			

* Stability condition：theta（1）+ theta（2）< 1 is met.

招商银行 & 宁波银行

System：2-Step Asymmetric DCC（1，1）Model with univariate GJR/TARCH fitted in the 1st step

Estimation Method：ARCH Maximum Likelihood（BFGS）- Two Step

Covariance specification：Dynamic Conditional Correlation with correlation targeting

Date：07/22/2015　Time：17:39

Sample：1 1448

Included observations：1448

Total system（balanced）observations 2896

Bollerslev-Wooldridge robust standard errors & covariance for univariate fits

Disturbance assumption：Multivariate Normal distribution

Presample covariance：Unconditional

Convergence achieved after 23 iterations

	Coefficient	Std. Error	z−Statistic	Prob.
theta（1）	0.095098	0.021382	4.447665	0.0000
theta（2）	0.736335	0.065333	11.27045	0.0000
theta（3）	−0.033341	0.009395	−3.548899	0.0004
Log likelihood	−6221.111	Schwarz criterion		8.663062
Avg. log likelihood	−2.148174	Hannan−Quinn criter.		8.631076
Akaike info criterion	8.612032			

* Stability condition：theta（1）+ theta（2）< 1 is met.

招商银行 & 平安银行

System：2−Step Asymmetric DCC（1, 1）Model with univariate GJR/TARCH fitted in the 1st step

Estimation Method：ARCH Maximum Likelihood（BFGS）− Two Step

Covariance specification：Dynamic Conditional Correlation with correlation targeting

Date：07/22/2015　Time：17：39

Sample：1 1448

Included observations：1448

Total system（balanced）observations 2896

Bollerslev−Wooldridge robust standard errors & covariance for univariate fits

Disturbance assumption：Multivariate Student's−t distribution

Presample covariance：Unconditional

Convergence achieved after 24 iterations

	Coefficient	Std. Error	z−Statistic	Prob.
theta（1）	0.169650	0.030787	5.510493	0.0000
theta（2）	0.699070	0.064893	10.77262	0.0000
theta（3）	−0.047369	0.016497	−2.871316	0.0041
t−Distribution（Degree of Freedom）				
theta（4）	2.941766	0.070751	41.57890	0.0000
Log likelihood	−5760.184	Schwarz criterion		8.036474
Avg. log likelihood	−1.989014	Hannan−Quinn criter.		7.999919
Akaike info criterion	7.978154			

* Stability condition：theta（1）+ theta（2）< 1 is met.

民生银行 & 华夏银行

System：2-Step Asymmetric DCC（1，1）Model with univariate GJR/TARCH fitted in the 1st step

Estimation Method：ARCH Maximum Likelihood（BFGS）- Two Step

Covariance specification：Dynamic Conditional Correlation with correlation targeting

Date：07/22/2015　Time：16：01

Sample：1 1448

Included observations：1448

Total system（balanced）observations 2896

Bollerslev-Wooldridge robust standard errors & covariance for univariate fits

Disturbance assumption：Multivariate Normal distribution

Presample covariance：Unconditional

Convergence achieved after 24 iterations

	Coefficient	Std. Error	z-Statistic	Prob.
theta（1）	0.037688	0.020779	1.813805	0.0697
theta（2）	0.743718	0.058165	12.78635	0.0000
theta（3）	0.009141	0.002036	4.490570	0.0000
Log likelihood	-6461.728	Schwarz criterion		8.995405
Avg. log likelihood	-2.231260	Hannan-Quinn criter.		8.963419
Akaike info criterion	8.944375			

* Stability condition：theta（1）+ theta（2）< 1 is met.

民生银行 & 浦发银行

System：2-Step Asymmetric DCC（1，1）Model with univariate GARCH fitted in the 1st step

Estimation Method：ARCH Maximum Likelihood（BFGS）- Two Step

Covariance specification：Dynamic Conditional Correlation with correlation targeting

Date：07/22/2015　Time：18：36

Sample：1 1448

Included observations：1448

Total system（balanced）observations 2896

Bollerslev-Wooldridge robust standard errors & covariance for univariate fits

Disturbance assumption：Multivariate Normal distribution

Presample covariance：Unconditional

Convergence achieved after 30 iterations

	Coefficient	Std. Error	z-Statistic	Prob.
theta（1）	0. 153115	0. 023832	6. 424706	0. 0000
theta（2）	0. 461340	0. 067526	6. 832057	0. 0000
theta（3）	0. 005865	0. 001490	3. 937618	0. 0001
Log likelihood	−6656. 576	Schwarz criterion		9. 264532
Avg. log likelihood	−2. 298541	Hannan−Quinn criter.		9. 232547
Akaike info criterion	9. 213503			

* Stability condition：theta（1）+ theta（2）< 1 is met.

民生银行 & 宁波银行

System：2-Step Asymmetric DCC（1, 1）Model with univariate GARCH fitted in the 1st step

Estimation Method：ARCH Maximum Likelihood（BFGS）- Two Step

Covariance specification：Dynamic Conditional Correlation with correlation targeting

Date：07/22/2015　Time：18:39

Sample：1 1448

Included observations：1448

Total system（balanced）observations 2896

Bollerslev−Wooldridge robust standard errors & covariance for univariate fits

Disturbance assumption：Multivariate Student's−t distribution

Presample covariance：Unconditional

Convergence achieved after 21 iterations

	Coefficient	Std. Error	z-Statistic	Prob.
theta（1）	0. 122605	0. 038114	3. 216756	0. 0013
theta（2）	0. 783553	0. 066566	11. 77100	0. 0000
theta（3）	0. 000227	0. 006559	0. 034614	0. 9724
t-Distribution（Degree of Freedom）				
theta（4）	2. 923362	0. 069375	42. 13853	0. 0000
Log likelihood	−5884. 989	Schwarz criterion		8. 208857
Avg. log likelihood	−2. 032109	Hannan−Quinn criter.		8. 172302
Akaike info criterion	8. 150537			

* Stability condition：theta（1）+ theta（2）< 1 is met.

民生银行 & 平安银行

System：2-Step Asymmetric DCC（1，1）Model with univariate GJR/TARCH fitted in the 1st step

Estimation Method：ARCH Maximum Likelihood（BFGS）- Two Step

Covariance specification：Dynamic Conditional Correlation with correlation targeting

Date：07/22/2015   Time：16：11

Sample：1 1448

Included observations：1448

Total system（balanced）observations 2896

Bollerslev-Wooldridge robust standard errors & covariance for univariate fits

Disturbance assumption：Multivariate Student's-t distribution

Presample covariance：Unconditional

Convergence achieved after 23 iterations

	Coefficient	Std. Error	z-Statistic	Prob.
theta（1）	0. 166403	0. 030667	5. 426175	0. 0000
theta（2）	0. 710129	0. 046463	15. 28361	0. 0000
theta（3）	−0. 031606	0. 013164	−2. 401010	0. 0163
t-Distribution（Degree of Freedom）				
theta（4）	2. 929592	0. 070841	41. 35434	0. 0000
Log likelihood	−5844. 556	Schwarz criterion		8. 153010
Avg. log likelihood	−2. 018148	Hannan-Quinn criter.		8. 116455
Akaike info criterion	8. 094691			

* Stability condition：theta（1）+ theta（2）< 1 is met.

华夏银行 & 浦发银行

System：2-Step Asymmetric DCC（1，1）Model with univariate GARCH fitted in the 1st step

Estimation Method：ARCH Maximum Likelihood（BFGS）- Two Step

Covariance specification：Dynamic Conditional Correlation with correlation targeting

Date：07/22/2015   Time：17：46

Sample：1 1448

Included observations：1448

Total system（balanced）observations 2896

Bollerslev-Wooldridge robust standard errors & covariance for univariate fits

Disturbance assumption：Multivariate Student's-t distribution

Presample covariance：Unconditional

Convergence achieved after 18 iterations

附录 4　非对称动态条件相关（ADCC）模型参数估计结果

	Coefficient	Std. Error	z-Statistic	Prob.
theta（1）	0.113757	0.015246	7.461386	0.0000
theta（2）	0.856375	0.019526	43.85834	0.0000
theta（3）	-0.013692	0.005938	-2.305584	0.0211
t-Distribution（Degree of Freedom）				
theta（4）	2.844433	0.063343	44.90517	0.0000
Log likelihood	-5769.176	Schwarz criterion		8.048894
Avg. log likelihood	-1.992119	Hannan-Quinn criter.		8.012339
Akaike info criterion	7.990574			

* Stability condition：theta（1）+ theta（2）< 1 is met.

华夏银行 & 宁波银行

System：2-Step Asymmetric DCC（1, 1）Model with univariate GARCH fitted in the 1st step

Estimation Method：ARCH Maximum Likelihood（BFGS）- Two Step

Covariance specification：Dynamic Conditional Correlation with correlation targeting

Date：07/22/2015　Time：17：51

Sample：1 1448

Included observations：1448

Total system（balanced）observations 2896

Bollerslev-Wooldridge robust standard errors & covariance for univariate fits

Disturbance assumption：Multivariate Student's-t distribution

Presample covariance：Unconditional

Convergence achieved after 17 iterations

	Coefficient	Std. Error	z-Statistic	Prob.
theta（1）	0.061482	0.027149	2.264614	0.0235
theta（2）	0.870708	0.041622	20.91948	0.0000
theta（3）	0.005892	0.007038	0.837210	0.4025
t-Distribution（Degree of Freedom）				
theta（4）	3.046632	0.077515	39.30400	0.0000
Log likelihood	-5909.613	Schwarz criterion		8.242869
Avg. log likelihood	-2.040612	Hannan-Quinn criter.		8.206313
Akaike info criterion	8.184549			

* Stability condition：theta（1）+ theta（2）< 1 is met.

华夏银行 & 平安银行

System：2-Step Asymmetric DCC （1，1） Model with univariate GJR/TARCH fitted in the 1st step

Estimation Method：ARCH Maximum Likelihood （BFGS） - Two Step

Covariance specification：Dynamic Conditional Correlation with correlation targeting

Date：07/22/2015   Time：16:18

Sample：1 1448

Included observations：1448

Total system （balanced） observations 2896

Bollerslev-Wooldridge robust standard errors & covariance for univariate fits

Disturbance assumption：Multivariate Normal distribution

Presample covariance：Unconditional

Convergence achieved after 17 iterations

	Coefficient	Std. Error	z-Statistic	Prob.
theta （1）	0. 040241	0. 012053	3. 338734	0. 0008
theta （2）	0. 897929	0. 014752	60. 86660	0. 0000
theta （3）	−0. 032781	0. 009592	−3. 417555	0. 0006
Log likelihood	−6862. 351	Schwarz criterion		9. 548752
Avg. log likelihood	−2. 369596	Hannan-Quinn criter.		9. 516766
Akaike info criterion	9. 497722			

＊ Stability condition：theta （1） + theta （2） < 1 is met.

浦发银行 & 宁波银行

System：2-Step Asymmetric DCC （1，1） Model with univariate GARCH fitted in the 1st step

Estimation Method：ARCH Maximum Likelihood （BFGS） - Two Step

Covariance specification：Dynamic Conditional Correlation with correlation targeting

Date：07/22/2015   Time：17:54

Sample：1 1448

Included observations：1448

Total system （balanced） observations 2896

Bollerslev-Wooldridge robust standard errors & covariance for univariate fits

Disturbance assumption：Multivariate Student's-t distribution

Presample covariance：Unconditional

Convergence achieved after 22 iterations

	Coefficient	Std. Error	z-Statistic	Prob.
theta（1）	0.010515	0.005030	2.090494	0.0366
theta（2）	0.983375	0.006554	150.0377	0.0000
theta（3）	0.001758	0.000442	3.974259	0.0001
	t-Distribution（Degree of Freedom）			
theta（4）	2.785147	0.053926	51.64709	0.0000
Log likelihood	-5818.166	Schwarz criterion		8.116560
Avg. log likelihood	-2.009035	Hannan-Quinn criter.		8.080005
Akaike info criterion	8.058240			

* Stability condition：theta（1）+ theta（2）< 1 is met.

浦发银行 & 平安银行

System：2-Step Asymmetric DCC（1, 1）Model with univariate GARCH fitted in the 1st step

Estimation Method：ARCH Maximum Likelihood（BFGS）- Two Step

Covariance specification：Dynamic Conditional Correlation with correlation targeting

Date：07/22/2015　Time：17:55

Sample：1 1448

Included observations：1448

Total system（balanced）observations 2896

Bollerslev-Wooldridge robust standard errors & covariance for univariate fits

Disturbance assumption：Multivariate Normal distribution

Presample covariance：Unconditional

Failure to improve Objective（non-zero gradients）after 18 iterations

	Coefficient	Std. Error	z-Statistic	Prob.
theta（1）	0.002872	8.68E-07	3309.438	0.0000
theta（2）	0.791344	0.000217	3654.534	0.0000
theta（3）	0.007906	1.23E-08	644704.3	0.0000
Log likelihood	-4736.098	Schwarz criterion		6.611939
Avg. log likelihood	-1.635393	Hannan-Quinn criter.		6.579953
Akaike info criterion	6.560909			

* Stability condition：theta（1）+ theta（2）< 1 is met.

宁波银行 & 平安银行

System：2-Step Asymmetric DCC（1，1）Model with univariate GARCH fitted in the 1st step

Estimation Method：ARCH Maximum Likelihood（BFGS）- Two Step

Covariance specification：Dynamic Conditional Correlation with correlation targeting

Date：07/22/2015   Time：17：57

Sample：1 1448

Included observations：1448

Total system（balanced）observations 2896

Bollerslev-Wooldridge robust standard errors & covariance for univariate fits

Disturbance assumption：Multivariate Normal distribution

Presample covariance：Unconditional

Convergence achieved after 41 iterations

	Coefficient	Std. Error	z-Statistic	Prob.
theta（1）	0.081939	0.021599	3.793710	0.0001
theta（2）	0.686713	0.048784	14.07661	0.0000
theta（3）	-0.126833	0.025610	-4.952397	0.0000
Log likelihood	-6902.093	Schwarz criterion		9.603645
Avg. log likelihood	-2.383320	Hannan-Quinn criter.		9.571659
Akaike info criterion	9.552615			

＊ Stability condition：theta（1）＋ theta（2）＜ 1 is met.

参考文献

［1］巴曙松．巴塞尔新资本协议研究［M］．北京：中国金融出版社，2003．

［2］巴曙松．巴塞尔资本协议 Ⅲ 的新进展［J］．中国金融，2010（1）．

［3］巴曙松，王璟怡，杜婧．从微观审慎到宏观审慎：危机下的银行监管启示［J］．国际金融研究，2010（5）．

［4］白雪梅，石大龙．中国金融体系的系统性风险度量［J］．国际金融研究，2014（6）．

［5］包全永．银行系统性风险的传染模型研究［J］．金融研究，2005（8）．

［6］彼得斯，储海林等．分形市场分析：将混沌理论应用到投资与经济理论上［M］．北京：经济科学出版社，2002．

［7］曹广喜，姚奕．沪深股市动态溢出效应与动态相关性的实证研究——基于长记忆 VAR-BEKK（DCC）-MVGARCH（1，1）模型［J］．系统工程，2008，26（5）．

［8］陈建青，王擎，许韶辉．金融行业间的系统性金融风险溢出效应研究［J］．数量经济技术经济研究，2015，32（9）．

［9］陈浪南，黄杰鲲．中国股票市场波动非对称性的实证研究［J］．金融研究，2002（5）．

［10］陈守东，陈雷，刘艳武．中国沪深股市收益率及波动性相关分析［J］．金融研究，2003（7）．

［11］陈伟光，黄涛．西方商业银行差异化战略及对中国的启示［J］．广东外语外贸大学学报，2009（1）．

［12］陈云．中外股市收益率的非对称动态相关性研究［J］．管理科学，2013，26（4）．

［13］陈泽忠，杨启智．中国股票市场的波动性研究：E-GARCH-M 模型

的应用 [J]. 决策借鉴, 2000, 13 (5).

[14] 陈忠阳, 刘志洋. 国有大型商业银行系统性风险贡献度真的高吗——来自中国上市商业银行股票收益率的证据 [J]. 财贸经济, 2013 (9).

[15] 崔鑫, 邵芸, 王宗军. 资本市场非线性理论研究综述与展望 [J]. 管理科学学报, 2004, 7 (3).

[16] 董秀良, 吴仁水. 基于 DCC-MGARCH 模型的中国 A、B 股市场相关性及其解释 [J]. 中国软科学, 2008 (7).

[17] 樊智, 张世英. 金融市场的效率与分形市场理论 [J]. 系统工程理论与实践, 2002, 22 (3).

[18] 范钛. 中国证券市场分割对政策信息的非对称性反应研究 [J]. 统计与决策, 2006 (5).

[19] 范文仲, 綦相. 2014 年国际金融监管改革综述及未来展望 [J]. 金融监管研究, 2015 (2).

[20] 范彦君, 王婉婷. 商业银行差异化资本监管研究 [J]. 金融论坛, 2013 (5).

[21] 方意, 赵胜民, 王道平. 我国金融机构系统性风险测度——基于 DGC-GARCH 模型的研究 [J]. 金融监管研究, 2012 (11).

[22] 高国华. 基于系统性风险的银行资本监管及其宏观经济效应 [D]. 上海: 上海交通大学博士学位论文, 2013.

[23] 高猛, 郭沛. 我国股市价格指数与外部股市价格指数的溢出效应——基于 VAR-BEKK-GARCH 模型的实证研究 [J]. 价格理论与实践, 2014 (1).

[24] 高铁梅. 计量经济分析方法与建模/EViews 应用及实例/数量经济学系列丛书: EViews 应用及实例 [M]. 北京: 清华大学出版社, 2006.

[25] 龚朴, 黄荣兵. 次贷危机对中国股市影响的实证分析——基于中美股市的联动性分析 [J]. 管理评论, 2009, 21 (2).

[26] 顾锋娟, 金德环. 投资者过度反应与牛熊市波动非对称性 [J]. 数理统计与管理, 2013 (3).

[27] 郭文伟. 股市风格资产溢出效应及动态相关性突变点研究 [J]. 系统工程, 2015 (3).

[28] 何宜庆, 曹慧红, 侯建荣. 我国沪深两市股指收益率的 EGARCH 效应分析 [J]. 统计与决策, 2005 (8).

［29］黄玮强，庄新田．中国证券交易所国债和银行间国债指数的关联性分析［J］．系统工程，2006，24（7）．

［30］黄先开，邓述慧．货币政策中性与非对称性的实证研究［J］．管理科学学报，2000，3（2）．

［31］金颖．我国银行业系统性风险研究——基于贝塔系数的测算［J］．中国市场，2014（21）．

［32］赖娟．我国金融系统性风险及其防范研究［D］．南昌：江西财经大学博士学位论文，2011．

［33］李淑娟，杨立洪．发达国家商业银行差异化竞争战略对我国商业银行的启示［J］．济南金融，2006（9）．

［34］李晓娟，王蕾．股票市场与外汇市场收益率波动溢出效应研究——基于多元 BEKK-GARCH 模型［J］．金融理论与教学，2012（3）．

［35］李心丹．行为金融理论：研究体系及展望［J］．金融研究，2005（1）．

［36］林辉，孔亮．中国股市系统性风险非对称效应的实证研究［J］．统计与决策，2010（16）．

［37］林宇，魏宇，程宏伟．非对称结构下金融市场动态风险测度研究［J］．管理评论，2012，24（1）．

［38］刘吕科，张定胜，邹恒甫．金融系统性风险衡量研究最新进展述评［J］．金融研究，2012（11）．

［39］刘庆富，周程远．中国股票市场的非对称效应研究［J］．系统工程学报，2012，27（5）．

［40］刘毅，我国股票市场波动非对称特性的研究［J］．中国证券导刊，2008（5）．

［41］刘元，王亮亮．银行差异化发展与差异化监管［J］．中国金融，2012（10）．

［42］刘兆胜，陈菲，黄国涛．我国中小商业银行差异化经营模式路径选择研究［J］．金融监管研究，2013（5）．

［43］刘志阳．西方行为金融理论：一个文献综述［J］．学术研究，2002（2）．

［44］鲁旭，赵迎迎．沪深港股市动态联动性研究——基于三元 VAR—GJR—GARCH—DCC 的新证据［J］．经济评论，2012（1）．

［45］陆蓉．股票市场的货币政策效应的度量［J］．统计研究，2003（8）．

［46］罗阳，杨桂元．基于 GARCH 类模型的上证股市波动性研究［J］．统

计与决策，2013（12）．

［47］马锋，张祺熙，黄显涛等．中国沪深股市波动性和收益及联动性实证检验［J］．统计与决策，2012（17）．

［48］马永亮．对房地产行业股市波动性的实证研究——基于 GARCH 模型［J］．经济论坛，2009（16）．

［49］麦强盛．基于宏观审慎监管的银行业系统性风险研究［D］．广东：暨南大学博士学位论文，2011．

［50］饶育蕾，刘达锋．行为金融学［M］．上海：上海财经大学出版社，2003．

［51］沈沛龙，任若恩．基于 VaR 的最优资产组合选择策略［J］．北京航空航天大学学报（社会科学版），2003，16（1）．

［52］沈沛龙，任若恩．新的资本充足率框架与我国商业银行风险管理［J］．金融研究，2001（2）．

［53］沈沛龙．新巴塞尔协议资本充足率计算方法剖析［J］．金融研究，2002（6）．

［54］史代敏．沪深股市股指波动的协整性研究［J］．数量经济技术经济研究，2002（9）．

［55］唐齐鸣，操巍．沪深美港股市的动态相关性研究——兼论次级债危机的冲击［J］．统计研究，2009，26（2）．

［56］陶爱元，沈学桢．金融时序波动性和时变相关性分析［J］．上海经济研究，2006（12）．

［57］田存志，王聪，吴甦．中国证券市场报价制度的运行绩效——基于隐性交易成本和信息非对称程度的分析视角［J］．金融研究，2015（5）．

［58］汪冬华，雷曼，阮永平等．中国股市和债市溢出效应在牛熊市中的异化现象——基于上证综合指数和中债总指数的实证研究［J］．预测，2012，31（4）．

［59］王辉．金融市场波动率理论研究评述［J］．经济学动态，2009（5）．

［60］王鹏，吕永健．金融资产收益率分布是对称的吗——基于国际汇率市场的实证证据［J］．国际金融研究，2015（8）．

［61］王婉婷．美国大、小商业银行资本监管差异化分析［J］．财经科学，2012（10）．

［62］王晓，李佳．金融稳定目标下货币政策与宏观审慎监管之间的关系：

一个文献综述［J］. 国际金融研究, 2013 (4).

　　［63］王覊, 陈娟娟. 警惕"监管幻觉"对银行业差异化监管制度改革的阻碍——一个数理模型与分析［J］. 上海金融, 2014 (6).

　　［64］王一萱, 屈文洲. 我国货币市场和资本市场连通程度的动态分析［J］. 金融研究, 2005 (8).

　　［65］温博慧. 资产价格波动与金融系统性风险关系研究［D］. 天津: 南开大学, 2010.

　　［66］伍志文. 中国银行体系脆弱性状况及其成因实证分析 (1978~2000)［J］. 金融研究, 2002 (12).

　　［67］肖璞, 刘轶, 杨苏梅. 相互关联性, 风险溢出与系统重要性银行识别［J］. 金融研究, 2013 (12).

　　［68］徐龙炳, 陆蓉. 有效市场理论的前沿研究［J］. 财经研究, 2001 (8).

　　［69］杨柳勇, 周强. 资本要求, "多而不倒"救助与系统性风险［J］. 经济理论与经济管理, 2014 (5).

　　［70］杨柳勇, 周强. 资产证券化与金融危机的国际传染［J］. 国际金融研究, 2012 (12).

　　［71］杨湘豫, 彭丽娜. 基于 VaR 的开放式股票型基金市场风险的测量与评价［J］. 财经理论与实践, 2006, 27 (4).

　　［72］杨雪莱, 张宏志. 金融危机, 宏观经济因素与中美股市联动［J］. 世界经济研究, 2012 (8).

　　［73］杨有振, 王书华. 中国上市商业银行系统性风险溢出效应分析［J］. 山西财经大学学报, 2013, 35 (7).

　　［74］姚战琪. 基于 ARCH 模型的我国股票市场收益波动性研究［J］. 贵州财经学院学报, 2012 (4).

　　［75］袁超, 张兵, 汪慧建. 债券市场与股票市场的动态相关性研究［J］. 金融研究, 2008 (1).

　　［76］翟金林, 银行系统性风险的成因及防范研究［J］. 南开学报 (哲学社会科学版), 2001 (4).

　　［77］翟金林. 银行系统性风险研究［D］. 天津: 南开大学博士学位论文, 2001.

　　［78］张成思. 金融计量学: 时间序列分析视角［M］. 北京: 中国人民大学出版社, 2012.

［79］张吉光．城市商业银行转型内涵与方向［J］．中国金融，2011（8）．

［80］张庆君，张荔．资产价格波动对商业银行风险的影响——基于银行收入结构视角的研究［J］．金融论坛，2011，16（5）．

［81］张卫东．信息不对称：中国股市泡沫形成的主要原因［J］．经济体制改革，2002（5）．

［82］张晓峒．计量经济学 Eviews 使用指南与案例［M］．北京：机械工业出版社，2007．

［83］章超，程希骏，王敏．GARCH 模型对上海股市的一个实证研究［J］．运筹与管理，2005，14（4）．

［84］赵留彦，王一鸣．A、B 股之间的信息流动与波动溢出［J］．金融研究，2003（10）．

［85］郑振龙，杨伟．金融资产收益动态相关性：基于 DCC 多元变量GARCH 模型的实证研究［J］．当代财经，2012（7）．

［86］郑振龙，张蕾．股票价格与短期利率动态相关性的实证分析［J］．商业经济与管理，2007（5）．

［87］周德才，何宜庆，卢晓勇，张元桢．中国金融市场动态相关性实证分析［J］．统计与决策，2015（1）．

［88］周少甫，袁兴兴．我国股票市场波动非对称性的实证研究［J］．当代经济管理，2005，27（3）．

［89］周天芸，杨子晖，余洁宜．机构关联、风险溢出与中国金融系统性风险［J］．统计研究，2014（11）．

［90］周天芸，周开国，黄亮．机构集聚，风险传染与香港银行的系统性风险［J］．国际金融研究，2012（4）．

［91］朱东洋，杨永．我国股市波动的非对称性和杠杆效应研究［J］．技术经济，2010，29（9）．

［92］朱元倩，苗雨峰，关于系统性风险度量和预警的模型综述［J］．国际金融研究，2012（1）．

［93］邹静，袁祖应，童中文．政府干预、资产价格波动与银行系统性风险［J］．金融论坛，2015（9）．

［94］Acharya V . A Theory of Systemic Risk and Design of Prudential Bank Regulation［J］. Journal of Financial Stability，2009，5（3）.

［95］Acharya V., Engle R., Richardson M. Capital Shortfall：A New Approach to Ranking and Regulating Systemic Risks [J]. The American Economic Review, 2012, 102 (3).

[96] Acharya V., Pedersen L. H., Philippon T., et al. Measuring Systemic Risk [J]. Review of Financial Studies, 2017, 30 (1).

[97] Acharya V., Yorulmazer T. Too Many to Fail—An Analysis of Time-inconsistency in Bank Closure Policies [J]. Journal of Financial Intermediation, 2007, 16 (1).

[98] Adler M., Dumas B. International Portfolio Choice and Corporation Finance: A Synthesis [J]. The Journal of Finance, 1983, 38 (3).

[99] Adrian T., Brunnermeier M. K. CoVaR [J]. The American Economic Review, 2016, 106 (7).

[100] Aharony J., Swary I. Additional Evidence on the Information-based Contagion Effects of Bank Failures [J]. Journal of Banking & Finance, 1996, 20 (1).

[101] Ammer J., Mei J. Measuring International Economic Linkages with Stock Market Data [J]. The Journal of Finance, 1996, 51 (5).

[102] Ang A., Chen J. Asymmetric Correlations of Equity Portfolios [J]. Journal of Financial Economics, 2002, 63 (3).

[103] Ansell A. D., Gibson R. N., Barnes M., et al. Ecology of the Green Macroalga Codium Fragile (Suringar) Hariot 1889: Invasive and Non-invasive Subspecies [J]. Oceanography and Marine Biology: An Annual Review, 1998 (36).

[104] Bae K. H., Karolyi G. A. Good News, Bad news and International Spillovers of Stock Return Volatility between Japan and the US [J]. Pacific-Basin Finance Journal, 1994, 2 (4).

[105] Barberis N., Thaler R. A Survey of Behavioral Finance [J]. Handbook of the Economics of Finance, 2003 (1).

[106] Basel Committee on Banking Supervision. A Framework for Dealing with Domestic Systemically Important Banks [R]. Bank for International Settlements, 2012.

[107] Basel Committee on Banking Supervision. An Assessment of the Long-term Economic Impact of Stronger Capital and Liquidity Requirements [R]. Bank for International Settlements, 2010.

[108] Basel Committee on Banking Supervision, Basel III: A Global Regulatory Framework for More Resilient Banks and Banking Systems [R]. Bank for Interna-

tional Settlements, 2010.

[109] Basel Committee on Banking Supervision. Global Systemically Important Banks: Assessment Methodology and the Additional Loss Absorbency Requirement [R]. Bank for International Settlements, 2011.

[110] Basel Committee on Banking Supervision. Guidance for National Authorities Operating the Countercyclical Capital Buffer [EB/OL]. www. bis. org/publ/bcbs187. pdf, 2010.

[111] Basel III Monitoring Report [R]. Basel Committee on Banking Supervision, September 2013.

[112] Baur D. G., Lucey B. M. Flights and Contagion—An Empirical Analysis of Stock-bond Correlations [J]. Journal of Financial Stability, 2009, 5 (4).

[113] Beck T., Demirgüç-Kunt A., Levine R. A New Database on the Structure and Development of the Financial Sector [J]. The World Bank Economic Review, 2000, 14 (3).

[114] Bekaert G., Ehrmann M., Fratzscher M, et al. Global Crises and Equity Market Contagion [R]. National Bureau of Economic Research, 2011.

[115] Berger A. N., DeYoung R. Technological Progress and the Geographic Expansion of the Banking Industry [R]. Board of Governors of the Federal Reserve System (US), 2002.

[116] Bertero E., Mayer C. Structure and Performance: Global Interdependence of Stock Markets around the Crash of October 1987 [J]. European Economic Review, 1990, 34 (6).

[117] Bhamra H. S., Uppal R. The Effect of Introducing a Non-redundant Derivative on the Volatility of Stock-market Returns when Agents Differ in Risk Aversion [J]. Review of Financial Studies, 2009, 22 (6).

[118] Billio. Econometric Measures of Connectedness and Systemic Risk in the Finance and Insurance Sectors [J]. Journal of Financial Economics, 2012 (104).

[119] Billio M., Getmansky M., Lo A. W., et al. Econometric Measures of Systemic Risk in the Finance and Insurance Sectors [R]. National Bureau of Economic Research, 2010.

[120] Bisias D., Flood M. D., Lo A. W., et al. A Survey of Systemic Risk Analytics [J]. US Department of Treasury, Office of Financial Research, 2012 (1).

［121］Black F. Studies of Stock Price Volatility Changes ［J］. Meetings of the American Statistical Association, Business & Economics Statistics Section, 1976 (81).

［122］Bollerslev T., Engle R. F., Wooldridge J. M. A Capital Asset Pricing Model with Time-varying Covariances ［J］. Journal of Political Economy, 1988, 96 (1).

［123］Bollerslev T. Modelling the Coberence in Short-run Nominal Exchange Rates: A Multivariate Generalized ARCH Model ［J］. The Review of Economics and Statistics, 1990, 72 (3).

［124］Bollerslev T. Generalized Autoregressive Conditional Heteroskedasticity ［J］. Journal of Econometrics, 1986, 31 (3).

［125］Borio C. E. V., Lowe P. W. Asset Prices, Financial and Monetary Stability: Exploring the Nexus ［R］. BIS Working Paper No. 114, 2002.

［126］Brealey R. A., Cooper I. A., Kaplanis E. International Sources of Risk: Evidence from Cross-border Mergers ［R］. London Business School Working Paper, 1998.

［127］Broecker T. Credit-worthiness Tests and Interbank Competition ［J］. Econometrica: Journal of the Econometric Society, 1990 (58).

［128］Brownlees C. T., Engle R. Volatility, Correlation and Tails for Systemic Risk Measurement ［R］. NYU-Stem Working Paper, 2012.

［129］Brunner K., Meltzer A. H. Friedman's Monetary Theory ［J］. Journal of Political Economy, 1972, 80 (5).

［130］Campbell J. Y., Hentschel L. No News is Good News: An Asymmetric Model of Changing Volatility in Stock Returns ［J］. Journal of Financial Economics, 1992, 31 (3).

［131］Cappiello L., Engle R. F., Sheppard K. Asymmetric Dynamics in the Correlations of Global Equity and Bond Returns ［J］. Journal of Financial Econometrics, 2006, 4 (4).

［132］Carletti E., Hartmann P. Competition and Stability: What's Special about Banking? ［J］. Social Science Electronic Publishing, 2002 (2).

［133］Cheung Yin W., Ng L. K. Stock Price Dynamics and Firm Size: An Empirical Investigation ［J］. The Journal of Finance, 1992, 47 (5).

［134］Christie A. A. The Stochastic Behavior of Common Stock Variances: Value, Leverage and Interest Rate Effects ［J］. Journal of Financial Economics,

1982, 10 (4).

[135] Chukwuogor-Ndu C., Wetmore J. Comparative Performance Evaluation of Small, Medium and Large U. S. Commercial Banks [J]. Banks and Bank Systems, 2006, 1 (2).

[136] Clark P. K. A Subordinated Stochastic Process Model with Finite Variance for Speculative Prices [J]. Econometrica: Journal of the Econometric Society, 1973, 41 (1).

[137] Cover J. P. Asymmetric Effects of Positive and Negative Money-supply Shocks [J]. The Quarterly Journal of Economics, 1992, 107 (4).

[138] Cremers M., Weinbaum D. Deviations from Put-call Parity and Stock Return Predictability [J]. Journal of Financial and Quantitative Analysis, 2010, 45 (2).

[139] Crockett A. Why is Financial Stability a Goal of Public Policy? [J]. Economic Review-Federal Reserve Bank of Kansas City, 1997, 82 (4).

[140] Cross F. The Behavior of Stock Prices on Fridays and Mondays [J]. Financial Analysts Journal, 1973, 29 (6).

[141] Curie Pierre. On Symmetry in Physical Phenomena, Symmetry of an Electric Field and of a Magnetic Field [J]. Journal de Physique, 1894 (3).

[142] Danielsson J., Zigrand J. P. Equilibrium Asset Pricing with Systemic Risk [J]. Economic Theory, 2008, 35 (2).

[143] Dedola L., Lippi F. The Monetary Transmission Mechanism: Evidence from the Industries of Five OECD Countries [R]. CEPR Discussion Papers, 2000.

[144] De Jonghe O. Back to the Basics in Banking? A Micro-analysis of Banking System Stability [J]. Journal of Financial Intermediation, 2010, 19 (3).

[145] Demirgüç-Kunt A., Huizinga H. P., Levine R. Financial Structure and Bank Profitability [R]. Financial Structure and Economic Growth, 2001.

[146] Dess G. G., Davis P. S. Porter's (1980) Generic Strategies as Determinants of Strategic Group Membership and Organizational Performance [J]. Academy of Management Journal, 1984, 27 (3).

[147] Diamond D. W., Dybvig P. H. Bank Runs, Deposit Insurance, and Liquidity [J]. The Journal of Political Economy, 1983, 91 (3).

[148] Dilip K. Patro, Qi M., Sun X. A Simple Indicator of Systemic Risk

[J]. Journal of Financial Stability, 2013, 9 (1).

[149] Drehmann M., Tarashev N. A. Systemic Importance: Some Simple Indicators [J]. BIS Quarterly Review, 2011 (3).

[150] Drehmann M., Tarashev N. Measuring the Systemic Importance of Interconnected Banks [J]. Journal of Financial Intermediation, 2013, 22 (4).

[151] Duchin R., Ozbas O., Sensoy B. A. Costly External Finance, Corporate Investment, and the Subprime Mortgage Credit Crisis [J]. Journal of Financial Economics, 2010, 97 (3).

[152] Elsinger H., Lehar A., Summer M. Risk Assessment for Banking Systems [J]. Management Science, 2006, 52 (9).

[153] Engle R. Dynamic Conditional Correlation: A Simple Class of Multivariate Generalized Autoregressive Conditional Heteroskedasticity Models [J]. Journal of Business & Economic Statistics, 2002, 20 (3).

[154] Engle R. F. Autoregressive Conditional Heteroscedasticity with Estimates of the Variance of United Kingdom Inflation [J]. Econometrica: Journal of the Econometric Society, 1982, 50 (4).

[155] Engle R. F., Kroner K. F. Multivariate Simultaneous Generalized ARCH [J]. Econometric Theory, 1995, 11 (1).

[156] Engle R. F., Lilien D. M., Robins R. P. Estimating Time Varying Risk Premia in the Term Structure: the ARCH-M Model [J]. Econometrica: Journal of the Econometric Society, 1987, 55 (2).

[157] Engle R. F., Ng V. K. Measuring and Testing the Impact of News on Volatility [J]. The Journal of Finance, 1993, 48 (5).

[158] Engsted T., Tanggaard C. The Comovement of US and UK Stock Markets [J]. European Financial Management, 2004, 10 (4).

[159] Eun C. S., Shim S. International Transmission of Stock Market Movements [J]. Journal of Financial and Quantitative Analysis, 1989, 24 (2).

[160] Fama E. F. Efficient Capital Markets: A Review of Theory and Empirical Work [J]. The Journal of Finance, 1970, 25 (2).

[161] Fama E. F. The Behavior of Stock-market Prices [J]. The Journal of Business, 1965, 38 (1).

[162] Fisher I. The Debt-deflation Theory of Great Depressions [J]. Econo-

metrica: Journal of the Econometric Society, 1933, 1 (4).

[163] Fletcher T. M., Serwer P., Hansen J. C. Quantitative Analysis of Macro-molecular Conformational Changes Using Agarose Gel Electrophoresis: Application to Chromatin Folding [J]. Biochemistry, 1994, 33 (36).

[164] Frankel J. A., Rose A. K. Currency Crashes in Emerging Markets: An Empirical Treatment [J]. Journal of International Economics, 1996, 41 (3).

[165] French K. R., Schwert G. W., Stambaugh R. F. Expected Stock Returns and Volatility [J]. Journal of Financial Economics, 1987, 19 (1).

[166] Friedman M., Schwartz A. J. A Monetary History of the United States, 1867-1960 [M]. Princeton University Press, 2008.

[167] FSB/IMF/BIS. Guidance to Assess the Systemic Importance of Financial Institutions [J]. Markets and Instruments: Initial Considerations, 2009 (10).

[168] FSB, IMF, BIS. Macroprudential Policy Tools and Frameworks [R]. 2011.

[169] Gai P., Haldane A., Kapadia S. Complexity, Concentration and Contagion [J]. Journal of Monetary Economics, 2011, 58 (5).

[170] Gjika D., Horvath R. Stock Market Comovements in Central Europe: Evidence from the Asymmetric DCC Model [J]. Economic Modelling, 2013 (33).

[171] Glen J. D. An Introduction to the Microstructure of Emerging Markets [M]. World Bank Publications, 1994.

[172] Glosten L. R., Jagannathan R., Runkle D. E. On the Relation between the Expected Value and the Volatility of the Nominal Excess Return on Stocks [J]. The Journal of Finance, 1993, 48 (5).

[173] González-Hermosillo B. Banking Sector Fragility and Systemic Sources of Fragility [J]. Social Science Electronic Publishing, 1996, 96 (12).

[174] Goudarzi H., Ramanarayanan C. S. Modeling Asymmetric Volatility in the Indian Stock Market [J]. International Journal of Business and Management, 2011, 6 (3).

[175] Gray D., Jobst A. Systemic Contingent Claims Analysis (Systemic CCA) — Estimating Potential Losses and ImplicitGovernment Guarantees to the Financial Sector [R]. IMF Working Paper, 2011.

[176] Gulko L. Decoupling [J]. The Journal of Portfolio Management, 2002,

28 (3).

[177] Haggard S., Kaufman R. R. The Political Economy of Democratic Transitions [M]. Princeton University Press, 1995.

[178] Hamilton J. D. A New Approacb to the Economic Analysis of Nonstationary Time Series and the Business Cycle [J]. Econometrica: Journal of the Econometric Society, 1989, 57 (2).

[179] Hansen P. R., Lunde A. A Forecast Comparison of Volatility Models: Does Anything Beat a GARCH (1, 1)? [J]. Journal of Applied Econometrics, 2005, 20 (7).

[180] Harkmann K. Stock Market Contagion from Western Europe to Central and Eastern Europe During the Crisis Years 2008-2012 [J]. Eastern European Economics, 2014, 52 (3).

[181] Hart O., Zingales L. To Regulate Finance, Try the Market [J]. Foreign Policy, 2009 (3).

[182] Hautsch N., Schaumburg J., Schienle M. Financial Network Systemic Risk Contributions [J]. Review of Finance, 2014 (10).

[183] Hautsch N., Schaumburg J., Schienle M. Quantifying Time-varying Marginal Systemic Risk Contributions [R]. Technical Report, 2010.

[184] Hibbert A. M., Daigler R. T., Dupoyet B. A Behavioral Explanation for the Negative Asymmetric Return-volatility Relation [J]. Journal of Banking & Finance, 2008, 32 (10).

[185] Hicks J. R. Value and Capital: An Inquiry into Some Fundamental Principles of Economic Theory [J]. OUP Catalogue, 1975, 29 (3)

[186] Huang X., Zhou H., Zhu H. A Framework for Assessing the Systemic Risk of Major Financial Institutions [J]. Journal of Banking & Finance, 2009, 33 (11).

[187] Huang X., Zhou H., Zhu H. Assessing the Systemic Risk of a Heterogeneous Portfolio of Banks during the Recent Financial Crisis [J]. Journal of Financial Stability, 2012, 8 (3).

[188] Hurst H. E. Long-term Storage Capacity of Reservoirs [J]. Transactions of the American Society of Civil Engineers, 1951 (116).

[189] Illing M., Liu Y. An Index of Financial Stress for Canada [M]. Ottawa, ON, Canada: Bank of Canada, 2003.

[190] IMF, BIS, FSB. Report to G20 Finance Ministers and Governors: Guidance to Assess the Systemic Importance of Financial Institutions [R]. Markets and Instruments: Initial Considerations—Background Paper, Prepared by Staff of the International Monetary Fund and the Bank for International Settlements, and the Secretariat of the Financial Stability Board, 2009.

[191] Ivashina V., Scharfstein D. Bank Lending during the Financial Crisis of 2008 [J]. Journal of Financial Economics, 2010, 97 (3).

[192] Joshua M. Pollet, Mungo Wilson. Average Correlation and Stock Market Returns [J]. Journal of Financial Economics, 2010 (96).

[193] Kaminsky G. L., Reinhart C. M. On Crises, Contagion, and Confusion [J]. Journal of International Economics, 2000, 51 (1).

[194] Karolyi G. A. A Multivariate GARCH Model of International Transmissions of Stock Returns and Volatility: The Case of the United States and Canada [J]. Journal of Business & Economic Statistics, 1995, 13 (1).

[195] Kaufman G. G., Scott K. E. What is Systemic Risk, and Do Bank Regulators Retard or Contribute to It? [J]. Independent Review, 2003, 7 (3).

[196] Kearney C., Potì V. Correlation Dynamics in European Equity Markets [J]. Research in International Business and Finance, 2006, 20 (3).

[197] King M., Sentana E., Wadhwani S. Volatiltiy and Links between National Stock Markets [R]. National Bureau of Economic Research, 1990.

[198] Knight F. H. Risk, Uncertainty and Profit [M]. Boston: Houghton Mifflin, Reprinted 1985.

[199] Koutmos G., Booth G. G. Asymmetric Volatility Transmission in International Stock Markets [J]. Journal of International Money and Finance, 1995, 14 (6).

[200] Koutmos G., Tucker M. Temporal Relationships and Dynamic Interactions between Spot and Futures Stock Markets [J]. Journal of Futures Markets, 1996, 16 (1).

[201] Krishnan C. N. V., Petkova R., Ritchken P. Correlation Risk [J]. Journal of Empirical Finance, 2009, 16 (3).

[202] Kupiec P., Nickerson D. Assessing Systemic Risk Exposure from Banks and GSEs under Alternative Approaches to Capital Regulation [J]. The Journal of Real Estate Finance and Economics, 2004, 28 (2-3).

［203］Lacewell S. K., White L. R., Rogers K. E. An Analysis of Alternative Profit Efficiency Scores and Financial Ratios: Does Bank Size Matter? ［J］. Academy of Commercial Banking and Finance, 2002, 2 (1).

［204］Lestano, Kuper G. H. Correlation Dynamics in East Asian Financial Markets ［J］. Emerging Markets Finance and Trade, 2016, 52 (2).

［205］Ling S., McAleer M. Asymptotic Theory for a Vector ARMA-GARCH Model ［J］. Econometric Theory, 2003, 19 (2).

［206］Ling Xiao, Gurjeet Dhesi. Volatility Spillover and Time-varying Conditional Correlation between the European and US Stock Markets ［J］. Global Economy and Finance Journal, 2010, 3 (2).

［207］Lintner J. The Valuation of Risk Assets and the Selection of Risky Investments in Stock Portfolios and Capital Budgets ［J］. The Review of Economics and Statistics, 1965, 47 (1).

［208］Longstaff F. A. The Subprime Credit Crisis and Contagion in Financial Markets ［J］. Journal of Financial Economics, 2010, 97 (3).

［209］Loretan M. Economic Models of Systemic Risk in Financial Systems ［J］. The North American Journal of Economics and Finance, 1996, 7 (2).

［210］Lucey B. M., Voronkova S. Russian Equity Market Linkages before and after the 1998 Crisis: Evidence from Stochastic and Regime-switching Cointegration-tests ［J］. Journal of International Money and Finance, 2008, 27 (8).

［211］Madhavan A. Trading Mechanisms in Securities Markets ［J］. The Journal of Finance, 1992, 47 (2).

［212］Madura J., Martin A. D., Taylor D. A. Determinants of Implied Risk at Depository Institutions ［J］. Applied Financial Economics, 1994, 4 (5).

［213］Mandelbrot B. B. The Variation of Certain Speculative Prices ［M］// Fractals and Scaling in Finance. Springer New York, 1997.

［214］Markowitz H. Portfolio Selection ［J］. The Journal of Finance, 1952, 7 (1).

［215］McAleer M., Hoti S., Chan F. Structure and Asymptotic Theory for Multivariate Asymmetric Conditional Volatility ［J］. Econometric Reviews, 2009, 28 (5).

［216］Mele A. Asymmetric Stock Market Volatility and the Cyclical Behavior of Expected Returns ［J］. Journal of Financial Economics, 2007, 86 (2).

[217] Milunovich G., Thorp S. Valuing Volatility Spillovers [J]. Global Finance Journal, 2006, 17 (1).

[218] Minsky H. P. The Financial Instability Hypothesis [J]. The Jerome Levy Economics Institute Working Paper, 1992 (74).

[219] Minsky M. Frame-system Theory [M] //P. N. Johnson Laird, P. C. Wason (Eds.). Thinking: Readings in Cognitive Science. Cambridge, New York: Cambridge University Press, 1977.

[220] Minsky M. Minsky's Frame System Theory [C] //TINLAP. 1975 (75).

[221] Mossin J. Equilibrium in a Capital Asset Market [J]. Econometrica: Journal of the Econometric Society, 1966, 34 (4).

[222] Nelson D. B. Conditional Heteroskedasticity in Asset Returns: A New Approach [J]. Econometrica: Journal of the Econometric Society, 1991 (59).

[223] Nenovsky N., Hristov K. Criteria for Evaluation of the Systemic Risk under Currency Board [R]. The Banking Sector in the Conditions of the Currency Board, 1997.

[224] Nijskens R., Wagner W. Credit Risk Transfer Activities and Systemic Risk: How Banks became Less Risky Individually but Posed Greater Risks to the Financial System at the Same Time [J]. Journal of Banking & Finance, 2011, 35 (6).

[225] Pagan A. R., Schwert G. W. Alternative Models for Conditional Stock Volatility [J]. Journal of Econometrics, 1990, 45 (1).

[226] Patro D. K., Qi M., Sun X. A Simple Indicator of Systemic Risk [J]. Journal of Financial Stability, 2013, 9 (1).

[227] Pearson K. Contributions to the Mathematical Theory of Evolution. II. Skew Variation in Homogeneous Material [J]. Philosophical Transactions of the Royal Society of London. A, 1895 (186).

[228] Peters E. E. Chaos and Order in the Capital Markets: A New View of Cycles, Prices, and Market Volatility [M]. John Wiley & Sons, 1996.

[229] Pindyck R. S., Rotemberg J. J. Dynamic Factor Demands under Rational Expectations [M]. Palgrave Macmillan UK, 1984.

[230] Pollet J. M., Wilson M. Average Correlation and Stock Market Returns [J]. Journal of Financial Economics, 2010, 96 (3).

[231] Rochet J. C., J. Tirole. Interbank Lending and Systemic Risk [J].

Journal of Money, Credit and Banking, 1996 (28).

[232] Rosenberg J. V., Schuermann T. A General Approach to Integrated Risk Management with Skewed, Fat-tailed Risks [J]. Journal of Financial Economics, 2006, 79 (3).

[233] Ross S. A. The Arbitrage Theory of Capital Asset Pricing [J]. Journal of Economic Theory, 1976, 13 (3).

[234] Sachs J., Tornell A., Velasco A. Financial Crises in Emerging Markets: The Lessons from 1995 [R]. National Bureau of Economic Research, 1996.

[235] Samuelson P. A. Proof that Properly Anticipated Prices Fluctuate Randomly [J]. IMR; Industrial Management Review (pre-1986), 1965, 6 (2).

[236] Samuelson P. A. The Fundamental Approximation Theorem of Portfolio Analysis in Terms of Means, Variances and Higher Moments [J]. The Review of Economic Studies, 1970, 37 (4).

[237] Schoenmaker D. Contagion Risk in Banking [M]. LSE Financial Markets Group, 1996.

[238] Sentana E., Wadhwani S. Feedback Traders and Stock Return Autocorrelations: Evidence from a Century of Daily Data [J]. The Economic Journal, 1992, 102 (411).

[239] Sharpe W. F. Capital Asset Prices: A Theory of Market Equilibrium under Conditions of Risk [J]. The Journal of Finance, 1964, 19 (3).

[240] Shiller R. J., Fischer S., Friedman B. M. Stock Prices and Social Dynamics [J]. Brookings Papers on Economic Activity, 1984 (2).

[241] Shleifer A., Vishny R. W. Fire Sales in Finance and Macroeconomics [R]. National Bureau of Economic Research, 2010.

[242] Slovic P. Psychological Study of Human Judgment: Implications for Investment Decision Making [J]. The Journal of Finance, 1972, 27 (4).

[243] Soramäki K., Cook S. Algorithm for Identifying Systemically Important Banks in Payment Systems [R]. Economics Discussion Papers, 2012.

[244] Talpsepp T., Rieger M. O. Explaining Asymmetric Volatility around the World [J]. Journal of Empirical Finance, 2010, 17 (5).

[245] Tarashev N. A., Borio C. E. V., Tsatsaronis K. Attributing Systemic Risk to Individual Institutions [R]. BIS Working Paper No. 308, 2010.

［246］Tarashev N. Measuring Portfolio Credit Risk Correctly: Why Parameter Uncertainty Matters ［J］. Journal of Banking & Finance, 2010, 34 (9).

［247］Tarullo D. K. Modernizing Bank Supervision and Regulation ［J］. Before the Committee on Banking, Housing, and Urban Affairs, US Senate, Washington DC, 2009 (19).

［248］Thakolsri S., Sethapramote Y., Jiranyakul K. Implied Volatility Transmissions between Thai and Selected Advanced Stock Markets ［C］. MPRA Paper, 2015.

［249］Thornton H. An Enquiry into the Nature and Effects of the Paper Credit of Great Britain ［M］. J. Hatchard, 1802.

［250］Trichet J. C. Introductory Speech-reflections on the Nature of Monetary Policy Non-standard Measures and Finance Theory ［R］. European Central Bank, 2010.

［251］Turner C. M., Startz R., Nelson C. R. A Markov Model of Heteroskedasticity, Risk, and Learning in the Stock Market ［J］. Journal of Financial Economics, 1989, 25 (1).

［252］U. S. CFTC. A Guide to the Language of the Futures Industry ［EB/OL］. http: //www. cftc. gov/ConsurnerProtection/EducationCenter/CFTCGlossary/glossary_s, 2013-06-22.

［253］Whelan K. Containing Systemic Risk ［R］. School of Economics, University College Dublin, 2009.

［254］Wilson M. I., Pollet J. M. How does Size Affect Mutual Fund Behavior? ［J］. HKUST Business School Research Paper, 2007.

［255］Worthington A., Higgs H. Transmission of Equity Returns and Volatility in Asian Developed and Emerging Markets: A Multivariate GARCH Analysis ［J］. International Journal of Finance & Economics, 2004, 9 (1).

［256］Yuki Toyoshima, Go Tamakosh, Shigeyuki Hamori. Asymmetric Dynamics in Correlations of Treasury and Swapmarkets: Evidence from the US Market ［J］. Journal of International Financial Markets, Institutions & Money, 2012 (22).

［257］Yuki Toyoshima, Shigeyuki Hamori. Asymmetric Dynamics in Stock Market Correlations: Evidence from Japan and Singapore ［J］. Journal of Asian Economics, 2013 (24).